WILLIAM SHAKESPEARE

ANTOINE ET CLÉOPÂTRE

Traduction de
Henri THOMAS
Préface par
Roy WALKER
Notice par
R. G. COX
Chronologie des œuvres
et chronologie
par
François MAGUIN

GF-Flammarion

Du même auteur
dans la même collection

RICHARD III — ROMÉO ET JULIETTE — HAMLET.

OTHELLO — LE ROI LEAR — MACBETH.

LE MARCHAND DE VENISE — BEAUCOUP DE BRUIT POUR RIEN — COMME IL VOUS PLAIRA.

LES DEUX GENTILSHOMMES DE VÉRONE — LA MÉGÈRE APPRIVOISÉE — PEINES D'AMOUR PERDUES.

TITUS ANDRONICUS — JULES CÉSAR — ANTOINE ET CLÉOPÂTRE — CORIOLAN.

LE SONGE D'UNE NUIT D'ÉTÉ — LES JOYEUSES COMMÈRES DE WINDSOR — LE SOIR DES ROIS.

Bilingues

BEAUCOUP DE BRUIT POUR RIEN (traduction de Marcelle Sibon).

HENRY V (traduction de Sylvère Monod).

MACBETH (traduction de Pierre Jean Jouve et Georges Pitoëff).

LE MARCHAND DE VENISE (traduction de Jean Grosjean).

LA MÉGÈRE APPRIVOISÉE (traduction de Marcelle Sibon).

ROMÉO ET JULIETTE (traduction de Pierre Jean Jouve).

LA TEMPÊTE (Traduction de Pierre Leyris).

LA NUIT DES ROIS (traduction de Pierre Leyris).

HAMLET (traduction de François Maguin).

LE ROI LEAR (Traduction de Armand Robin).

LE SONGE D'UNE NUIT D'ÉTÉ (traduction de Jules et Jean-Louis Supervielle).

ISBN : 2-08-070895-3

PRÉFACE

Si chacun a une vie privée et une vie publique, il est bien rare que le plus grand nombre distingue nettement entre ces deux secteurs qui se mêlent d'ailleurs en partie, ou ait beaucoup de mal à les concilier, au moins dans la pratique. Au-dessus de leurs têtes la bataille idéologique fait rage : la société existe-t-elle pour l'individu ou l'individu pour la société ? Le théâtre contemporain a parfois rendu quelques échos du redoutable débat : une voix se plaint que Beckett soit trop subjectif pour être sain, une autre que Brecht soit trop social pour être sûr. Et le spectateur s'en tire peut-être en jouant sur les deux tableaux. Nulle part sur nos scènes, une force personnelle irrésistible ne rencontre un objet social inébranlable avec l'impact dévastateur d'*Antoine et Cléopâtre*. L'univers personnel et l'empire universel s'y rencontrent en une collision interplanétaire, et la conclusion est transcendante. Qu'en penser aujourd'hui ? Shakespeare a dressé le cœur contre la tête. Quiconque est un tant soit peu sensible à la poésie appréciera ce que Wilson Knight essaie d'exprimer sur cette tragédie dans son éloquente prose :

> Il y a de la luxure et de l'ostentation dans ce tableau ; mais elles sont surclassées par la splendeur et la fécondité de l'amour. Ainsi, dans toute la pièce, les royaumes lointains, l'or et l'argent, la puissance, la pompe et la gloire ne sont que d'indignes caparaçons pour un amour d'un or plus étrange, qui ne se contente pas de circonvenir le clinquant des royautés terrestres ; pour qui la mort n'est que

> flamme purificatrice ; qui, tel le phénix, s'élève sur des ailes plus hautes que l'empyrée. Sur ce thème impérial notre magnificence impériale fixe son regard. Antoine et Cléopâtre sont ici symboliquement intronisés dans la royauté de l'amour ; et cette fusion de la royauté terrestre et spirituelle, de l'occident et de l'orient, de l'empire et de l'amour, reste du début à la fin le cœur et le foyer de notre vision. Les protagonistes échangent une couronne d'or contre le diadème plus étincelant et insubstantiel de l'amour.

Mais quiconque n'est pas seulement le jouet de la poésie doit sentir aussi la force de cette dénonciation par Shaw de l'apothéose artistique. L'*Antoine et Cléopâtre* de Shakespeare

> doit être aussi intolérable pour le vrai puritain qu'il est vaguement alarmant pour l'homme moyen en bonne santé ; en effet, après avoir tracé un tableau fidèle du soldat vaincu par la débauche et de la courtisane-type dans les bras de laquelle périssent de tels hommes, Shakespeare met en jeu tout son immense talent de rhéteur et de dramaturge pour conférer une sublimité théâtrale au misérable dénouement de cette affaire, et pour persuader aux sots que le couple avait eu bien raison de perdre le monde. Un tel mensonge n'est supportable que pour les vrais Antoines et les vrais Cléopâtres, que l'on trouve dans tous les cafés, et qui ne seraient que trop heureux d'être transfigurés par quelque poète en « amants immortels ».

Non que le cœur n'ait ses raisons, bien sûr, ni que la raison soit sans cœur. Mais n'y a-t-il pas, en prose tout au moins, quelque chose d'excessif dans le péan de Knight ? Et ne manque-t-il pas quelque chose à la vivifiante franchise de Shaw ? Chacune de ces deux affirmations n'a-t-elle pas besoin d'être corrigée par l'autre ?

Mais surtout, comment une pièce peut-elle susciter, exiger même, des réactions si exactement contraires ? C'est peut-être que l'expérience humaine est elle-même essentiellement bifocale. Lorsque le monde public et le monde privé se détachent l'un de l'autre, un même individu peut, simultanément, voir les mêmes questions capitales de deux points de vue mutuellement exclusifs. Dans la lutte des contraires, chacun peut détruire l'autre. Dans

Antoine et Cléopâtre, Shakespeare a fissionné l'atome humain. L'amour explose et remonte au ciel d'où il est venu, laissant derrière lui une terre brûlée, désolée, aveugle.

Sous la surface des histoires qu'il mettait en scène, il y a dans l'œuvre de Shakespeare une direction, un développement dont nous n'avons peut-être pas encore une idée adéquate. En essayant de les comprendre en fonction d'une biographie largement hypothétique, on a abouti à une réaction contre la tendance à lire dans les pièces les douleurs secrètes de l'homme, et, comme presque toutes les réactions, celle-ci semble être allée trop loin. Si l'on considère les rapports qui ont existé entre les souffrances réelles et l'expression artistique d'un Strindberg, par exemple, on ne peut plus guère ne voir en l'auteur des grandes tragédies shakespeariennes qu'un habile expérimentateur littéraire. Mais quoi qu'il en soit de l'influence de l'expérience personnelle sur le processus artistique, le développement shakespearien est à coup sûr l'exploration de plus en plus large et profonde d'un univers aux valeurs imaginatives ou intuitives. *Antoine et Cléopâtre* est du Shakespeare de la fin, et ce que la pièce entend dire sur la passion et sur la politique s'intègre dans certaines perspectives shakespeariennes.

Antoine et Cléopâtre est la troisième et dernière des tragédies de l'amour qui ont pour titre les noms des deux amants. Comme dans *Roméo et Juliette* et *Troïle et Cresside*, l'histoire d'amour n'est pas simplement plaquée sur un fond de conflit ou de guerre, elle est intimement et inextricablement engagée dans ce conflit. Ces trois tragédies sont des variations de la jeunesse, de la virilité et de la maturité sur l'éternel combat de Mars et de Vénus, de l'homme et de la femme. Roméo, Troïle, Antoine : chacun d'eux pense avoir raison de redouter que l'amour l'ait efféminé, l'ait conduit à négliger son plus haut devoir d'homme. Le même amour les mène tous trois, par l'homicide ou le suicide, à leur propre destruction. Et toujours la question se pose de savoir si la fin tragique est triomphe ou désastre : on ne saurait dénouer l'énigmatique étreinte de l'amour et de la mort.

Juliette est idéalisée en héroïne romantique ; sa mort, et celle de Roméo — le chœur le souligne — réconcilient les deux factions par ailleurs irréductibles, et la fin est transcendante. Cresside, une Juliette tout d'abord aux yeux de Troïle, « se scinde aussi largement que ciel et terre » (V, 2, 147) par son infidélité, et elle est la cause directe du désastre qui s'ensuit. Romantisme et antiromantisme sont l'un et l'autre conformes à l'expérience ; ils sont également des demi-vérités complémentaires, quoique contradictoires, quelque peu dans le sens où les réactions de Wilson Knight et de Bernard Shaw à *Antoine et Cléopâtre* sont aussi indispensables l'une à l'autre qu'apparemment exclusives l'une de l'autre. Essayer de réduire Cléopâtre au rang d'une Cresside consommée ou de l'exalter jusqu'à la béatification idéale de Juliette est également illusoire. Et Shakespeare ne trouve pas non plus une synthèse simple de ces deux faces opposées de l'amour. Cléopâtre est la « diversité sans fin » de l'amour dans toutes ses contradictions, à la fois amoureuse et cruelle, changeante et immuable. De cette diversité jaillit l'ultime paradoxe, la constance marmoréenne de sa fin, aussi inéluctable qu'inexplicable, aussi merveilleuse que naturelle, comme la métamorphose de la chenille en papillon.

Si les deux précédentes tragédies d'amour situent la passion d'Antoine et de Cléopâtre dans une perspective shakespearienne, la politique dans notre pièce est liée de même aux *Histoires* anglaises et aux tragédies romaines. Le triple partage de son royaume par Lear, dans le passé légendaire de l'Angleterre, aboutit à la catastrophe ; et dans les *Histoires*, les triumvirats sont des trinités infernales. Hotspur, Glendower et Mortimer se querellent sur leurs parts d'un royaume encore inconquis, et qui fort heureusement le restera, du moins jusqu'à ce qu'il tombe aux mains des trois fils d'York, prélude d'un lâche et sanglant fratricide où le plus indigne l'emporte momentanément. On imagine donc mal que Shakespeare ait voulu, dans *Antoine et Cléopâtre*, donner l'impression que tout eût été pour le mieux dans l'Empire sous le triumvirat sans l'accident des amours d'Antoine en Egypte. Et en effet, *Jules César* nous révèle que telle n'était pas son intention : la dissolution du triumvirat y est clairement annoncée bien avant qu'il soit question de Cléopâtre. Cette attitude de Shakespeare envers les triumvirats était aussi profondément romaine qu'élizabéthaine, et Marlowe traducteur de Lucain fournit à l'intrigue politique d'*Antoine et Cléopâtre* l'épitaphe qu'elle mérite :

Ô Rome, toi-même la cause de tous ces maux
Pour t'être donnée à trois hommes en partage :
Les pactes obscurs sont sans durée au royaume...
Jamais ne se trouvera loyauté chez des rois amis.
L'Empire ne souffre pas association,
Cela n'exige preuve recherchée ni étrange histoire.

Dans le triumvirat qui nous occupe, le grand responsable de la désunion n'est pas Antoine, mais bien Octave. Le premier est rappelé à Rome parce que sa présence est indispensable à un accord avec Pompée. Maintenant que sa première femme, Fulvie, est morte, il est libre d'épouser Cléopâtre; mais c'est en faveur d'un mariage politique avec la sœur de César qu'il se décide. A la lumière de sa conduite ultérieure, Octave semble bien avoir délibérément attiré Antoine dans un piège. Averti par le Devin que le destin favorise Octave, Antoine se résout à retourner en Egypte, mais sans mettre son projet à exécution. Bien que son cœur soit manifestement ailleurs, il réaffirme à Octave sa volonté de rester fidèle à l'alliance. Mais voici qu'Octave rompt le pacte souscrit par le triumvirat et attaque traîtreusement Pompée. Il emprisonne Lépide et se saisit de ses biens. Il parle d'Antoine en termes froids, ou bien omet d'en parler. C'est là le fait d'un homme qui veut régner seul. Antoine n'est en sûreté qu'au sein de ses armées, et l'Egypte est le seul lieu où il puisse attirer à lui des forces suffisantes et se faire une situation quasi invulnérable. La politique aussi bien que la passion le renvoient donc dans les bras de Cléopâtre. Autant que lui, et avec moins de justification, Octave est responsable de l'abandon de sa sœur. La grandeur romaine est détruite autant par la froide ambition de l'un que par la brûlante passion de l'autre.

Telle est à peu près l'impression que nous laisse la

pièce. Chez Plutarque, Antoine était plus agressif : il prêtait à César cent galères armées pour attaquer Pompée. Et en effet, si dans l'ensemble Shakespeare suit Plutarque de près pour les événements et la description, il incline fréquemment, dans le choix et l'ordonnance des matériaux, en faveur d'Antoine et de Cléopâtre. Autre influence qui semble intéressante : Thomson remarque que les neuf dixièmes de la mythologie classique chez Shakespeare ont pour source les *Métamorphoses* d'Ovide, dont il signale plusieurs échos dans notre pièce. L'influence la plus générale est peut-être ici la plus importante. De toutes les sources non bibliques utilisées par Shakespeare, il est curieux que l'on mette presque toujours Holinshed et Plutarque au premier rang au lieu d'Ovide. Le terne chroniqueur ne fut guère qu'un magasin de documents pour les *Histoires* anglaises. Quant à l'historien biographe, il se situe certes sur un tout autre plan littéraire et c'est bien plus que des matériaux qu'il apporte aux trois grandes tragédies romaines et à *Timon d'Athènes*. Mais Ovide, c'est le poète frère, avec qui, à n'en juger que par les allusions, Shakespeare demeura sur un pied d'intimité pendant toute sa carrière ; Meres ne voulait pas seulement tourner un joli compliment, il pensait à tout autre chose qu'à de simples emprunts d'intrigues, lorsqu'il écrivit que « l'âme douce et spirituelle d'Ovide revit chez Shakespeare à la voix de miel ». La question est de savoir jusqu'à quel point l'imagination et la méthode de l'Elizabéthain ont subi l'influence du Romain. La diversité et la multiplicité des métamorphoses que l'on trouve au nœud de plus d'une des histoires de violence et de passion qui composent l'œuvre de Shakespeare ont divisé les critiques modernes en psychologues mécontents et en apologistes de conventions déjà dépassées à l'époque de Shakespeare.

Le grand moment des *Métamorphoses*, l'âme de César se changeant en étoile, est invoqué dès la première scène de la première partie de *Henry VI* ; mais s'il existe une « pièce des métamorphoses », c'est bien *Antoine et Cléopâtre*. Les deux protagonistes y fluctuent sans cesse, Antoine entre Rome et l'Egypte, Cléopâtre dans sa diversité sans fin. Antoine, poétiquement, se dissout devant nos yeux dans la scène de son suicide. Il parle de mirages ailés, aériens :

Ce qui maintenant est un cheval, en un instant
La nuée l'efface, et le rend indistinct
Comme l'eau, dans l'eau.

EROS

Oui, monseigneur.

ANTOINE

Eh bien, Eros, mon bon serviteur, c'est cela justement
Que ton capitaine est maintenant; me voici, moi, [Antoine,
Et pourtant, mon serviteur, je ne puis garder cette forme [visible!

Il ne s'agit pas ici de la souplesse d'un politique comme Polonius, qui voit n'importe quelle forme dans un nuage pour flatter un supérieur. C'est l'agonie d'un homme qui ne sait pas être à la fois homme public et personne privée, tout en sachant qu'il est l'un et l'autre. Mais lorsque Antoine croit Cléopâtre morte, c'est le cœur de l'amant, non celui du capitaine, qui fait éclater les boucles de son armure; et c'est la mort d'Antoine qui fait accéder Cléopâtre à sa fin si hautement romaine.

Quelque rusée qu'elle soit lorsqu'il s'agit de conserver son amant, Cléopâtre est inébranlable dans la passion et, à la fin, c'est sa constance qui apparaît sous la diversité. A la raison prosaïque, ce paradoxe paraît absurde. L'éditeur M.R. Ridley le pense :

> Cléopâtre irrite les critiques de la postérité autant que ceux de son temps. Elle est une « brillante antithèse » (si cette expression a un sens), un « composé de contradictions », ou encore (pour citer peut-être le meilleur exemple du nébuleux verbiage auquel est conduite la perplexité déroutée) « cette magnifique énigme, dont l'éblouissante complexité nous raille et nous échappe sans cesse ».

La poésie élizabéthaine savait mieux réconcilier la permanence et le flux. Spenser, développant à sa manière le thème de « plus ça change et plus c'est la même chose », éclaire une partie du sens dans les strophes sur la Mutabilité de *La Reine des Fées* :

> Je pèse bien tout ce que vous avez dit,
> Et trouve que toutes choses haïssent la constance,
> Voulant changer : mais étant justement équilibrées,
> Elles ne quittent pas leur premier état,
> C'est par leurs changements qu'elles accroissent leur être
> Et que, se retournant sur elles-mêmes enfin,
> Elles forgent leur perfection propre par destin.
> Sur elles donc le changement ne règne, ce sont elles
> Qui, régnant sur le changement, par là conservent leur [état.

Pareille vision d'une immortalité naturelle au sein du changement et de la mort nous apparaît lorsque l'étoile de l'amour, ayant répudié l'inconstante lune dont elle était la déesse, s'élève au-dessus de la corruption pour suivre Antoine. Elle aussi règne sur le changement et conserve son état.

Il y a pourtant des gens qui trouvent dans la pièce ce que Pascal trouvait dans l'histoire : « le nez de Cléopâtre : s'il eût été plus court, la face du monde en eût été changée ». Et d'autres qui, en toute sincérité, y voient ceci :

> A la surface de la planète, l'agitation continue, la guerre, le désordre à l'échelle cosmique, dont l'amplitude nous emplit d'étonnement. Mais les nuées se dissipent : le contre-temps terrestre ne mène plus à l'impasse métaphysique où le héros, dans les pièces antérieures, était détruit. Il n'y a plus de cataclysme spirituel. Au contraire, la mort d'Antoine est un triomphe et celle de Cléopâtre une transfiguration.

Désastre ou apothéose, la poésie d'*Antoine et Cléopâtre* transcende les limites de la morale prudente et politique, aussi bien que celles de la rhétorique romantique. Ceux qui voudraient se retrancher dans un monde contre l'autre, ou qui trouvent quelque facile réconciliation de l'un et de l'autre, ne cherchent qu'à s'évader. Pour résoudre l'énigme d'*Antoine et Cléopâtre*, il nous faut inventer ce que dès la première scène Antoine défiait Cléopâtre de découvrir : « un nouveau ciel, une terre nouvelle ». Et que penser du fait, certain, que ces paroles sont tirées de l'Apocalypse.

Il résulte de ces mystères de la métamorphose que les

rôles d'Antoine et de Cléopâtre sont sans doute les plus difficiles de tout le répertoire. Il en résulte aussi qu'on verrait mal un tel drame revêtir la forme résolument classique, ou même la structure en cinq actes des tragédies antérieures de Shakespeare. Dans le Folio (il n'y avait pas eu de Quarto), la pièce est imprimée sans divisions en actes ou en scènes. Ce sont les éditeurs qui l'ont découpée en cinq actes et quarante-deux scènes, dont quelques-unes ne dépassent pas une demi-douzaine de vers. Sur quoi on a critiqué l'inconsistance de sa forme, la comparant à cet égard à celle de *Tout pour l'Amour* de Dryden. Mais les grands poètes doivent et savent trouver la forme qui donne vie et corps à leurs visions. *Antoine et Cléopâtre* représente une haute destinée et un grand empire qui montent et se brisent comme un raz de marée, et l'articulation adoptée par les éditeurs ne laisse pas de suggérer une forme correspondante. Le premier acte, de cinq scènes, se situe en Egypte, sauf une scène à Rome. Le second acte, de sept scènes, est à Rome, sauf une scène, en Egypte. Puis vient un troisième acte de treize scènes, au milieu duquel Antoine et Cléopâtre sont réunis (sc. 7). Désormais, les scènes d'Antoine alternent de plus en plus rapidement avec celles d'Octave, ce qui conduit à un quatrième acte de quinze scènes où la lumière tragique se concentre sur les deux amants, et à un cinquième de deux scènes seulement, dont la première n'est guère qu'un prologue à la transfiguration de Cléopâtre.

Les critiques de cette forme ont sans doute influencé les productions modernes de la pièce, tout en étant renforcées par celles-ci. Ce qui était possible, encore que peut-être un peu déroutant, sur la scène ouverte des Elizabéthains, sans changements de décors (mais peut-être pas sans indications à la Bertold Brecht ?), ne l'était plus il y a un demi-siècle. A l'époque de Bradley, « ces quarante-deux scènes ne pouvaient absolument pas être jouées telles qu'elles ». Une production de 1873 à Drury Lane réduit donc la pièce de près de moitié et à douze scènes. Ainsi que l'a observé C.B. Young, « il fallait sans doute supprimer quelque chose pour satisfaire le goût qu'avait le XIXe siècle pour le spectacle : mais c'était là un massacre, non un sacrifice ». La continuité d'action des Elizabéthains revint avec la production de Robert Atkins à l'Old Vic en 1922.

Mais le problème de la représentation d'*Antoine et Cléopâtre* ne saurait être complètement résolu par l'emploi d'une scène ouverte. Le décor figuratif unique, avec ses compartiments spécialisés : scène supérieure, scène intérieure, est peut-être trop statique pour cette pièce. George Rylands a écrit que le décor de la production de Glen Byam Shaw en 1946

> était si prétentieux et si incommode que la tragédie fut étouffée dès la grande ouverture processionnelle, qui finit par se résoudre à rien, et jusqu'au moment où le héros se trouve hissé par des poulies et un filet de pêcheur sur une plate-forme surmontant quelque chose qui avait l'air d'un abri contre les bombardements aériens ou d'un ascenseur avec une porte à glissières. La scène était tellement encombrée de structures fixes que le contraste essentiel entre les scènes juxtaposées de Rome et d'Alexandrie fut complètement perdu.

Sept ans plus tard, à Stratford-upon-Avon, le même metteur en scène et décorateur atteignit presque à l'extrême opposé, dans une production qui reçut ensuite un accueil mêlé à Paris. Cette fois, la pièce était située sur une scène presque nue, contre un ciel en cyclorama, le même pour tous les lieux et qui réduisait presque les personnages à l'état de silhouettes vues sur un fond uniforme, comme les figures d'une frise égyptienne. Ce dispositif convenait beaucoup mieux à la poésie cosmique de la pièce, mais à certains moments la scène semblait trop chichement meublée pour l'action, et les deux blanches et chastes colonnes qui la flanquaient de part et d'autre étaient trop minces pour exprimer la puissance et la majesté de Rome, et trop austères pour la sensuelle opulence d'Alexandrie.

En 1951, année du Festival de Grande-Bretagne, Michael Benthal trouva une solution frappante au problème par l'emploi pleinement visible de la scène tournante du théâtre de Saint-James, aujourd'hui défunt. Ce cercle, qui présentait tour à tour les deux pôles opposés de Rome et d'Alexandrie, devint un impressionnant symbole de l'univers de cette tragédie. La difficulté de représenter *Antoine et Cléopâtre* réside moins, en définitive, dans sa forme poétique que dans les problèmes qu'a créés depuis qu'elle fut écrite un style de théâtre réaliste.

ROY WALKER.

NOTICE

TEXTE. *La pièce paraît inédite dans le Folio de 1623, en un texte que l'on croit fondé sur le manuscrit même de Shakespeare. Cependant, selon Greg suivi par Dover Wilson, il s'agirait d'une copie de metteur en scène plutôt que de souffleur, les indications scéniques se bornant à donner des instructions générales. C'est dans l'ensemble un « bon » texte, quoique la linéation des vers y soit souvent erronée et que certaines confusions suggèrent des coupures ou une révision imparfaitement exécutées. Le texte du Folio ne contient aucune division en actes ou en scènes.*

DATE. *Une limite est fournie par l'inscription du 20 mai 1608, au bénéfice d'Edward Blount, d'un « livre appelé* Antoine et Cléopâtre *» conjointement à* Périclès. *Cette inscription ne fut d'ailleurs pas suivie de publication, le Quarto de 1609 de* Périclès *(publié par Gosson et non par Blount) étant probablement une contrefaçon. On a trouvé des raisons de reculer encore la date dans le fait que la réédition, en 1607, par Samuel Daniel de sa tragédie de* Cléopâtre *comporte des modifications qui semblent supposer une connaissance de la pièce de Shakespeare. De même, on a vu des échos de celle-ci dans* La Charte du diable, *de Barnabé Barnes, jouée en février 1607 mais révisée pour la publication en octobre de la même année. On s'accorde donc en général à penser que fin 1606 ou début 1607 sont vraisemblables.*

SOURCES. *La principale est la* Vie de Marc Antoine *par Plutarque, lue par Shakespeare dans la traduction North du texte français d'Amyot. Chambers estime que les* Bella civilia *d'Appien ont pu être mises à contribution, et la pièce est peut-être redevable encore à la* Cléopâtre *de Daniel (dans sa première version), à l'*Antonius *de la comtesse de Pembroke (1592) et à la* Vertueuse Octavie *de Samuel Brandon (1598), quoique Kenneth Muir demeure sceptique quant à cette dernière source. Shakespeare suit de près le récit de Plutarque, n'omettant que la campagne d'Antoine contre les Parthes. Le personnage d'Enobarbus est pratiquement une création, à laquelle Shakespeare donne une grande force dramatique en le chargeant du récit de la première rencontre des deux amants sur le Cydnus. Ce récit offre d'ailleurs un bon exemple de la manière dont Shakespeare adapte Plutarque : tout en restituant fidèlement les détails, il les poétise par l'usage de la métaphore.*

CRITIQUE. *Elle révèle des variations intéressantes. Johnson loue l'intérêt soutenu d'une action haletante et variée ; mais il ajoute : « le plaisir éprouvé découle des fréquents changements de lieu ; car à l'exception des artifices féminins, dont certains sont trop bas, qui distinguent Cléopâtre, aucun des caractères n'est très fortement dessiné ». Il pense encore que le récit suit l'histoire sans y ajouter « aucun art de la transition ou souci de la disposition ». Coleridge juge que la pièce parvient presque à rivaliser avec les grandes tragédies, et qu'elle est en tout cas la plus remarquable des pièces historiques de Shakespeare : « si vous voulez éprouver intimement le jugement aussi bien que le génie de Shakespeare, il suffit de comparer ce drame étonnant au* Tout pour l'Amour *de Dryden ». Hazlitt fait écho à ces éloges, s'attachant surtout à la peinture du caractère de Cléopâtre et à la puissance de la poésie dramatique. « Le génie de Shakespeare, conclut-il, a répandu sur toute la pièce une richesse comparable à la crue du Nil. » Pour Swinburne, qui l'appelle « le plus grand poème d'amour de tous les temps », c'est l'ampleur de l'atmosphère et l'impeccable harmonie de l'impression d'ensemble qui font la grandeur de la pièce. Dowden, pourtant, la trouve mal construite, tout en concédant qu'elle laisse une impression d'unité fournie par les caractères plutôt que par l'action. Bradley, en 1905, reprend à son compte l'admiration des critiques précédents, mais s'attache surtout à montrer en quoi la pièce diffère des autres tragédies : une grande partie de son intérêt n'est nullement tragique, surtout dans les trois premiers actes, et Cléopâtre n'atteint à la dimension tragique que dans les dernières scènes. La pièce vise à tout autre chose que les grandes tragédies, mais elle y parvient « avec une réus-*

*site aussi triomphale qu'*Othello *même ». Des critiques voués à la méthode historique comme Stoll et Schücking déplorent une certaine inconsistance dans le caractère de Cléopâtre qu'ils expliquent en se référant aux conventions théâtrales de l'époque élizabéthaine. Stoll, conformément à sa conception générale des caractères chez Shakespeare, ne trouve d'unité (comme chez* Othello*) que dans le ton et l'écriture : les personnages sont plus grands que leurs actes. Schücking simplifie Cléopâtre en deux facteurs dépourvus de continuité : courtisane aux trois premiers actes, reine tragique aux deux derniers. De même, un critique plus récent, S.L. Bethell, voit en Cléopâtre « moins un caractère qu'un* concetto *métaphysique soutenu ». Les critiques anciennes sur la composition relâchée de la pièce ont été réfutées par H. Granville-Barker dans sa* Préface *de 1930, où il souligne l'intention dramatique des changements de lieu incessants entre Rome et l'Egypte. Il conclut qu'en termes de mise en scène élizabéthaine la pièce offre un dessin très efficace d'épisodes contrastés et qu'une grande partie de l'incompréhension dont elle est l'objet résulte de la division en actes et scènes des éditeurs et des localisations excessives. Pour lui, cette pièce « est la plus spacieuse » de toutes celles de Shakespeare : c'est « une œuvre d'action, non d'intuition spirituelle, qui traite en grande partie de larges questions politiques » ; la tragédie de l'amour ne devient le thème principal que « lorsqu'il ne reste plus d'autre question » et que « la ruine du Triumvir et de la Reine a été accomplie par eux-mêmes ».*

*Caroline Spurgeon, dans son analyse des « Motifs dominants dans l'imagerie des tragédies de Shakespeare », a montré que l'ampleur et la grandeur de l'atmosphère de la pièce reposent sur une imagerie constamment réitérée du monde, du firmament, de l'océan et de l'immensité en général. J. Middleton Murry a loué plus d'une fois la poésie d'*Antoine et Cléopâtre*. A l'issue de son étude d'ensemble, il conclut que la pièce est romantique : l'amour, par sa vitalité et son intensité, s'exalte jusqu'à une grandeur transcendante, une « royauté » qui symbolise le surhumain et l'éternel. C'est là aussi la position de G. Wilson Knight, lequel a en outre poursuivi en plusieurs essais les suggestions de Caroline Spurgeon : il parle de l'« humanisme transcendantal » de la pièce, d'une « haute métaphysique de l'amour qui fond la vie et la mort dans une unité dernière », d'un symbolisme poétique qui va bien au-delà du réalisme des jugements moraux et de la tragédie humaine, traquant et dissolvant ces dualismes en une sublime unité. D.A. Traversi, dans son* *premier livre, avait également estimé que la pièce affirmait et justifiait l'amour d'Antoine et de Cléopâtre en vertu de son intensité et de sa vitalité, tout en donnant une analyse plus prudente et plus disciplinée des moyens poétiques mis en œuvre pour obtenir cet effet. La solution de continuité qui existe, disait-il, entre la présentation clairvoyante d'une passion de l'âge mûr et le sentiment triomphal des dernières scènes est comblée par « une merveilleuse modification de la tendance de l'imagerie » qui accomplit une sorte de « rédemption » poétique des rapports amoureux. (Dans une édition revue de cet essai, Traversi accorde une place plus importante aux vues réalistes de ces rapports, et ce jusqu'à la fin de la pièce.) S.L. Bethell va plus loin encore dans son analyse du conflit qui met aux prises valeurs romaines et valeurs égyptiennes. Celles-ci sont pour lui les affections spontanées, tirant leur origine de la sensualité, et positives alors que celles-là sont négatives, restrictives. Les valeurs égyptiennes peuvent aboutir en bien à condition qu'elles soient purgées de tout égoïsme en passant par le purgatoire romain : Antoine et Cléopâtre doivent subir la défaite et la mort avant que leur amour puisse recevoir une sanction éternelle et être associé à l'immortalité. Plus d'un critique ou lecteur moderne, toutefois, trouvera sans doute les interprétations de ce genre à la fois exagérées et simplistes.*

Lord David Cecil revient en 1944 à une conception analogue à celle de Granville-Barker : pour lui, l'intérêt de la pièce est surtout politique et son thème est le succès. Mais Dover Wilson, dans son édition du New Shakespeare, *réagit contre ce point de vue et semble estimer que même Bradley a attaché une importance excessive à l'« immoralité » des amants : ils atteignent par la mort à une véritable noblesse. La vertu suprême d'Antoine est la magnanimité et celle de Cléopâtre la vitalité, et la pièce dans son ensemble est un Hymne à l'Homme. Selon M.R. Ridley (1954), elle est un « tour de force », étant plus « économe » que les grandes tragédies; quant aux amants, la passion les ennoblit, certes, mais justement parce qu'en eux-mêmes ils n'étaient guère nobles. Henri Fluchère (1948) qualifie la mort d'Antoine de « triomphe » et celle de Cléopâtre de « transfiguration »; et la pièce marque une transition vers les dernières œuvres.*

On voit que les commentaires ont tendu à osciller entre le jugement moral et l'exaltation romantique : selon J.F. Danby, ce mouvement est caractéristique de la pièce elle-même : « Antoine et Cléopâtre *est une critique de la vie du point de vue du monde et de la chair, de Rome et de l'Egypte, ces deux grands contraires qui se vivifient et se détruisent mutuellement, sans que Shakespeare trouve de troisième terme pour les dominer »; et la pièce donne l'impression d'« un tour de force technique que Shakespeare a pris plaisir à accomplir pour lui-même ». L.C. Knights, dans une réponse à Danby, a formulé l'une des critiques modernes les plus remarquables de la pièce. Selon lui, elle présente clairement les deux éléments contraires de la passion : la vitalité et la stérilité. C'est la tragédie de la passion sexuelle isolée du reste de la vie et poursuivie comme une fin en soi.*

REPRÉSENTATIONS. *Aucune trace de représentations avant la Restauration, si ce n'est la formule « Autrefois jouée aux Blackfriars » dans une autorisation donnée en 1669 à la Compagnie du Roi de jouer cette pièce et vingt autres de Shakespeare. La pièce dans sa forme originelle fut alors remplacée par le* Tout pour l'Amour *de Dryden et par d'autres versions dont certaines étaient un amalgame des pièces de Dryden et de Shakespeare. La création de 1677 au Dorset Garden Theater était écrite en vers rimés par Sir Charles Sedley. Une reprise de la fin du* XVIII*e siècle n'était qu'à moitié de Shakespeare, mais le spectacle de Garrick en 1759 ne comportait que des coupures du texte authentique et des transferts de passages opérés par l'éditeur shakespearien Edward Capell. Kemble en 1813 et Macready en 1833 présentent tous deux des mélanges de Dryden et de Shakespeare. La première reprise couronnée de succès d'un texte passablement fidèle eut lieu en 1849. En 1867, on supprime seize scènes, et en 1873 la moitié de la pièce, où l'on ne voit plus guère qu'un spectacle, de même qu'en 1890. La mise en scène s'améliore vers la fin du siècle, quoique Tree en 1906 maintienne la tradition spectaculaire. La production de l'Old Vic en 1922 fut la première à appliquer les connaissances modernes sur le théâtre élizabéthain et à éliminer les constants changements de décor. Depuis, la plupart des reprises ont suivi cette méthode, avec un notable renouveau de popularité pour la pièce. De nombreuses productions ont été signalées depuis trente ans.*

R.G. COX.

ANTONY AND CLEOPATRA

ANTOINE ET CLÉOPÂTRE

CHARACTERS IN THE PLAY

ANTONY, OCTAVIUS CÆSAR, LEPIDUS — *triumvirs.*

SEXTUS POMPEIUS

DOMITIUS ENOBARBUS, VENTIDIUS, EROS, SCARUS, DERCETUS, DEMETRIUS, PHILO — *friends to Antony.*

MÆCENAS, AGRIPPA, DOLABELLA, PROCULEIUS, THIDIAS, GALLUS — *friends to Cæsar.*

MENAS, MENECRATES, VARRIUS — *friends to Sextus Pompeius.*

TAURUS, *lieutenant-general to Cæsar.*

CANIDIUS, *lieutenant-general to Antony.*

SILIUS, *an officer in Ventidius's army.*

A Schoolmaster, ambassador from Antony to Cæsar.

PERSONNAGES

ANTOINE CÉSAR LÉPIDE	*triumvirs.*
SEXTUS POMPÉE	
DOMITIUS ENOBARBUS VENTIDIUS EROS SCARUS DERCETUS DEMETRIUS PHILON	*amis d'Antoine.*
MÉCÈNE AGRIPPA DOLABELLA PROCULEIUS THIDIAS GALLUS	*amis de César.*
MENAS MENECRATES VARRIUS	*amis de Sextus Pompée.*

TAURUS, *commandant en chef des troupes de César.*
CANIDIUS, *commandant en chef des troupes d'Antoine.*
SILIUS, *officier dans l'armée de Ventidius.*
Un pédagogue, ambassadeur d'Antoine à César.

ALEXAS
MARDIAN, *a eunuch*
SELEUCUS
DIOMEDES
} *attendants on Cleopatra.*

A Soothsayer.
A Clown.

CLEOPATRA, *queen of Egypt.*
OCTAVIA, *sister to Cæsar, and wife to Antony.*
CHARMIAN
IRAS
} *attendants on Cleopatra.*

Officers, soldiers, messengers, and other attendants.

The scene : the Roman Empire.

ALEXAS
MARDIAN, *eunuque*
SELEUCUS
DIOMÈDE
} *de la suite de Cléopâtre.*

Un devin.
Un manant.

CLÉOPÂTRE, *reine d'Egypte.*
OCTAVIE, *sœur de César et femme d'Antoine.*
CHARMIAN
IRAS
} *suivantes de Cléopâtre.*

Officiers, soldats, messagers, et autres serviteurs.

Lieu de l'action : l'Empire romain.

ACTE PREMIER

[I, 1.]

ALEXANDRIA. A ROOM IN CLEOPATRA'S PALACE

Enter DEMETRIUS *and* PHILO.

PHILO

Nay, but this dotage of our general's
O'erflows the measure : those his goodly eyes,
That o'er the files and musters of the war
Have glowed like plated Mars—now bend, now turn,
The office and devotion of their view
Upon a tawny front : his captain's heart,
Which in the scuffles of great fights hath burst
The buckles on his breast, reneges all temper,
And is become the bellows and the fan
To cool a gipsy's lust.
Flourish. Enter Antony, Cleopatra, her ladies, the train, with eunuchs fanning her.
Look, where they come :
Take but good note, and you shall see in him
The triple pillar of the world transformed
Into a strumpet's fool. Behold and see.

SCÈNE PREMIÈRE

ALEXANDRIE. UNE SALLE DANS LE PALAIS DE CLÉOPÂTRE

Entrent DEMETRIUS *et* PHILON.

PHILON

Non vraiment, ce veule amour de notre général
Déborde la mesure : ses yeux, ses braves yeux,
Qui sur les rangs des troupes et les revues guerrières
Rayonnaient comme Mars cuirassé, ils inclinent maintenant, ils
[arrêtent
Le service et la dévotion de leur regard
Sur une face basanée : son cœur de capitaine
Qui dans les mêlées des grands combats faisait craquer
Les agrafes sur sa poitrine, toute vaillance renoncée,
Est devenu éventail et soufflet
Pour flatter les feux d'une gipsy.
Fanfare. Entrent Antoine, Cléopâtre, ses femmes, la suite avec des eunuques éventant la Reine.
Regarde, les voici.
Observe, et tu vas voir en lui
L'un des trois piliers du monde, transformé
En joujou d'une prostituée. Vois et considère.

CLEOPATRA

If it be love indeed, tell me how much.

ANTONY

There's beggary in the love that can be reckoned.

CLEOPATRA

I'll set a bourn how far to be beloved.

ANTONY

Then must thou needs find out new heaven, new earth.

Enter an Attendant.

ATTENDANT

News, my good lord, from Rome.

ANTONY

Grates me! the sum.

CLEOPATRA

Nay, hear them, Antony:
Fulvia perchance is angry; or, who knows
If the scarce-bearded Cæsar have not sent
His powerful mandate to you, 'Do this, or this;
Take in that kingdom, and enfranchise that;
Perform't, or else we damn thee'.

ANTONY

How, my love?

CLEOPATRA

Perchance? nay, and most like:
You must not stay here longer, your dismission

CLÉOPÂTRE

Si c'est véritable amour, dites-moi, jusqu'où va-t-il?

ANTOINE

Piètre amour que celui qui se laisse mesurer.

CLÉOPÂTRE

Je veux poser la borne où l'amour pour moi s'arrête.

ANTOINE

Alors, il faudra que tu découvres un nouveau ciel, une nouvelle [terre.

Entre un serviteur.

LE SERVITEUR

Des nouvelles, monseigneur, de Rome.

ANTOINE

C'est fâcheux. Résume.

CLÉOPÂTRE

Non, écoute-les, Antoine :
Fulvie peut-être est irritée, ou qui sait
Si ce César presque imberbe ne t'envoie pas
Ses puissants commandements : « Fais ceci ou cela;
Saisis ce royaume, et affranchis cet autre;
Exécute, ou sinon nous sévissons. »

ANTOINE

Comment, mon amour?

CLÉOPÂTRE

Peut-être, ai-je dit? c'est bien plutôt certain :
Tu ne dois pas t'attarder ici plus longtemps; ta révocation

Is come from Cæsar; therefore hear it, Antony.
Where's Fulvia's process? Cæsar's I would say? both?
Call in the messengers. As I am Egypt's queen,
Thou blushest, Antony, and that blood of thine
Is Cæsar's homager: else so thy cheek pays shame
When shrill-tongued Fulvia scolds. The messengers!

ANTONY

Let Rome in Tiber melt, and the wide arch
Of the ranged empire fall! Here is my space.
Kingdoms are clay: our dungy earth alike
Feeds beast as man: the nobleness of life
Is to do thus; when such a mutual pair

[*embracing.*

And such a twain can do't, in which I bind,
On pain of punishment, the world to weet
We stand up peerless.

CLEOPATRA

Excellent falsehood!
Why did he marry Fulvia, and not love her?
I'll seem the fool I am not; Antony
Will be himself.

ANTONY

But stirred by Cleopatra.
Now, for the love of Love and her soft hours,
Let's not confound the time with conference harsh:
There's not a minute of our lives should stretch
Without some pleasure new. What sport to-night?

CLEOPATRA

Hear the ambassadors.

Est là, qui vient de César; c'est pourquoi prête l'oreille, Antoine.
Où est la sommation de Fulvie? Je dirais plutôt, de César? Des deux?
Fais entrer les courriers. Aussi vrai que je suis reine d'Egypte,
Tu rougis, Antoine, et ce sang de tes veines
Rend hommage à César : n'est-ce pas ainsi, d'autres fois, que ta
[joue paie tribut de honte
Quand Fulvie la criarde gronde? Les courriers!

ANTOINE

Que Rome fonde dans le Tibre, et que s'écroule
L'immense arche du vaste empire! Ici j'ai mon séjour.
Les royaumes sont d'argile : cette orde terre engraisse aussi bien
La bête que l'homme; la noblesse de la vie
Est cela même que nous faisons; quand c'est un couple comme nous,

Il l'embrasse.

Et si bien épris, qui le peut, en quoi, sous peine de châtiment,
J'oblige l'univers à savoir
Que nous nous proclamons sans égaux.

CLÉOPÂTRE

Admirable mensonge!
Pourquoi a-t-il épousé Fulvie s'il ne l'aimait pas?
J'aurai l'air du pantin que je ne suis pas; Antoine
Sera lui-même.

ANTOINE

Mais animé par Cléopâtre.
Pour l'amour de l'Amour et de ses douces heures
N'abîmons pas le temps par un aigre entretien.
Il n'est pas un instant de nos vies qui doive languir
Faute d'un plaisir neuf. Quel divertissement ce soir?

CLÉOPÂTRE

Ecouter les envoyés.

ANTONY

Fie, wrangling queen!
Whom every thing becomes, to chide, to laugh,
To weep; whose every passion fully strives
To make itself, in thee, fair and admired!
No messenger but thine, and all alone
To-night we'll wander through the streets and note
The qualities of people. Come, my queen;
Last night you did desire it.
[*to the Attendant*] Speak not to us.

[*Antony and Cleopatra depart with their train.*

DEMETRIUS

Is Cæsar with Antonius prized so slight?

PHILO

Sir, sometimes, when he is not Antony,
He comes too short of that great property
Which still should go with Antony.

DEMETRIUS

I am full sorry
That he approves the common liar, who
Thus speaks of him at Rome: but I will hope
Of better deeds to-morrow. Rest you happy!

[*they go.*

ANTOINE

Fi, reine querelleuse
A qui tout convient, gronder, rire,
Pleurer; dont chaque émotion n'a de cesse
Qu'elle se fasse, en toi, belle et admirable!
Nul messager, sinon de toi! et tous deux ce soir
Nous irons errer seuls par les rues, observant
Les gens et leurs manières d'être. Viens, ma reine;
Hier soir, tel était ton désir.
(Au serviteur.) Ne nous parle pas.

Sortent Antoine et Cléopâtre avec leur suite.

DEMETRIUS

César est-il si peu de chose aux yeux d'Antoine?

PHILON

Il est des jours, monsieur, où, n'étant plus Antoine,
Cette grandeur native lui fait par trop défaut
Qui devrait toujours faire partie d'Antoine.

DEMETRIUS

Je trouve bien triste
Qu'il confirme ainsi les faux bruits de Rome, où on le dit
Tel qu'il est là; mais je garde l'espoir
Que ses actes demain vaudront mieux. Bon loisir!

Ils sortent.

[I, 2.]

THE SAME; SOME HOURS LATER

Servants bearing dishes pass to and from a room beyond, whence a sound of feasting is heard. Presently enter from the feast ENOBARBUS *and three other Romans talking with a Soothsayer; and, a little after, Cleopatra's attendants* CHARMIAN, IRAS, MARDIAN *the Eunuch, and* ALEXAS.

CHARMIAN

Lord Alexas, sweet Alexas, most any thing Alexas, almost most absolute Alexas, where's the soothsayer that you praised so to th'queen? O, that I knew this husband, which, you say, must charge his horns with garlands!

ALEXAS

Soothsayer!

SOOTHSAYER

Your will?

CHARMIAN

Is this the man? Is't you, sir, that know things?

SOOTHSAYER

In Nature's infinite book of secrecy
A little I can read.

ALEXAS

Show him your hand.

[*she holds it forth.*

SCÈNE II

MÊME LIEU; QUELQUES HEURES PLUS TARD

Des serviteurs portant des plats passent et reviennent, sortant d'une salle de derrière la scène, où l'on entend les bruits d'un festin. Entrent, venant de cette salle, ENOBARBUS *et trois autres Romains en conversation avec un Devin; peu après entrent* CHARMIAN *et* IRAS, *suivantes de Cléopâtre,* MARDIAN, *eunuque, et* ALEXAS.

CHARMIAN

Seigneur Alexas, doux Alexas, tout ce qu'il y a de plus je ne sais quoi d'Alexas, quasi suprême Alexas, où est le devin que vous vantiez tellement à la Reine? Ah, que je connaisse ce mari dont vous disiez qu'il devrait charger ses cornes de guirlandes!

ALEXAS

Devin!

LE DEVIN

Que désirez-vous?

CHARMIAN

Est-ce l'homme? Est-ce vous, monsieur, qui savez des [choses?

LE DEVIN

Dans le secret livre infini de la Nature
Je sais quelque peu lire.

ALEXAS

Montrez-lui votre main.

Elle lui tend la main.

ENOBARBUS [*to a servant*].

Bring in the banquet quickly; wine enough
Cleopatra's health to drink.

[*servants set fruit, wine, etc. on a table.*

CHARMIAN

Good sir, give me good fortune.

SOOTHSAYER

I make not, but foresee.

CHARMIAN

Pray then, foresee me one.

SOOTHSAYER

You shall be yet far fairer than you are.

CHARMIAN

He means in flesh.

IRAS

No, you shall paint when you are old.

CHARMIAN

Wrinkles forbid!

ALEXAS

Vex not his prescience, be attentive.

CHARMIAN

Hush!

ENOBARBUS, *à un serviteur.*

Servez les desserts, et vite; assez de vin
Pour boire à la santé de Cléopâtre.

Des serviteurs disposent des fruits, du vin, etc., sur une table.

CHARMIAN

Bon monsieur, faites-moi du bel avenir.

LE DEVIN

Je ne fais pas, mais prévois.

CHARMIAN

S'il vous plaît alors, prévoyez-m'en du beau.

LE DEVIN

Vous florirez mieux encore que vous ne faites maintenant.

CHARMIAN

Il veut dire florissante de ma personne.

IRAS

Non, c'est que vous vous peindrez quand vous serez vieille.

CHARMIAN

M'en préservent les rides!

ALEXAS

Ne fâchez pas Sa Prescience, soyez attentives.

CHARMIAN

Chut!

SOOTHSAYER

You shall be more beloving than beloved.

CHARMIAN

I had rather heat my liver with drinking.

ALEXAS

Nay, hear him.

CHARMIAN

Good now, some excellent fortune! Let me be married to three kings in a forenoon, and widow them all : let me have a child at fifty, to whom Herod of Jewry may do homage : find me to marry with Octavius Cæsar, and companion me with my mistress.

SOOTHSAYER

You shall outlive the lady whom you serve.

CHARMIAN

O excellent! I love long life better than figs.

SOOTHSAYER

You have seen and proved a fairer former fortune
Than that which is to approach.

CHARMIAN

Then belike my children shall have no names; prithee, how many boys and wenches must I have?

SOOTHSAYER

If every of your wishes had a womb,

LE DEVIN

Vous serez plus aimante qu'aimée.

CHARMIAN

Que ce soit plutôt le vin qui me chauffe le cœur.

ALEXAS

Allons, écoutez-le.

CHARMIAN

Eh bien, un peu de grand bonheur! Que j'aie trois rois en mariage en une matinée, et que je sois veuve de tous les trois : que j'aie un enfant à cinquante ans, à qui Hérode de Juiverie rende hommage : trouve que j'épouserai César Octave, et que j'irai de pair avec ma maîtresse.

LE DEVIN

Vous vivrez plus longtemps que la dame que vous servez.

CHARMIAN

Oh, merveilleux ! J'adore vivre longtemps, c'est meilleur que les figues.

LE DEVIN

Vous avez vu et éprouvé meilleure fortune par le passé
Que celle en train de s'approcher.

CHARMIAN

Il est probable alors que mes enfants n'auront pas de nom : de grâce, combien de garçons et de filles dois-je avoir ?

LE DEVIN

Si chacun de tes désirs avait un ventre

And fertile every wish, a million.

CHARMIAN

Out, fool! I forgive thee for a witch.

ALEXAS

You think none but your sheets are privy to your wishes.

CHARMIAN

Nay, come, tell Iras hers.

ALEXAS

We'll know all our fortunes.

ENOBARBUS

Mine and most of our fortunes to-night shall be—drunk to bed.

[*pours out wine.*

IRAS [*holds out her hand*]

There's a palm presages chastity, if nothing else.

CHARMIAN

E'en as the o'erflowing Nilus presageth famine.

IRAS

Go, you wild bedfellow, you cannot soothsay.

CHARMIAN

Nay, if an oily palm be not a fruitful prognostication, I cannot scratch mine ear. Prithee, tell her but a workyday fortune.

Et que chaque désir portât fruit — un million.

CHARMIAN

Va-t'en, sot! Je te tiens quitte de sorcellerie.

ALEXAS

Vous croyez que personne que vos draps n'est dans le secret de [vos désirs.

CHARMIAN

Allons, viens, dis les siens à Iras.

ALEXAS

Nous voulons qu'on nous dise la bonne aventure à tous.

ENOBARBUS

Ma bonne aventure à moi et à la plupart ce soir sera d'aller nous mettre au lit saouls.

Il verse le vin.

IRAS, *tendant sa main.*

Voici une paume qui promet la chasteté, à défaut d'autre chose.

CHARMIAN

Tout juste comme le Nil débordant présage la famine.

IRAS

Allez, coucheuse endiablée, vous ne savez pas lire l'avenir.

CHARMIAN

Quoi, si une paume grasse n'est pas présage de fécondité, mon petit doigt ne sait pas ce qu'il me dit. Je vous en prie, ne lui annoncez qu'un sort de tous les jours.

SOOTHSAYER

Your fortunes are alike.

IRAS

But how, but how? give me particulars.

SOOTHSAYER

I have said.

IRAS

Am I not an inch of fortune better than she?

CHARMIAN

Well, if you were but an inch of fortune better than I... where would you choose it?

IRAS

Not in my husband's nose.

CHARMIAN

Our worser thoughts heavens mend! Alexas—come, his fortune, his fortune! O, let him marry a woman that cannot go, sweet Isis, I beseech thee! and let her die too, and give him a worse! and let worse follow worse, till the worst of all follow him laughing to his grave, fifty-fold a cuckold! Good Isis, hear me this prayer, though thou deny me a matter of more weight; good Isis, I beseech thee!

IRAS

Amen, dear goddess, hear that prayer of thy people! For, as it is a heart-breaking to see a handsome man loose-

LE DEVIN

Vous avez des sorts semblables.

IRAS

Mais comment, comment? Donnez-moi des détails.

LE DEVIN

J'ai dit.

IRAS

Est-ce que mon sort n'a pas un pouce de mieux que le sien?

CHARMIAN

Eh bien, si ton sort avait un pouce de mieux que le mien... où le situerais-tu?

IRAS

Pas dans le nez de mon mari.

CHARMIAN

Les cieux corrigent nos vilaines pensées! Alexas, — allons, sa bonne aventure, sa bonne aventure! Oh, qu'il épouse une femme qui ne donne rien, douce Isis, je t'en conjure, et fais qu'elle trépasse aussi, et donne-lui-en une pire, et qu'après la pire il en vienne une pire encore, jusqu'à ce que la pire de toutes le mène en riant dans la tombe, cinquante fois cocu! Bonne Isis, écoute cette prière, si tu me refuses une chose plus importante, bonne Isis, je t'en supplie!

IRAS

Amen, chère déesse, écoute cette prière de tes ouailles! Car si c'est un crève-cœur de voir un galant homme avec une putain

wived, so it is a deadly sorrow to behold a foul knave uncuckolded: therefore, dear Isis, keep decorum, and fortune him accordingly!

CHARMIAN

Amen.

ALEXAS

Lo, now, if it lay in their hands to make me a cuckold, they would make themselves whores but they'ld do't!

ENOBARBUS

Hush! here comes Antony.

Enter Cleopatra.

CHARMIAN

Not he, the queen.

CLEOPATRA

Saw you my lord?

ENOBARBUS

No, lady.

CLEOPATRA

Was he not here?

CHARMIAN

No, madam.

CLEOPATRA

He was disposed to mirth, but on the sudden

pour femme, c'est un chagrin mortel de trouver un affreux gredin qui n'est pas cocu : c'est pourquoi, chère Isis, souviens-toi de ce que tu te dois, et règle son sort en conséquence.

CHARMIAN

Amen.

ALEXAS

Voyez-moi cela, s'il dépendait d'elles que je sois cocu, elles se feraient putains pour y arriver!

ENOBARBUS

Silence. Voici Antoine.

Entre Cléopâtre.

CHARMIAN

Non, la Reine.

CLÉOPÂTRE

Avez-vous vu monseigneur?

ENOBARBUS

Non, madame.

CLÉOPÂTRE

N'était-il pas ici?

CHARMIAN

Non, madame.

CLÉOPÂTRE

Il avait le cœur à la joie, mais tout soudain

A Roman thought hath struck him. Enobarbus!

ENOBARBUS

Madam?

CLEOPATRA

Seek him, and bring him hither.

[*he goes.*

Where's Alexas?

ALEXAS

Here, at your service. My lord approaches.

Enter Antony with a Messenger and Attendants.

CLEOPATRA

We will not look upon him: go with us.

[*they leave.*

MESSENGER

Fulvia thy wife first came into the field.

ANTONY

Against my brother Lucius?

MESSENGER

Ay:
But soon that war had end, and the time's state
Made friends of them, jointing their force 'gainst Cæsar,
Whose better issue in the war from Italy
Upon the first encounter drave them.

Une pensée romaine l'a frappé. Enobarbus!

ENOBARBUS

Madame?

CLÉOPÂTRE

Cherche-le, et amène-le ici.

Il sort.

Où est Alexas?

ALEXAS

Ici, pour vous servir. Voici monseigneur.

Entre Antoine avec un messager et des serviteurs.

CLÉOPÂTRE

Nous ne voulons pas le voir. Venez.

Ils sortent.

LE MESSAGER

Fulvie ta femme s'est la première mise en campagne.

ANTOINE

Contre mon frère Lucius?

LE MESSAGER

Oui:
Mais cette guerre a bientôt pris fin, et la conjoncture
A fait d'eux des amis, unissant leurs forces contre César,
Dont les armes plus heureuses, à la première rencontre,
Les ont chassés d'Italie.

ANTONY

Well, what worst?

MESSENGER

The nature of bad news infects the teller.

ANTONY

When it concerns the fool or coward. On!
†Things that are past are done. With me, 'tis thus—
Who tells me true, though in his tale lie death,
I hear him as he flattered.

MESSENGER

Labienus—
This is stiff news—hath with his Parthian force
Extended Asia from Euphrates,
His conquering banner shook from Syria
To Lydia and to Ionia,
Whilst—

ANTONY

Antony, thou wouldst say—

MESSENGER

O, my lord!

ANTONY

Speak to me home, mince not the general tongue,
Name Cleopatra as she is called in Rome;
Rail thou in Fulvia's phrase, and taunt my faults
With such full license as both truth and malice
Have power to utter. O, then we bring forth weeds
When our quick minds lie still, and our ills told us

ANTOINE

Et quoi encore de pire?

LE MESSAGER

Les mauvaises nouvelles donnent la lèpre à qui les apporte.

ANTOINE

Quand elles intéressent le sot ou le lâche. Poursuis!
Ce qui est passé est passé. Je suis ainsi...
Qui me parle sans mentir, quand la mort serait dans ses paroles,
Je l'écoute comme s'il me flattait.

LE MESSAGER

Labienus
... Ces nouvelles sont dures... avec son armée parthe
A pris l'Asie depuis l'Euphrate
Et brandi ses drapeaux conquérants de la Syrie
A la Lydie et l'Ionie,
Tandis...

ANTOINE

Achève : tandis qu'Antoine...

LE MESSAGER

Ô monseigneur!

ANTOINE

Parle-moi franc, n'adoucis par la voix commune,
Appelle Cléopâtre comme on l'appelle à Rome;
Reprends les mots cinglants de Fulvie, et tance mes fautes
Avec toute la liberté que peuvent mettre à s'exprimer
Vérité ensemble et méchanceté. Ah, quand l'énergie de notre âme
Tombe en sommeil, c'est alors que pousse la mauvaise herbe,

Is as our earing. Fare thee well awhile.

MESSENGER

At your noble pleasure.

[he goes.

ANTONY

From Sicyon, ho, the news! Speak there!

1 ATTENDANT *[opens the door and calls]*

The man from Sicyon, is there such an one?

2 ATTENDANT *[hurries in]*

He stays upon your will.

ANTONY

Let him appear.
These strong Egyptian fetters I must break,
Or lose myself in dotage

Enter another Messenger, with a letter.

What are you?

2 MESSENGER

Fulvia thy wife is dead.

ANTONY

Where died she?

2 MESSENGER

In Sicyon:
Her length of sickness, with what else more serious

Et qui nous montre nos misères, sa parole est comme un labour.
Adieu pour le moment.

LE MESSAGER

Je suis à vos nobles ordres.

Il sort.

ANTOINE

De Sicyone, holà, les nouvelles! Parlez là-bas!

PREMIER SERVITEUR, *ouvre la porte et appelle.*

L'homme de Sicyone, y a-t-il quelqu'un venant de là?

SECOND SERVITEUR, *entrant précipitamment.*

Il attend votre bon plaisir.

ANTOINE

Qu'il se montre.
Je dois rompre ces puissants liens d'Egypte
Ou sinon choir dans le gâtisme.

Entre un autre messager avec une lettre.

Qui es-tu?

SECOND MESSAGER

Fulvie, ta femme, est morte.

ANTOINE

Où est-elle morte?

SECOND MESSAGER

A Sicyone :
La durée de sa maladie, et tout autre sujet plus grave

Importeth thee to know, this bears.

[*gives a letter.*

ANTONY

Forbear me.

[*Messenger and Attendants withdraw.*

There's a great spirit gone! Thus did I desire it:
What our contempts doth often hurl from us,
We wish it ours again; the present pleasure,
By revolution lowering, does become
The opposite of itself: she's good, being gone;
The hand could pluck her back that shoved her on.
I must from this enchanting queen break off:
Ten thousand harms, more than the ills I know,
My idleness doth hatch.

Enobarbus returns.

How now! Enobarbus!

ENOBARBUS

What's your pleasure, sir?

ANTONY

I must with haste from hence.

ENOBARBUS

Why then we kill all our women. We see how mortal an unkindness is to them; if they suffer our departure death's the word.

ANTONY

I must be gone.

Qu'il t'importe de connaître, sont ici consignés.

Il remet une Lettre.

ANTOINE

Laissez-moi.

Le messager et les serviteurs se retirent.

Une grande âme s'en est allée! j'ai souhaité qu'il en fût ainsi :
Ce que nos mépris souvent rejettent loin de nous,
De nouveau nous le souhaitons nôtre; la joie présente,
A mesure qu'elle décline au fil du temps, se change
En son contraire; elle est toute bonne, maintenant qu'elle n'est plus.
Ma main voudrait la ressaisir, qui l'écarta :
Il me faut m'arracher loin de cette reine ensorceleuse!
Ma paresse couve dix mille maux, passant les malheurs que je vois.

Rentre Enobarbus.

Eh bien, Enobarbus?

ENOBARBUS

A vos ordres, monseigneur.

ANTOINE

Je dois promptement partir d'ici.

ENOBARBUS

Nous voilà donc assassins de toutes nos femmes. On sait la peine mortelle que leur fait un manque d'égards; qu'elles nous voient partir, pour elles c'est le trépas garanti.

ANTOINE

Je dois partir.

ENOBARBUS

Under a compelling occasion let women die. It were pity to cast them away for nothing, though between them and a great cause they should be esteemed nothing. Cleopatra, catching but the least noise of this, dies instantly; I have seen her die twenty times upon far poorer moment: I do think there is mettle in death, which commits some loving act upon her, she hath such a celerity in dying.

ANTONY

She is cunning past man's thought.

ENOBARBUS

Alack, sir, no; her passions are made of nothing but the finest part of pure love. We cannot call her winds and waters sighs and tears; they are greater storms and tempests than almanacs can report. This cannot be cunning in her; if it be, she makes a shower of rain as well as Jove.

ANTONY

Would I had never seen her!

ENOBARBUS

O, sir, you had then left unseen a wonderful piece of work, which not to have been blest withal would have discredited your travel.

ANTONY

Fulvia is dead.

ENOBARBUS

Sir?

ENOBARBUS

Périssent les femmes, si la circonstance l'exige. Ce serait dommage de les laisser tomber pour rien, mais entre elles et une grande cause, elles devraient compter pour rien. Cléopâtre, au moindre bruit qu'elle aura de cela, meurt aussitôt; je l'ai vue mourir vingt fois pour de bien moindres motifs : à mon avis il y a dans la mort quelque chose d'ardent qui se livre sur elle à je ne sais quel acte amoureux, à voir l'empressement qu'elle met à trépasser.

ANTOINE

Elle est rusée au-delà de toute pensée.

ENOBARBUS

Hélas non, monseigneur; ses passions sont uniquement faites de ce que le pur amour a de plus raffiné. On ne peut appeler les souffles de sa bouche et l'eau de ses yeux soupirs et larmes; ce sont des orages et des tempêtes comme jamais almanachs n'en ont relaté. Ce ne peut être ruse de sa part, ou sinon Jupiter ne fait pas mieux qu'elle une averse de pluie.

ANTOINE

Je voudrais ne l'avoir jamais vue!

ENOBARBUS

Ô monseigneur, vous auriez alors laissé sans le voir un merveilleux chef-d'œuvre, et de ne pas avoir eu ce bonheur, votre randonnée en eût perdu son prix.

ANTOINE

Fulvie est morte.

ENOBARBUS

Monseigneur?

ANTONY

Fulvia is dead.

ENOBARBUS

Fulvia!

ANTONY

Dead.

ENOBARBUS

Why, sir, give the gods a thankful sacrifice. When it pleaseth their deities to take the wife of a man from him, it shows to man the tailors of the earth; comforting therein, that when old robes are worn out there are members to make new. If there were no more women but Fulvia: then had you indeed a cut, and the case to be lamented, this grief is crowned with consolation; your old smock brings forth a new petticoat: and indeed the tears live in an onion that should water this sorrow.

ANTONY

The business she hath broachéd in the state
Cannot endure my absence.

ENOBARBUS

And the business you have broached here cannot be without you; especially that of Cleopatra's, which wholly depends on your abode.

ANTONY

No more light answers. Let our officers
Have notice what we purpose. I shall break
The cause of our expedience to the queen,

ANTOINE

Fulvie est morte.

ENOBARBUS

Fulvie!

ANTOINE

Morte.

ENOBARBUS

Eh bien, monseigneur, offrez un sacrifice en reconnaissance aux dieux. Quand il plaît à leurs déités de prendre sa femme à un homme, cela renvoie l'homme aux tailleurs de ce monde, lui montrant pour son réconfort que lorsque les vieilles tuniques sont usées, il y a des membres au genre humain pour en faire de neuves. S'il n'y avait pas d'autres femmes que Fulvie, alors oui la déchirure serait rude pour vous, et ce serait l'occasion de gémir : ce deuil a sa récompense; votre vieille chemise fera un jupon neuf, et à dire vrai, il y a dans un oignon toutes les larmes qu'il faut pour arroser ce chagrin.

ANTOINE

La partie qu'elle a commencée dans l'Etat ne supporte pas mon absence.

ENOBARBUS

Et la partie que vous avez commencée ici ne peut se passer de vous; celle avec Cléopâtre surtout, qui dépend entièrement de votre séjour.

ANTOINE

Assez de répondre en plaisantin. Que nos officiers
Soient informés de nos intentions. J'apprendrai
A la Reine la raison de ce départ brusqué,

And get her leave to part. For not alone
The death of Fulvia, with more urgent touches,
Do strongly speak to us, but the letters too
Of many our contriving friends in Rome
Petition us at home : Sextus Pompeius
Hath given the dare to Cæsar and commands
The empire of the sea : our slippery people,
Whose love is never linked to the deserver
Till his deserts are past, begin to throw
Pompey the Great and all his dignities
Upon his son; who, high in name and power,
Higher than both in blood and life, stands up
For the main soldier : whose quality, going on,
The sides o'th' world may danger. Much is breeding,
Which, like the courser's hair, hath yet but life
And not a serpent's poison. Say, our pleasure,
To such whose place is under us, requires
Our quick remove from hence.

ENOBARBUS

I shall do't.

[*they go.*

[I, 3.]

Enter CLEOPATRA, CHARMIAN, IRAS, *and* ALEXAS.

CLEOPATRA

Where is he?

CHARMIAN

I did not see him since.

CLEOPATRA

See where he is, who's with him, what he does :
I did not send you : if you find him sad,

Et j'aurai congé de la quitter. Non seulement
La mort de Fulvie, nous touchant de plus près,
Nous parle puissamment, mais aussi les lettres
De plusieurs de nos amis qui sont actifs à Rome
Nous pressent d'y rentrer : Sextus Pompée
A jeté le défi à César et possède
La maîtrise des mers ; notre peuple inconstant,
Dont l'amour ne s'attache à qui le mérite
Que lorsque ses mérites ne sont plus, commence à voir
Le grand Pompée et ses honneurs
En la personne de son fils, qui, fort de son nom et de son pouvoir,
Plus fort encore par la vaillance et l'âme, se proclame
Le soldat par excellence ; ainsi doué, il pourrait bien,
S'il continue, démolir le monde. Nombre de maux sont en germe
Qui, pareils au crin de cheval, n'ont encore en eux que la vie
Et non le venin du serpent. Notre volonté, va le dire
A tous ceux qui sont sous moi, exige
Que nous partions d'ici sans délai.

ENOBARBUS

Je vais le faire.

Ils sortent.

SCÈNE III

Entrent CLÉOPÂTRE, CHARMIAN, IRAS *et* ALEXAS.

CLÉOPÂTRE

Où est-il ?

CHARMIAN

Je ne l'ai pas revu depuis ce moment.

CLÉOPÂTRE

Cherche où il est, qui est avec lui, ce qu'il fait :
Je ne t'ai pas envoyée ; si tu le trouves qui se recueille

Say I am dancing; if in mirth, report
That I am sudden sick. Quick, and return.

[Alexas goes.

CHARMIAN

Madam, methinks, if you did love him dearly,
You do not hold the method to enforce
The like from him.

CLEOPATRA

What should I do, I do not?

CHARMIAN

In each thing give him way, cross him in nothing.

CLEOPATRA

Thou teachest like a fool: the way to lose him.

CHARMIAN

† Tempt him not so too far; iwis, forbear:
In time we hate that which we often fear.

Antony enters.

But here comes Antony.

CLEOPATRA

I am sick and sullen.

ANTONY

I am sorry to give breathing to my purpose—

CLEOPATRA

Help me away, dear Charmian, I shall fall,
It cannot be thus long, the sides of nature

Dis-lui que je danse; s'il est gai, raconte
Que je suis prise d'un mal soudain. Va vite, et reviens.

Sort Alexas.

CHARMIAN

A mon avis, madame, si vraiment vous le chérissez
Vous ne prenez pas le bon moyen pour l'obliger
A vous rendre la pareille.

CLÉOPÂTRE

Que devrais-je faire, que je ne fais pas?

CHARMIAN

En toute chose, cédez-lui, ne le contrariez en rien.

CLÉOPÂTRE

Tu donnes de sots conseils : c'est le moyen de le perdre.

CHARMIAN

Ne le poussez pas à bout; même, soyez indulgente :
On finit par détester ce qu'on redoute souvent.

Entre Antoine.

Mais voici Antoine.

CLÉOPÂTRE

Je suis malade et je suis triste.

ANTOINE

Il me fâche d'avoir à dire mon projet...

CLÉOPÂTRE

Ton bras pour m'éloigner, chère Charmian, je vais tomber.
Pareille chose ne saurait durer, les flancs de la nature

Will not sustain it.

ANTONY

Now, my dearest queen—

CLEOPATRA

Pray you, stand farther from me.

ANTONY

What's the matter?

CLEOPATRA

I know, by that same eye, there's some good news.
What, says the married woman you may go?
Would she had never given you leave to come!
Let her not say 'tis I that keep you here.
I have no power upon you; hers you are.

ANTONY

The gods best know—

CLEOPATRA

O, never was there queen
So mightily betrayed! yet at the first
I saw the treasons planted.

ANTONY

Cleopatra—

CLEOPATRA

Why should I think you can be mine and true
(Though you in swearing shake the thronéd gods),

N'y résisteront pas.

ANTOINE

Ma reine très chère...

CLÉOPÂTRE

De grâce, écartez-vous de moi.

ANTOINE

Qu'y a-t-il?

CLÉOPÂTRE

Je sais, par ces yeux mêmes, qu'il y a quelques bonnes nouvelles.
Quoi, l'épouse a-t-elle prononcé qu'il vous faut rentrer?
Je voudrais que jamais elle ne vous eût permis de venir!
Qu'elle ne dise pas que c'est moi qui vous retiens ici!
Je n'ai sur vous nul pouvoir; vous êtes sien.

ANTOINE

Les dieux soient témoins...

CLÉOPÂTRE

Ah, fut-il jamais reine
Aussi furieusement trahie! Et pourtant dès le premier jour
J'ai vu les trahisons en germe.

ANTOINE

Cléopâtre...

CLÉOPÂTRE

Comment croirais-je que vous puissiez être mien, et loyal
(Bien que le bruit de vos serments aille secouer les dieux sur leurs [trônes),

Who have been false to Fulvia? Riotous madness,
To be entangled with those mouth-made vows,
Which break themselves in swearing!

ANTONY

Most sweet queen—

CLEOPATRA

Nay, pray you, seek no colour for your going,
But bid farewell, and go: when you sued staying,
Then was the time for words: no going then;
Eternity was in our lips and eyes,
Bliss in our brow's bent; none our parts so poor
But was a race of heaven: they are so still,
Or thou, the greatest soldier of the world,
Art turned the greatest liar.

ANTONY

How now, lady!

CLEOPATRA

I would I had thy inches; thou shouldst know
There were a heart in Egypt.

ANTONY

Hear me, queen.
The strong necessity of time commands
Our services awhile; but my full heart
Remains in use with you. Our Italy
Shines o'er with civil swords: Sextus Pompeius
Makes his approaches to the port of Rome:
Equality of two domestic powers
Breed scrupulous faction: the hated, grown to strength,
Are newly grown to love: the condemned Pompey,
Rich in his father's honour, creeps apace

Vous qui avez trahi Fulvie ? C'est folie furieuse
Que d'être prise à ces serments venus des lèvres seules
Et qui sont violées en les prononçant !

ANTOINE

Toute gracieuse reine...

CLÉOPÂTRE

Non, je vous prie, ne cherchez pas d'excuse à votre départ,
Mais dites-moi adieu, et partez ; quand à demeure ici vous me
[courtisiez
C'était alors le temps de parler ; nul départ alors ;
L'éternité était dans nos yeux, sur nos lèvres,
Le ravissement sous l'arc de nos sourcils : rien de si humble en nous
Qu'il n'eût saveur céleste ; tout cela est tel encore,
Ou bien toi, le plus grand soldat du monde,
En est devenu le plus grand menteur.

ANTOINE

Mais, madame !

CLÉOPÂTRE

Je voudrais avoir ta carrure ; tu apprendrais
Qu'il existe un cœur en Egypte.

ANTOINE

Reine, écoutez-moi :
Le cours pressant des événements requiert
Nos efforts pendant quelque temps ; mais mon cœur tout entier
Demeure en votre possession. Notre Italie
Se hérisse des glaives de la discorde : Sextus Pompée
Approche du port de Rome.
L'égalité de deux puissances dans le pays
Crée une jalouse rivalité ; ceux qu'on déteste, ayant pris force,
Ont trouvé maintenant qui aimer : Pompée le banni,
Riche de l'honneur paternel, gagne rapidement

Into the hearts of such as have not thrived
Upon the present state, whose numbers threaten;
And quietness grown sick of rest would purge
By any desperate change. My more particular,
And that which most with you should safe my going,
Is Fulvia's death.

CLEOPATRA

Though age from folly could not give me freedom,
It does from childishness : can Fulvia die?

ANTONY

She's dead, my queen.
Look here, and at thy sovereign leisure read
The garboils she awaked : at the last, best,
See when and where she died.

CLEOPATRA

O most false love!
Where be the sacred vials thou shouldst fill
With sorrowful water? Now I see, I see,
In Fulvia's death, how mine received shall be.

ANTONY

Quarrel no more, but be prepared to know
The purposes I bear; which are, or cease,
As you shall give th'advice. By the fire
That quickens Nilus' slime, I go from hence
Thy soldier, servant, making peace or war
As thou affects.

CLEOPATRA

Cut my lace, Charmian, come;
But let it be—I am quickly ill, and well—
So Antony loves.

Dans le cœur de ceux-là qui n'ont pas profité
De l'état présent, et ses forces menacent;
Malade à trop demeurer calme, il voudrait rejeter le mal
Par quelque changement désespéré. Plus près de moi,
Et qui devrait avant tout justifier devant vous mon départ,
Fulvie est morte.

CLÉOPÂTRE

Si les années n'ont pu me libérer de la folie,
Elles m'ont tirée d'enfantillage : Fulvie peut-elle mourir?

ANTOINE

Elle est morte, ma reine.
Regarde ceci, et à ton souverain loisir, lis
Quels troubles elle a fomentés; enfin vois, c'est le meilleur
De ces nouvelles, comment elle est morte, et où.

CLÉOPÂTRE

Ô déloyauté sans pareille!
Où sont les fioles sacrées que tu devrais remplir
D'une onde de chagrin? Je vois à présent, je vois
Par la mort de Fulvie comment la mienne sera reçue.

ANTOINE

Ne querellez plus, mais acceptez de connaître
Les projets que je forme, et qui tiendront ou seront rejetés,
Selon ce que vous en penserez. Par le feu
Qui vivifie le limon du Nil, je m'en irai d'ici
Ton soldat, ton serviteur, qui fera la paix ou la guerre
Suivant que tu préfères.

CLÉOPÂTRE

Coupe mon corsage, Charmian, allons!
Non, laisse — chez moi malaise et santé passent vite,
Comme l'amour d'Antoine.

ANTONY

My precious queen, forbear;
And give true evidence to his love, which stands
An honourable trial.

CLEOPATRA

So Fulvia told me.
I prithee, turn aside and weep for her,
Then bid adieu to me, and say the tears
Belong to Egypt : good now, play one scene
Of excellent dissembling, and let it look
Like perfect honour.

ANTONY

You'll heat my blood : no more.

CLEOPATRA

You can do better yet; but this is meetly.

ANTONY

Now, by my sword—

CLEOPATRA

And target. Still he mends;
But this is not the best. Look, prithee, Charmian,
How this Herculean Roman does become
The carriage of his chafe.

ANTONY [*bows*]

I'll leave you, lady.

ANTOINE

Reine, mon trésor, ayez patience,
Et rendez juste témoinage à celui dont l'amour est prêt
A supporter l'épreuve d'honneur.

CLÉOPÂTRE

C'est là ce que Fulvie m'a appris.
Je t'en supplie, détourne-toi, et pleure pour elle,
Ensuite à moi fais tes adieux, et ces larmes, dis bien qu'elles sont
Pour l'Egyptienne; va maintenant, joue une scène
D'admirable dissimulation, et fais en sorte qu'on croie voir
Le parfait honneur.

ANTOINE

Vous m'échauffez le sang : assez.

CLÉOPÂTRE

Vous pouvez mieux faire pourtant, — mais ceci n'est pas mal.

ANTOINE

Ça, par mon épée...

CLÉOPÂTRE

Et par mon écu. Voilà qu'il s'améliore,
Mais ce n'est pas le mieux encore. Charmian, je t'en prie, regarde
Comme ce Romain herculéen sait bien prendre
La pose qui sied à sa colère.

ANTOINE, *s'inclinant*

Je vous quitte, madame.

CLEOPATRA

Courteous lord, one word.
Sir, you and I must part, but that's not it:
Sir, you and I have loved, but there's not it:
That you know well: something it is I would:
O, my oblivion is a very Antony,
And I am all forgotten.

ANTONY

But that your royalty
Holds idleness your subject, I should take you
For idleness itself.

CLEOPATRA

'Tis sweating labour
To bear such idleness so near the heart
As Cleopatra this. But, sir, forgive me,
Since my becomings kill me when they do not
Eye well to you. Your honour calls you hence;
Therefore be deaf to my unpitied folly,
And all the gods go with you! Upon your sword
Sit laurel victory! and smooth success
Be strewed before your feet!

ANTONY

Let us go. Come;
Our separation so abides and flies,
That thou, residing here, goes yet with me,
And I, hence fleeting, here remain with thee.
Away!

[*they go.*

CLÉOPÂTRE

Gracieux seigneur, un mot.
Nous devons nous séparer, monsieur, vous et moi — ce n'est pas cela :
Monsieur, vous et moi nous nous sommes aimés — ce n'est pas cela :
Vous savez bien : il y a quelque chose que je voudrais :
Ah, mon oubli est lui-même comme un Antoine,
Et je suis délaissée de tout.

ANTOINE

N'était que votre royauté
Commande à la déraison, je vous tiendrais
Pour la déraison même.

CLÉOPÂTRE

Rude labeur
Que porter, comme le fait Cléopâtre,
Aussi près de son cœur une telle déraison.
Mais pardonnez-moi, monsieur, si mes faveurs me tuent
Qui n'ont point bonne grâce à vos yeux. L'honneur vous appelle [au loin;
Soyez donc sourd à ma folie, ne la plaignez pas,
Et tous les dieux soient avec vous ! Que votre épée emporte
Le laurier de victoire ! Et qu'un succès aisé
Jonche votre chemin !

ANTOINE

Partons. Allons;
Si éternelle, si vite enfuie, est notre séparation
Que toi, qui demeures ici, tu m'accompagnes pourtant,
Et que moi, qui m'en vais au loin, demeure ici avec toi.
En route !

Ils sortent.

[I, 4.]

ROME. A ROOM IN CÆSAR'S HOUSE

Enter OCTAVIUS CÆSAR, *reading a letter*, LEPIDUS, *and their train.*

CÆSAR

You may see, Lepidus, and henceforth know,
It is not Caesar's natural vice to hate
Our great competitor. From Alexandria
This is the news : he fishes, drinks and wastes
The lamps of night in revel : is not more manlike
Than Cleopatra, nor the queen of Ptolemy
More womanly than he : hardly gave audience, or
Vouchsafed to think he had partners : you shall find there
A man who is the abstract of all faults
That all men follow.

LEPIDUS

I must not think there are
Evils enow to darken all his goodness :
His faults in him seem as the spots of heaven,
More fiery by night's blackness, hereditary
Rather than purchased, what he cannot change
Than what he chooses.

CÆSAR

You are too indulgent. Let's grant it is not
Amiss to tumble on the bed of Ptolemy,
To give a kingdom for a mirth, to sit
And keep the turn of tippling with a slave,
To reel the streets at noon and stand the buffet
With knaves that smell of sweat : say this becomes him—
As his composure must be rare indeed
Whom these things cannot blemish—yet must Antony

SCÈNE IV

ROME. UNE SALLE DANS LA MAISON DE CÉSAR

Entrent CÉSAR OCTAVE, *lisant une lettre,* LÉPIDE, *et leur suite.*

CÉSAR

Tu peux le voir, Lépide, et désormais tu le sais,
Il n'est pas dans la nature de César de haïr
Notre illustre collègue. Voici, d'Alexandrie,
Ce qu'on m'apprend : il pêche, il boit et consume
Les lampes nocturnes en réjouissances ; il n'est pas plus viril
Que Cléopâtre, ni l'épouse de Ptolémée
Plus femme que lui ; c'est à peine s'il a donné audience, ou daigné
Se souvenir qu'il eût des collègues ; cette lettre vous montrera
Un homme résumant en lui-même toutes les fautes
Familières au commun des hommes.

LÉPIDE

Je ne peux croire qu'il existe
Des maux suffisants pour jamais noircir toute sa valeur :
Ses défauts sont en lui comme les taches du ciel,
Plus flamboyant d'être traversé d'ombres, ils sont hérités
Plutôt qu'acquis, ce sont choses qu'il ne peut changer
Bien plutôt que ce qu'il a voulu.

CÉSAR

Vous êtes trop indulgent. Mettons que ce ne soit point
Mal faire que se vautrer sur la couche de Ptolémée,
Donner un royaume pour un moment de joie, s'asseoir
Et trinquer à qui mieux mieux en compagnie d'un esclave,
Tituber à midi le long des rues et se colleter
Avec des manants puant la sueur ; dis que cela ne lui messied pas —
Et quel grand caractère faut-il qu'il ait en vérité
Pour que ces choses ne puissent le ternir — mais rien ne permet à [Antoine

No way excuse his foils, when we do bear
So great weight in his lightness. If he filled
His vacancy with his voluptuousness,
Full surfeits and the dryness of his bones
Call on him for't: but to confound such time
That drums him from his sport and speaks as loud
As his own state and ours—'tis to be chid
As we rate boys, who, being mature in knowledge,
Pawn their experience to their present pleasure,
And so rebel to judgement.

Enter a Messenger.

LEPIDUS

Here's more news.

MESSENGER

Thy biddings have been done, and every hour,
Most noble Cæsar, shalt thou have report
How 'tis abroad. Pompey is strong at sea,
And it appears he is beloved of those
That only have feared Cæsar: to the ports
The discontents repair, and men's reports
Give him much wronged.

CÆSAR

I should have known no less:
It hath been taught us from the primal state,
That he which is was wished until he were;
And the ebbed man, ne'er loved till ne'er worth love,
Comes deared by being lacked. This common body,
Like to a vagabond flag upon the stream,
Goes to and back, lackeying the varying tide,
To rot itself with motion.

MESSENGER

Cæsar, I bring thee word,
Menecrates and Menas, famous pirates,

D'excuser ses disgrâces, quand sur nous sa légèreté
Pèse d'un si grand poids. S'il emplissait
Ses loisirs seulement du débordement de ses sens,
Le hoquet de la nausée et les os asséchés
Lui en demanderaient raison; mais consumer un temps
Qui lui bat le rappel loin du plaisir et dont la voix proclame
Son propre sort avec le nôtre, — voilà qui prête au blâme :
Ainsi tançons-nous les garçons qui, d'âge à savoir leur devoir,
Troquent leur expérience contre le plaisir d'un instant
Et sont rebelles à la raison.

Entre un messager.

LÉPIDE

Voici d'autres nouvelles.

LE MESSAGER

Tes ordres sont exécutés, et d'heure en heure,
Très noble César, tu seras informé
De la situation hors de Rome. Pompée domine sur mer,
Et manifestement il a l'amour de ceux-là
Qui n'ont jamais fait que craindre César; les ports
Sont le rendez-vous des mécontents, et aux dires des gens
On se serait montré pour lui très injuste.

CÉSAR

Je ne m'attendais à rien de moins.
Le genre humain nous a appris dès son premier gouvernement
Que l'ambitieux est le bienvenu tant qu'il n'a pas atteint son but
Et celui qui tombe, jamais adoré avant qu'il n'en fût tout indigne,
Devient cher par son absence même. Ce commun peuple,
Tel un roseau qui vagabonde au fil de l'eau,
Va et vient, flagornant le flot changeant, si bien
Qu'il se pourrit à fluctuer.

LE MESSAGER

César, je viens t'en informer,
Menecrates et Menas, pirates fameux,

Make the sea serve them, which they ear and wound
With keels of every kind : many hot inroads
They make in Italy; the borders maritime
Lack blood to think on't, and flush youth revolt :
No vessel can peep forth, but 'tis as soon
Taken as seen; for Pompey's name strikes more
Than could his war resisted.

CÆSAR

Antony,
Leave thy lascivious wassails. When thou once
Wast beaten from Modena, where thou slew'st
Hirtius and Pansa, consuls, at thy heel
Did famine follow, whom thou fought'st against
(Though daintily brought up) with patience more
Than savages could suffer : thou didst drink
The stale of horses and the gilded puddle
Which beasts would cough at : thy palate then did deign
The roughest berry on the rudest hedge;
Yea, like the stag, when snow the pasture sheets,
The barks of trees thou browsed. On the Alps
It is reported thou didst eat strange flesh,
Which some did die to look on : and all this—
It wounds thine honour that I speak it now—
Was borne so like a soldier that thy cheek
So much as lanked not.

LEPIDUS

'Tis pity of him.

CÆSAR

Let his shames quickly
Drive him to Rome. 'Tis time we twain
Did show ourselves i'th'field, and to that end

Font de la mer leur fief, qu'ils labourent et déchirent
De toutes sortes d'étraves; ils harcèlent l'Italie
De furieuses incursions; aux frontières maritimes
Leur pensée glace les cœurs, et l'ardente jeunesse se révolte :
Pas un vaisseau ne se risque en mer, qu'il ne soit
Pris aussitôt que vu, car le nom de Pompée frappe plus sûrement
Que ne le feraient ses armes, si on leur résistait.

CÉSAR

Antoine,
Quitte tes fêtes paillardes. Naguère, quand tu fus
Repoussé de Modène, et que tu égorgeas
Les consuls Hirtius et Pansa, la famine
S'acharna à tes trousses, et tu la combattis
(Bien qu'élevé mollement) avec plus d'endurance
Que n'en sauraient montrer les sauvages : buvant
L'urine des chevaux et les flaques à l'écume jaune
Devant quoi renâclent les bêtes; ton palais alors agréa
La baie la plus aigre du buisson le plus épineux;
Quoi, pareil au cerf, quand la neige couvre les pâturages,
N'as-tu pas brouté l'écorce des arbres? Dans les Alpes
Tu mangeas, dit-on, d'une chair étrange
Que certains ne peuvent voir sans mourir; et tout cela —
C'est une offense à ton honneur que d'en parler à présent —
Tu l'enduras de si martiale façon que tes joues
N'en furent pas même amaigries.

LÉPIDE

C'est pitié de lui.

CÉSAR

Que l'aiguillon de ses hontes en toute hâte
Le pousse à Rome. Il est temps que tous deux
Nous nous montrions sur la brèche, et c'est pourquoi

Assemble me immediate council. Pompey
Thrives in our idleness.

LEPIDUS

To-morrow, Cæsar,
I shall be furnished to inform you rightly
Both what by sea and land I can be able
To front this present time.

CÆSAR

Till which encounter,
It is my business too. Farewell.

LEPIDUS

Farewell, my lord : what you shall know meantime
Of stirs abroad, I shall beseech you, sir,
To let me be partaker.

CÆSAR

Doubt not, sir;
I knew it for my bond.

[*they go.*

[I, 5.]

ALEXANDRIA. CLEOPATRA'S PALACE

Enter CLEOPATRA, CHARMIAN, IRAS, *and* MARDIAN.

CLEOPATRA

Charmian!

CHARMIAN

Madam?

Rassemble sans tarder notre conseil. Pompée
Dans notre inaction puise des forces.

LÉPIDE

Demain, César, je saurai vous dire exactement
Ce dont je dispose sur terre et sur mer
Pour faire face au danger présent.

CÉSAR

D'ici cette entrevue,
Ce sera là mon travail aussi. A bientôt.

LÉPIDE

A bientôt, monseigneur : tous les troubles à l'étranger
Dont vous seriez entre-temps informé, je vous prie, monsieur,
De m'en donner communication.

CÉSAR

N'en doutez pas, monsieur;
J'en ai pris l'engagement.

Ils sortent.

SCÈNE V

ALEXANDRIE. LE PALAIS DE CLÉOPÂTRE

Entrent CLÉOPÂTRE, CHARMIAN, IRAS *et* MARDIAN.

CLÉOPÂTRE

Charmian!

CHARMIAN

Madame?

CLEOPATRA [*yawns*]

Ha, ha!
Give me to drink mandragora.

CHARMIAN

Why, madam?

CLEOPATRA

That I might sleep out this great gap of time
My Antony is away.

CHARMIAN

You think of him too much.

CLEOPATRA

O, 'tis treason!

CHARMIAN

Madam, I trust not so.

CLEOPATRA

Thou, eunuch Mardian!

MARDIAN

What's your highness' pleasure?

CLEOPATRA

Not now to hear thee sing: I take no pleasure
In aught an eunuch has: 'tis well for thee,
That, being unseminared, thy freer thoughts
May not fly forth of Egypt. Hast thou affections?

CLÉOPÂTRE *(elle bâille)*

Oh, oh!
Donnez-moi à boire de la mandragore.

CHARMIAN

Pourquoi, madame?

CLÉOPÂTRE

Pour pouvoir dormir tout ce gouffre de temps
Où mon Antoine est parti.

CHARMIAN

Vous pensez trop à lui.

CLÉOPÂTRE

Oh, c'est trahison!

CHARMIAN

Madame, je ne le crois pas.

CLÉOPÂTRE

Toi, eunuque Mardian!

MARDIAN

Que désire Votre Majesté?

CLÉOPÂTRE

Non pas t'entendre chanter; je ne trouve plaisir
A rien de ce qu'un eunuque possède; heureux es-tu,
N'ayant point de semence, que tes pensées soient incapables
De s'envoler loin de l'Egypte. As-tu des passions?

MARDIAN

Yes, gracious madam.

CLEOPATRA

Indeed?

MARDIAN

Not indeed, madam, for I can do nothing
But what indeed is honest to be done:
Yet have I fierce affections, and think
What Venus did with Mars.

CLEOPATRA

O Charmian,
Where think'st thou he is now? Stands he, or sits he?
Or does he walk? or is he on his horse?
O happy horse, to bear the weight of Antony!
Do bravely, horse! for wot'st thou whom thou mov'st?
The demi-Atlas of this earth, the arm
And burgonet of men. He's speaking now,
Or murmuring 'Where's my serpent of old Nile?'
For so he calls me: now I feed myself
With most delicious poison. Think on me,
That am with Phœbus' amorous pinches black
And wrinkled deep in time? Broad-fronted Cæsar,
When thou wast here above the ground, I was
A morsel for a monarch: and great Pompey
Would stand and make his eyes grow in my brow;
There would he anchor his aspéct and die
With looking on his life.

Enter Alexas from Antony.

ALEXAS

Sovereign of Egypt, hail!

MARDIAN

Oui, gracieuse dame.

CLÉOPÂTRE

En vérité?

MARDIAN

En vérité! Non, madame, car je ne peux rien en vérité
Que ce qui s'accomplit en toute chasteté :
Mais j'ai d'ardentes passions pourtant, et je médite
Ce que fit Vénus avec Mars.

CLÉOPÂTRE

Ô Charmian,
Où crois-tu qu'il est à cette heure? Est-il debout, assis?
Ou marche-t-il? Ou bien est-il sur son cheval?
Ô bienheureux cheval, qui porte le poids d'Antoine!
Va fièrement, cheval, ne sais-tu pas qui tu déplaces?
Le demi-Atlas de cette terre, le bras
Et l'armure des hommes. Il parle en ce moment,
Ou bien murmure : « Où est mon serpent du vieux Nil? »
Car il m'appelle ainsi : le plus délicieux poison
N'est-il pas ma nourriture? Me voit-il en esprit
Toute noircie des mordants baisers de Phébus
Et creusée des sillons de l'âge? César au vaste front,
Quand tu marchais parmi les vivants, j'étais
Un morceau de monarque : et Pompée le grand,
Immobile et les yeux fixés sur mon visage,
Eût ancré là son regard et serait mort
En contemplant sa vie.

Entre Alexas, messager d'Antoine.

ALEXAS

Souveraine d'Egypte, salut!

CLEOPATRA

How much unlike art thou Mark Antony!
Yet, coming from him, that great med'cine hath
With his tinct gilded thee.
How goes it with my brave Mark Antony?

ALEXAS

Last thing he did, dear queen,
He kissed—the last of many doubled kisses—
This orient pearl. His speech sticks in my heart.

CLEOPATRA

Mine ear must pluck it thence.

ALEXAS

'Good friend', quoth he,
'Say, the firm Roman to great Egypt sends
This treasure of an oyster; at whose foot,
To mend the petty present, I will piece
Her opulent throne with kingdoms; all the east,
Say thou, shall call her mistress.' So he nodded,
†And soberly did mount an arm-gaunt steed,
Who neighed so high, that what I would have spoke
Was beastly dumbed by him.

CLEOPATRA

What was he, sad or merry?

ALEXAS

Like to the time o'th'year between the extremes
Of hot and cold, he was nor sad nor merry.

CLEOPATRA

O well divided disposition! Note him,
Note him, good Charmian, 'this the man; but note him :

CLÉOPÂTRE

Combien peu tu ressembles à Marc-Antoine!
Pourtant, venant de lui, ce sublime élixir
T'a teinté de son or.
Que devient mon fier Marc-Antoine?

ALEXAS

La dernière chose qu'il a faite, reine aimée, il baisa —
Le dernier de nombreux et redoublés baisers —
Cette perle. J'ai ses paroles dans mon cœur.

CLÉOPÂTRE

Mon oreille doit les y cueillir.

ALEXAS

« Ami, — telles furent ses paroles —
Va dire que le ferme Romain à la noble Egypte envoie
Ce trésor d'une huître, et qu'à ses pieds,
Pour relever ce modique présent, je veux mettre,
Supplément de gloire à son trône, des royaumes;
L'Orient tout entier, dis-lui, l'appellera sa maîtresse. » Il fit un signe
Et calmement enfourcha un coursier tout armé[1],
Lequel hennit si haut que mes paroles à moi
Furent par lui brutalement étouffées.

CLÉOPÂTRE

Mais quoi, était-il triste ou gai?

ALEXAS

Comme ce temps de l'année entre les extrêmes
Du chaud et du froid, il n'était ni triste ni joyeux.

CLÉOPÂTRE

Ô belle division d'humeurs! Remarque,
Remarque, Charmian, c'est bien lui! Remarque un peu!

He was not sad, for he would shine on those
That make their looks by his; he was not merry,
Which seemed to tell them his remembrance lay
In Egypt with his joy; but between both.
O heavenly mingle! Be'st thou sad or merry,
The violence of either thee becomes,
So does it no man else. Met'st thou my posts?

ALEXAS

Ay, madam, twenty several messengers:
Why do you send so thick?

CLEOPATRA

Who's born that day
When I forget to send to Antony,
Shall die a beggar. Ink and paper, Charmian.
Welcome, my good Alexas. Did I, Charmian,
Ever love Cæsar so?

CHARMIAN

O that brave Cæsar!

CLEOPATRA

Be choked with such another emphasis!
Say, the brave Antony.

CHARMIAN

The valiant Cæsar!

CLEOPATRA

By Isis, I will give the bloody teeth,
If thou with Cæsar paragon again
My man of men.

CHARMIAN

By your most gracious pardon,
I sing but after you.

Il n'était pas triste, car il voulait rayonner sur ceux-là
Qui règlent leur aspect sur le sien; il n'était pas joyeux,
Ce qui semblait leur déclarer que son cœur était resté
En Egypte avec sa joie; mais entre l'un et l'autre.
Ô céleste mélange! Que tu sois gai ou joyeux,
L'excès de l'un et de l'autre te convient,
Et à nul autre au monde. As-tu rencontré mes courriers?

ALEXAS

Oui, madame, vingt messagers différents;
Pourquoi pareille grêle de missives?

CLÉOPÂTRE

Celui-là qui naîtra le jour
Où j'oublierai d'écrire à Antoine
Périra comme un chien. De l'encre et du papier, Charmian.
Sois le bienvenu, bon Alexas. Ai-je jamais, Charmian,
Adoré César à ce point?

CHARMIAN

Ô superbe César!

CLÉOPÂTRE

Qu'une autre exclamation de ce genre t'étouffe!
Dis : le superbe Antoine.

CHARMIAN

Valeureux César!

CLÉOPÂTRE

Par Isis, je t'arrache les yeux
Si de nouveau tu compares César
Avec mon unique entre tous les hommes.

CHARMIAN

Avec votre très gracieux pardon,
Je ne fais que chanter après vous.

CLEOPATRA

My salad days,
When I was green in judgement, cold in blood,
To say as I said then. But come, away,
Get me ink and paper.
He shall have every day a several greeting,
Or I'll unpeople Egypt.

[*They go.*

CLÉOPÂTRE

J'étais mauviette alors,
Le jugement en herbe, et le sang débile
Pour parler comme je parlais. Mais va promptement
Me chercher encre et papier.
Chaque jour et plusieurs fois j'enverrai mon salut,
Ou je dépeuplerai l'Egypte.

Ils sortent.

ACTE II

[II, 1.]

MESSINA. POMPEY'S HOUSE

Enter POMPEY, MENECRATES, *and* MENAS, *in warlike manner.*

POMPEY

If the great gods be just, they shall assist
The deeds of justest men.

MENAS

Know, worthy Pompey,
That what they do delay, they not deny.

POMPEY

Whiles we are suitors to their throne, decays
The thing we sue for.

MENAS

We, ignorant of ourselves,
Beg often our own harms, which the wise powers
Deny us for our good; so find we profit

SCÈNE PREMIÈRE

MESSINE. LA MAISON DE POMPÉE

Entrent POMPÉE, MENECRATES *et* MENAS, *l'allure guerrière.*

POMPÉE

Si les grands dieux sont justes, ils aideront
L'action des hommes les plus justes.

MENAS

Sache-le, noble Pompée,
Ce qu'ils diffèrent n'est pas forcément refusé.

POMPÉE

Tandis que nous assiégeons leur trône, va se perdant
L'objet même de nos suppliques.

MENAS

Ignorants de nous-mêmes,
Nous mendions souvent nos propres maux, et que les dieux sages
Dans notre intérêt nous refusent; ainsi ne perdons-nous rien

By losing of our prayers.

POMPEY

I shall do well:
The people love me, and the sea is mine;
My powers are crescent, and my auguring hope
Says it will come to th'full. Mark Antony
In Egypt sits at dinner, and will make
No wars without doors: Cæsar gets money where
He loses hearts: Lepidus flatters both,
Of both is flattered, but he neither loves,
Nor either cares for him.

MENAS

Cæsar and Lepidus
Are in the field: a mighty strength they carry.

POMPEY

Where have you this? 'tis false.

MENAS

From Silvius, sir.

POMPEY

He dreams: I know they are in Rome together,
Looking for Antony. But all the charms of love,
†Salt Cleopatra, soften thy waned lip!
Let witchcraft join with beauty, lust with both!
†Tie up the libertine in a field of feasts,
Keep his brain fuming; Epicurean cooks
Sharpen with cloyless sauce his appetite;
That sleep and feeding may prorogue his honour
Even till a Lethe'd dulness—

Enter Varrius.

How now, Varrius!

A prier en pure perte.

POMPÉE

Je réussirai :
Le peuple m'aime, et la mer m'appartient;
Mes forces vont croissant, et mon espoir prophétique
Me dit qu'elles vont entrer dans leur plein. Marc-Antoine
Est attablé en Egypte et ne fera jamais de guerre
Qu'entre ses quatre murs; César amasse de l'argent
Tandis qu'il perd des cœurs; Lépide flatte l'un et l'autre,
Et tous les deux le flattent, mais lui ne les aime pas,
Et ni l'un ni l'autre ne se soucie de lui.

MENAS

César et Lépide
Se sont mis en campagne; ils ont des forces imposantes.

POMPÉE

D'où tiens-tu cela? C'est faux.

MENAS

De Silvius, monsieur.

POMPÉE

Il rêve; je sais qu'ils sont ensemble à Rome
Attendant Marc-Antoine. Mais que tous les philtres d'amour,
Salace Cléopâtre, fassent suaves tes lèvres fanées!
Que la magie aide la beauté, et la luxure aide l'une et l'autre!
Enchaîne le libertin dans des fêtes sans répit,
Ne cesse d'enfumer sa cervelle; que des cuisiniers épicuriens
Aiguisent de sauces toujours plaisantes son appétit;
Que sommeil et nourriture lui fassent remettre à plus tard l'honneur,
Si bien qu'enfin le Léthé torpide...

Entre Varrius.

Quoi donc, Varrius?

VARRIUS

This is most certain that I shall deliver:
Mark Antony is every hour in Rome
Expected: since he went from Egypt 'tis
A space for farther travel.

POMPEY

I could have given less matter
A better ear. Menas, I did not think
This amorous surfeiter would have donned his helm
For such a petty war: his soldiership
Is twice the other twain: but let us rear
The higher our opinion, that our stirring
Can from the lap of Egypt's widow pluck
The ne'er-lust-wearied Antony.

MENAS

I cannot hope
Cæsar and Antony shall well greet together:
His wife that's dead did trespasses to Cæsar;
His brother warred upon him, although I think
Not moved by Antony.

POMPEY

I know not, Menas,
How lesser enmities may give way to greater.
Were't not that we stand up against them all,
'Twere pregnant they should square between themselves;
For they have entertained cause enough
To draw their swords: but how the fear of us
May cement their divisions and bind up
The petty difference, we yet not know.
Be't as our gods will have't! It only stands
Our lives upon to use our strongest hands.
Come, Menas.

[*they go.*

VARRIUS

Ceci que je vous annonce est tout à fait certain :
On attend Marc-Antoine à Rome d'heure en heure;
Depuis qu'il a quitté l'Egypte, il aurait pu faire
Un plus long trajet.

POMPÉE

Une moindre nouvelle
M'eût fait plus plaisir à entendre. Je n'aurais pas cru, Menas,
Que ce glouton amoureux coifferait son casque
Pour une guerre de si peu d'importance; le soldat qu'il est
Vaut deux fois les deux autres : mais prenons de nous-mêmes
Opinion d'autant plus haute que notre rébellion
Peut tirer du giron de la veuve égyptienne
Antoine, lui qui n'est jamais las du plaisir.

MENAS

Il me semble impossible
Que César et Antoine se rencontrent avec amitié :
Sa femme, qui est morte, a eu des torts envers César;
Son frère a guerroyé contre lui, bien que, je crois,
Antoine ne l'y ait point poussé.

POMPÉE

Je ne sais, Menas,
Dans quelle mesure de petites querelles peuvent le céder à une haine
[plus vaste.
N'était que nous sommes dressés contre eux tous,
Il est évident qu'ils se querelleraient entre eux
Car ils ont amplement motif
A tirer l'épée; mais comment la peur qu'ils ont de nous
Pourrait cimenter leur cause divisée et effacer
Les menues discordes, nous le voyons mal encore.
Qu'il en soit comme nos dieux le voudront! Mais c'est affaire
[pour nous
De vie et de mort que nous luttions de toutes nos forces.
Allons, Menas.

Ils sortent.

[II, 2.]

ROME. THE HOUSE OF LEPIDUS

Enter ENOBARBUS *and* LEPIDUS.

LEPIDUS

Good Enobarbus, 'tis a worthy deed,
And shall become you well, to entreat your captain
To soft and gentle speech.

ENOBARBUS

I shall entreat him
To answer like himself: if Cæsar move him,
Let Antony look over Cæsar's head,
And speak as loud as Mars. By Jupiter,
Were I the wearer of Antonio's beard,
I would not shave't to-day.

LEPIDUS

'Tis not a time
For private stomaching.

ENOBARBUS

Every time
Serves for the matter that is then born in't.

LEPIDUS

But small to greater matters must give way.

ENOBARBUS

Not if the small come first.

SCÈNE II

ROME. LA MAISON DE LÉPIDE

Entrent ENOBARBUS *et* LÉPIDE.

LÉPIDE

Cher Enobarbus, il sera méritoire,
Et tout à votre honneur, de prier votre général
D'être doux et mesuré dans ses propos.

ENOBARBUS

Je le prierai
D'être tel que lui-même en ses répliques. Si César l'irrite,
Qu'Antoine alors, dominant César du regard,
Parle aussi haut que Mars. Par Jupiter,
Si c'était moi qui portais la barbe d'Antoine,
Je ne me raserais pas aujourd'hui.

LÉPIDE

L'heure n'est pas
Aux ressentiments personnels.

ENOBARBUS

Toute heure est la bonne
Pour disputer de ce que justement elle apporte.

LÉPIDE

Mais de petits intérêts doivent céder le pas aux plus grands.

ENOBARBUS

Non, pas si les petits viennent en premier.

LEPIDUS

Your speech is passion :
But, pray you, stir no embers up. Here comes
The noble Antony.

Antony and Ventidius enter in conversation.

ENOBARBUS

And yonder, Cæsar.

Cæsar, Mæcenas, and Agrippa enter by another door.

ANTONY

If we compose well here, to Parthia :
Hark, Ventidius.

CÆSAR

I do not know,
Mæcenas; ask Agrippa.

LEPIDUS

Noble friends,
That which combined us was most great, and let not
A leaner action rend us. What's amiss,
May it be gently heard : when wedebate
Our trivial difference loud, we do commit
Murder in healing wounds : then, noble partners,
The rather for I earnestly beseech,
Touch you the sourest points with sweetest terms,
Nor curstness grow to th' matter.

LÉPIDE

Vous parlez dans l'emportement :
Mais, de grâce, ne rallumez pas le feu qui couve : Voici venir
Le noble Marc-Antoine.

Entrent Antoine et Ventidius, en conversation.

ENOBARBUS

Et là-bas, César.

Entrent par une autre porte César, Mécène et Agrippa.

ANTOINE

S'il se fait ici bonne entente, en route pour la frontière parthe :
Ecoute, Ventidius.

CÉSAR

Je ne sais pas,
Mécène; demande à Agrippa.

LÉPIDE

Nobles amis,
Ce qui nous a joints ensemble était de toute grandeur, et ne [permettons pas
Qu'une petitesse nous désunisse. S'il est des griefs,
Qu'on veuille les écouter de bonne grâce; en discutant
Par trop haut nos légers différends, vous tuez
Le blessé dont vous soignez les plaies; c'est pourquoi, nobles [collègues,
Je vous en conjure avec d'autant plus d'insistance,
Sur les points les plus sensibles, usez des termes les plus doux,
Sans envenimer le débat.

ANTONY

'Tis spoken well.
Were we before our armies and to fight,
I should do thus.

[*takes his hand. Flourish.*

CÆSAR

Welcome to Rome.

ANTONY

Thank you.

CÆSAR

Sit.

ANTONY

Sit, sir.

CÆSAR

Nay, then.

ANTONY

I learn, you take things ill which are not so;
Or being, concern you not.

CÆSAR

I must be laughed at,
If, or for nothing or a little, I
Should say myself offended, and with you
Chiefly i'th' world; more laughed at, that I should
Once name you derogately, when to sound your name
It not concerned me.

ANTOINE

C'est fort bien parlé.
Si nous étions sur le front des troupes et prêts au combat,
Ainsi ferais-je.

Il prend la main de Lépide. Fanfare.

CÉSAR

La bienvenue à Rome.

ANTOINE

Merci.

CÉSAR

Asseyez-vous.

ANTOINE

Asseyez-vous, monsieur.

CÉSAR

Eh bien, soit.

ANTOINE

J'apprends que vous trouvez mauvaises des choses qui ne le sont pas,
Ou qui, l'étant, ne vous visent nullement.

CÉSAR

Je mériterais qu'on rie de moi
Si d'un rien ou de moins que rien je devais
Me dire affecté, surtout étant donné
Que c'est de vous qu'il s'agit; plus risible encore si je devais
Dénigrer votre nom quand je n'aurais, ce nom,
Nul motif à le prononcer.

ANTONY

My being in Egypt, Cæsar,
What was't to you?

CÆSAR

No more than my residing here at Rome
Might be to you in Egypt: yet, if you there
Did practise on my state, your being in Egypt
Might be my question.

ANTONY

How intend you, practised?

CÆSAR

You may be pleased to catch at mine intent
By what did here befall me. Your wife and brother
Made wars upon me, and their contestation
†Was theme for you, you were the word of war.

ANTONY

You do mistake your business; my brother never
Did urge me in his act: I did inquire it,
And have my learing from some true reports
That drew their swords with you. Did he not rather
Discredit my authority with yours,
And make the wars alike against my stomach,
Having alike your cause? Of this my letters
Before did satisfy you. If you'll patch a quarrel,
As matter whole you have not to make it with,
It must not be with this.

CÆSAR

You praise yourself
By laying defects of judgement to me, but

ANTOINE

Que je fusse en Egypte, César,
Cela vous importait-il ?

CÉSAR

Ni plus ni moins qu'à vous en Egypte
Mon séjour ici à Rome ; si toutefois, là-bas,
Vous intriguiez contre mon pouvoir, votre séjour en Egypte
Pourrait m'amener à questionner.

ANTOINE

Intriguer, qu'entendez-vous par là ?

CÉSAR

Peut-être vous plaira-t-il de saisir ma pensée
En considérant ce qui m'advint ici. Votre femme et votre frère
Ont contre moi fait campagne, et leur querelle
Avait en vous son motif, et son cri de ralliement.

ANTOINE

Vous vous méprenez ; jamais mon frère
Ne m'a pressé de me joindre à lui ; j'ai pris information sur ses [menées
Et tiens ce que j'en sais d'observateurs véridiques,
Qui tirèrent l'épée pour vous. N'a-t-il pas, plutôt,
Discrédité mon autorité avec la vôtre
Et fomenté des troubles aussi bien contre mon gré,
Puisque ma cause et la vôtre étaient une ? Mes lettres sur ce point
Vous ont donné satisfaction. Si vous voulez, de pièces et de morceaux,
Faire une querelle — car vous n'avez rien où la tailler tout [d'une pièce —
Ce ne saurait être avec cela.

CÉSAR

Vous faites votre éloge
En m'imputant des erreurs de jugement, mais vous-même,

You patched up your excuses.

ANTONY

Not so, not so;
I know you could not lack, I am certain on't,
Very necessity of this thought, that I,
Your partner in the cause 'gainst which he fought,
Could not with graceful eyes attend those wars
Which fronted mine own peace. As for my wife,
I would you had her spirit in such another:
The third o'th'world is yours, which with a snaffle
You may pace easy, but not such a wife—

ENOBARBUS

Would we had all such wives, that the men might go to wars with the women!

ANTONY

—So much uncurbable; her garboils, Cæsar,
Made out of her impatience (which not wanted
Shrewdness of policy too), I grieving grant
Did you too much disquiet: for that you must
But say, I could not help it.

CÆSAR

I wrote to you
When rioting in Alexandria you
Did pocket up my letters, and with taunts
Did gibe my missive out of audience.

ANTONY

Sir,
He fell upon me, ere admitted, then:
Three kings I had newly feasted and did want
Of what I was i'th' morning: but next day

Vos excuses sont fort boiteuses.

ANTOINE

Point du tout, point du tout;
Vous ne pouviez manquer, j'en suis certain,
D'avoir cette évidente pensée qu'il n'était pas possible
Que moi, votre associé dans la cause contre laquelle il combattait,
Je pusse voir d'un œil favorable ces guerres
Qui menaçaient mon propre repos. Quant à ma femme,
Je voudrais que vous en eussiez une d'un tel esprit :
Le tiers de l'univers est vôtre, qu'avec une bride
Vous pouvez mettre à l'amble aisément, mais non pareille femme...

ENOBARBUS

Que n'en avons-nous tous de pareilles, pour que les hommes
S'en aillent en guerre avec les femmes!

ANTOINE

... Si intraitable. Ses chamailleries, César,
Fruits de son impatience (et la ruse politique
Ne manquait pas non plus), vous ont, je l'admets tristement,
Causé par trop d'ennuis : vous devez reconnaître pourtant
Qu'à cela je ne pouvais rien.

CÉSAR

Je vous ai écrit.
Festoyant dans Alexandrie, vous avez
Ecarté mes lettres, et avec des railleries
Chassé de devant vous mon messager.

ANTOINE

Il s'était, monsieur,
Jeté devant moi avant d'être admis, et d'autre part
Je venais de fêter trois rois, il me manquait
D'être ce que j'étais le matin même; et cela, le lendemain

I told him of myself, which was as much
As to have asked him pardon. Let this fellow
Be nothing of our strife; if we contend,
Out of our question wipe him.

CÆSAR

You have broken
The article of your oath, which you shall never
Have tongue to charge me with.

LEPIDUS

Soft, Cæsar!

ANTONY

No, Lepidus, let him speak:
The honour is sacred which he talks on now,
Supposing that I lacked it. But on, Cæsar;
The article of my oath—

CÆSAR

To lend me arms and aid when I required them;
The which you both denied.

ANTONY

Neglected rather,
And then when poisoned hours had bound me up
From mine own knowledge. As nearly as I may,
I'll play the penitent to you: but mine honesty
Shall not make poor my greatness, nor my power
Work without it. Truth is that Fulvia,
To have me out of Egypt, made wars here;
For which myself, the ignorant motive, do
So far ask pardon as befits mine honour
To stoop in such a case.

LEPIDUS

'Tis noble spoken.

Je le lui dis, ce qui revenait à m'excuser. Que cet homme
N'entre pour rien dans nos différends; s'il nous faut quereller,
Rayons-le de notre dispute.

CÉSAR

Vous avez violé
Les termes de votre serment, ce dont vous ne sauriez
En aucune façon m'accuser.

LÉPIDE

Tout doux, César!

ANTOINE

Non, Lépide, laissez qu'il poursuive :
Cet honneur est sacré, dont il parle à présent,
Et qui m'a fait défaut, dit-il. Mais après, César :
Les termes de mon serment...

CÉSAR

Me prêter secours et main-forte quand je le demanderais,
Toutes choses que vous m'avez refusées.

ANTOINE

Que j'ai négligées, plutôt,
Et cela dans un moment où des heures vénéneuses
Me fermèrent les yeux sur moi-même. Je veux bien, autant qu'il se [peut,
Vous faire humble pénitence : mais ma sincérité
N'est pas abaissement de ma part, et ma puissance
Ne saurait œuvrer sans elle. La vérité est que Fulvie,
Pour me tirer d'Egypte, a fait campagne contre vous,
Ce dont moi-même qui fus la cause à mon insu,
Je vous demande pardon, autant qu'il sied à mon honneur
De m'abaisser en pareil cas.

LÉPIDE

Nobles paroles.

MÆCENAS

If it might please you, to enforce no further
The griefs between ye : to forget them quite
Were to remember that the present need
Speaks to atone you.

LEPIDUS

Worthily spoken, Mæcenas.

ENOBARBUS

Or, if you borrow one another's love for the instant, you may, when you hear no more words of Pompey, return it again : you shall have time to wrangle in when you have nothing else to do.

ANTONY

Thou art a soldier only : speak no more.

ENOBARBUS

That truth should be silent I had almost forgot.

ANTONY

You wrong this presence; therefore speak no more.

ENOBARBUS

Go to, then; your considerate stone.

CÆSAR

I do not much dislike the matter, but
The manner of his speech; for't cannot be
We shall remain in friendship, our conditions
So differing in their acts. Yet, if I knew

MÉCÈNE

Si vous vouliez bien ne point pousser plus loin
Vos différends, — les oublier tout à fait
Serait vous souvenir que les difficultés du jour
Vous prêchent réconciliation.

LÉPIDE

Dignes paroles, Mécène.

ENOBARBUS

Ou bien, si vous empruntiez l'un l'autre de quoi vous aimer pour l'instant, quand il ne serait plus question de Pompée, vous seriez libres de vous le rendre ; il sera temps de vous chamailler quand vous n'aurez rien d'autre à faire.

ANTOINE

Tu n'es qu'un soldat ; tais-toi.

ENOBARBUS

Que la vérité dût se taire, je l'avais presque oublié.

ANTOINE

Vous offensez cette assistance ; aussi taisez-vous.

ENOBARBUS

Allez-y donc. Je suis votre carpe, avec mes respects.

CÉSAR

La manière de son discours me déplaît fort,
Non la matière ; car il n'est pas possible
Que nous persistions dans l'amitié, étant par nature enclins
A des actes si différents. Pourtant, si je savais

What hoop should hold us staunch from edge to edge
O'th'world, I would pursue it.

AGRIPPA

Give me leave, Cæsar.

CÆSAR

Speak, Agrippa.

AGRIPPA

Thou hast a sister by the mother's side,
Admired Octavia : great Mark Antony
Is now a widower.

CÆSAR

Say not so, Agrippa :
If Cleopatra heard you, your reproof
Were well deserved of rashness.

ANTONY

I am not married, Cæsar : let me hear
Agrippa further speak.

AGRIPPA

To hold you in perpetual amity,
To make you brothers, and to knit your hearts
With an unslipping knot, take Antony
Octavia to his wife; whose beauty claims
No worse a husband than the best of men;
Whose virtue and whose general graces speak
That which none else can utter. By this marriage
All little jealousies which now seem great,
And all great fears which now import their dangers,
Would then be nothing : truths would be tales,

L'anneau qui pût nous joindre ferme d'un bout à l'autre du monde,
Je le rechercherais.

AGRIPPA

Avec ta permission, César...

CÉSAR

Parle, Agrippa.

AGRIPPA

Tu as une sœur du côté de ta mère,
Octavie la très belle; le noble Marc-Antoine
Est veuf à présent.

CÉSAR

Ne parle pas ainsi, Agrippa,
Si Cléopâtre t'entendait, la rebuffade
Que te vaudrait ta hardiesse serait méritée.

ANTOINE

Je ne suis pas marié, César; permettez
Que j'écoute Agrippa.

AGRIPPA

Afin de vous maintenir en perpétuelle amitié,
De faire de vous des frères, et de nouer vos cœurs
D'un indéfectible nœud, que Marc-Antoine
Reçoive en mariage Octavie, dont la beauté veut un époux
Qui ne soit rien de moins que le meilleur des hommes;
Elle dont la vertu, dont toutes les grâces, proclament
Ce que nulle autre qu'elle ne saurait dire. Par ce mariage
Toutes les menues rivalités qui maintenant semblent graves,
Et toutes les graves craintes aux approches des périls présents,
Seraient alors réduites à rien; choses certaines deviendraient fables,

Where now half tales be truths: her love to both
Would each to other and all loves to both
Draw after her. Pardon what I have spoke,
For 'tis a studied, not a present thought,
By duty ruminated.

ANTONY

Will Cæsar speak?

CÆSAR

Not till he hears how Antony is touched
With what is spoke already.

ANTONY

What power is in Agrippa,
If I would say, 'Agrippa, be it so',
To make this good?

CÆSAR

The power of Cæsar, and
His power unto Octavia.

ANTONY

May I never
(To this good purpose, that so fairly shows)
Dream of impediment! Let me have thy hand:
Further this act of grace; and from this hour
The heart of brothers govern in our loves
And sway our great designs!

CÆSAR

There's my hand.
A sister I bequeath you, whom no brother
Did ever love so dearly: let her live

Au lieu que demi-fables deviennent vérités; son amour pour vous deux
Vous rapprocherait l'un l'autre, et vers vous deux
Conduirait tous les cœurs après elle. Que mes paroles ne vous offensent
[point,
Car cette pensée n'est pas d'aujourd'hui, je l'ai mûrie
Et dûment méditée.

ANTOINE

César veut-il parler?

CÉSAR

Pas avant d'avoir entendu d'Antoine même s'il est touché
Par ce qui fut dit déjà.

ANTOINE

Quel pouvoir possède Agrippa,
Si je disais : « Agrippa, qu'il en soit ainsi. »
Pour accomplir cette chose?

CÉSAR

Le pouvoir de César et
Son pouvoir sur Octavie.

ANTOINE

Puissé-je
A ce beau projet, de si favorable venue,
Ne jamais rêver d'obstacle! Laisse que je prenne ta main :
Sois propice à cet acte heureux, et de cet instant
Qu'un cœur fraternel règne en nos affections
Et gouverne nos grands desseins!

CÉSAR

Voici ma main.
Je vous confie une sœur, telle qu'il n'en fut jamais
De plus chère à son frère; que sa vie

To join our kingdoms and our hearts—and never
Fly off our loves again!

LEPIDUS

Happily, amen!

ANTONY

I dit not think to draw my sword 'gainst Pompey;
For he hath laid strange courtesies and great
Of late upon me. I must thank him only,
Lest my remembrance suffer ill report;
At heel of that, defy him.

LEPIDUS

Time calls upon's:
Of us must Pompey presently be sought,
Or else he seeks out us.

ANTONY

Where lies he?

CÆSAR

About the Mount Misenum.

ANTONY

What is his strength
By land?

CÆSAR

Great and increasing: but by sea
He is an absolute master.

ANTONY

So is the fame.
Would we had spoke together! Haste we for it:
Yet, ere we put ourselves in arms, dispatch we

Soit le lien entre nos royaumes, entre nos cœurs, et que jamais plus
Nos attachements ne se dérobent!

LÉPIDE

Très bien, amen!

ANTOINE

Il n'était pas dans ma pensée de tirer l'épée contre Pompée;
Car il m'a donné de rares et nobles marques de bonne grâce
Ces temps derniers. Il me faut au moins le remercier,
Afin qu'on ne médise point de ma mémoire,
Ensuite de quoi, le défier.

LÉPIDE

Le temps nous presse :
Il nous faut trouver Pompée au plus tôt,
Sinon lui saura nous trouver.

ANTOINE

Où se tient-il?

CÉSAR

Vers le cap Misène.

ANTOINE

Quelles sont ses forces
Sur terre?

CÉSAR

Puissantes, et ne cessant d'augmenter; mais sur mer
Il est maître absolu.

ANTOINE

La renommée le dit.
Que ne nous sommes-nous concertés! Hâtons-nous d'autant plus!
Toutefois, avant de nous mettre en armes, dépêchons

The business we have talked of.

CÆSAR

With most gladness;
And do invite you to my sister's view,
Whither straight I'll lead you.

ANTONY

Let us, Lepidus,
Not lack your company.

LEPIDUS

Noble Antony,
Not sickness should detain me.

[Flourish, Cæsar, Antony, and Lepidus go out together.

MÆCENAS

Welcome from Egypt, sir.

ENOBARBUS

Half the heart of Cæsar, worthy Maecenas! My honourable friend, Agrippa!

AGRIPPA

Good Enobarbus!

MÆCENAS

We have cause to be glad that matters are so well digested. You stayed well by't in Egypt.

ENOBARBUS

Ay, sir; we did sleep day out of countenance, and made the night light with drinking.

L'affaire dont nous avons parlé.

CÉSAR

Avec la plus grande joie;
Aussi vous prié-je de venir voir ma sœur,
Et veux de ce pas vous y conduire.

ANTOINE

Ne nous privez pas, Lépide,
De votre compagnie.

LÉPIDE

Noble Antoine,
La maladie même ne me retiendrait pas.

Fanfare. Sortent ensemble César, Antoine et Lépide.

MÉCÈNE

La bienvenue d'Egypte, monsieur!

ENOBARBUS

Digne Mécène, moitié du cœur de César! Agrippa, mon honorable ami!

AGRIPPA

Brave Enobarbus!

MÉCÈNE

Nous avons sujet de nous réjouir que les choses se soient arrangées si bien. Vous avez fait bonne contenance en Egypte.

ENOBARBUS

Eh oui, monsieur; tant nous buvions durant le jour qu'il en perdait la face, et tant nous buvions durant la nuit qu'elle en voyait tout en rose.

MÆCENAS

Eight wild-boars roasted whole at a breakfast, and but twelve persons there; is this true?

ENOBARBUS

This was but as a fly by an eagle : we had much more monstrous matter of feast, which worthily deserved noting.

MÆCENAS

She's a most triumphant lady, if report be square to her.

ENOBARBUS

When she first met Mark Antony, she pursed up his heart, upon the river of Cydnus.

AGRIPPA

There she appeared indeed; or my reporter devised well for her.

ENOBARBUS

I will tell you.
The barge she sat in, like a burnisht throne
Burned on the water : the poop was beaten gold;
Purple the sails, and so perfumèd that
The winds were love-sick with them; the oars were silver,
Which to the tune of flutes kept stroke and made
The water which they beat to follow faster,
As amorous of their strokes. For her own person,
It beggared all description, she did lie
In her pavilion, cloth-of-gold, of tissue,
O'er-picturing that Venus where we see
The fancy outwork nature : on each side her

MÉCÈNE

Huit sangliers rôtis tout entiers pour un déjeuner, et seulement douze personnes à table : est-ce vrai ?

ENOBARBUS

Ce n'était là qu'une amusette; nous avons eu matière autrement formidable à nous régaler et qui serait bien digne qu'on en parlât.

MÉCÈNE

La dame est magnifique au plus haut point, si ce qu'on raconte est justifié.

ENOBARBUS

La première fois qu'elle rencontra Marc-Antoine, elle empocha son cœur, sur le fleuve Cydnus.

AGRIPPA

Elle est apparue là en effet, à moins que mon informateur ne m'en ait conté à son sujet.

ENOBARBUS

Ecoutez plutôt :
La barque où elle était assise, comme un trône poli,
Brasillait sur l'eau, la poupe était d'or battu;
Les voiles, de pourpre et si parfumées que les vents
Y venaient languir d'amour; les rames étaient d'argent
Qui marquaient la cadence au son des flûtes et forçaient
L'eau qu'elles battaient à les suivre plus vite,
Comme amoureuse de leurs coups. Mais elle, devant sa personne,
Toute description est misérable, elle était allongée
Sous sa tente de drap d'or, d'or tissu,
Plus belle que cette Vénus en qui nous voyons
Le phantasme surpasser la nature; à ses côtés se tenaient

Stood pretty dimpled boys, like smiling Cupids,
With divers-coloured fans, whose wind did seem
To glow the delicate cheeks which they did cool
And what they undid did.

AGRIPPA

O, rare for Antony!

ENOBARBUS

Her gentlewomen, like the Nereides,
So many mermaids, tended her i'th'eyes,
And made their bends adornings : at the helm
A seeming mermaid steers : the silken tackle
Swell with the touches of those flower-soft hands,
That yarely frame the office. From the barge
A strange invisible perfume hits the sense
Of the adjacent wharfs. The city cast
Her people out upon her; and Antony,
Enthroned i'th'market-place, did sit alone,
Whistling to th'air; which, but for vacancy,
Had gone to gaze on Cleopatra too,
And made a gap in nature.

AGRIPPA

Rare Egyptian!

ENOBARBUS

Upon her landing, Antony sent to her,
Invited her to supper : she replied,
It should be better he became her guest;
Which she entreated : our courteous Antony,
Whom ne'er the word of 'No' woman heard speak,
Being barbered ten times o'er, goes to the feast,
And, for his ordinary, pays his heart
For what his eyes eat only.

AGRIPPA

Royal wench!

De jolis enfants potelés, en guise de riants Cupidons,
Avec des éventails bariolés dont le souffle
Semblait rosir les délicates joues qu'ils rafraîchissaient,
Et ce qu'ils avaient défait le refaisaient.

AGRIPPA

Ô, merveille pour Antoine!

ENOBARBUS

Ses dames de compagnie, telles les Néréides,
Des sirènes qui s'empressaient sous ses regards[2]
Et lui faisaient une guirlande de leurs courbettes; au gouvernail
Un beau semblant de sirène tient la barre; le gréement d'argent
S'enfle au moindre toucher de ces mains douces comme fleurs,
Qui font prestement leur office. De la barque,
Un encens étrange, invisible, s'en va griser
Les berges avoisinantes. La ville s'était vidée
De son peuple rué vers elle, et Antoine,
Trônant sur la grande place, siégeait solitaire,
Sifflait en l'air, lequel, s'il n'abhorrait le vide,
Serait parti lui aussi regarder Cléopâtre,
Laissant un trou dans la nature.

AGRIPPA

Merveilleuse Egyptienne!

ENOBARBUS

Quand elle eut mis pied à terre, Antoine envoya vers elle,
La priant à dîner; elle répondit
Qu'il serait préférable que lui fût son invité;
Faveur qu'elle implorait de lui; notre galant Antoine,
Que jamais femme n'entendit prononcer le mot « Non »,
La barbe faite et fignolée, se rend au festin,
Et pour son ordinaire, c'est son cœur qu'il verse
En paiement de ce que ses yeux seulement ont mangé.

AGRIPPA

Royale garce!

She made great Cæsar lay his sword to bed:
He ploughed her, and she cropped.

ENOBARBUS

I saw her once
Hop forty paces through the public street;
And having lost her breath, she spoke, and panted,
That she did make defect perfection,
And, breathless, power breathe forth.

MÆCENAS

Now Antony must leave her utterly.

ENOBARBUS

Never; he will not:
Age cannot wither her, nor custom stale
Her infinite variety: other women cloy
The appetites they feed, but she makes hungry
Where most she satisfies: for vilest things
Become themselves in her, that the holy priests
Bless her when she is riggish.

MÆCENAS

If beauty, wisdom, modesty, can settle
The heart of Antony, Octavia is
A blessed lottery to him.

AGRIPPA

Let us go.
Good Enobarbus, make yourself my guest
Whilst you abide here.

ENOBARBUS

Humbly, sir, I thank you.

[*they go.*

Elle a forcé l'illustre César à mettre son épée dormir;
Il se fit son laboureur et elle lui donna récolte.

ENOBARBUS

Je l'ai vue un jour
Courir cinquante pas dans la rue à cloche-pied,
Or, ayant perdu le souffle, elle parlait et pantelait,
Si bien qu'elle faisait de défaut perfection
Et que, hors d'haleine, elle exhalait la puissance.

MÉCÈNE

Eh bien, Antoine devra la quitter totalement.

ENOBARBUS

Jamais; il ne la quittera pas;
L'âge ne peut la faner, ni accoutumance affadir
Sa diversité sans fin; les autres femmes blasent
Les appétits par elles rassasiés; mais elle, rend avide
Qui elle satisfait le plus; car les plus viles choses
S'avèrent telles en elle, que les prêtres sacrés
Donnent bénédiction à ses frasques.

MÉCÈNE

Si beauté, sagesse, pudeur, peuvent fixer
Le cœur d'Antoine, Octavie
Est pour lui un don du ciel.

AGRIPPA

Allons.
Cher Enobarbus, que ma maison soit vôtre
Tout le temps que vous serez à Rome.

ENOBARBUS

Je vous en remercie, monsieur, humblement.

Ils sortent.

[II, 3.]

THE SAME. CÆSAR'S HOUSE

Enter ANTONY, CÆSAR, *and* OCTAVIA *between them.*

ANTONY

The world and my great office will sometimes
Divide me from your bosom.

OCTAVIA

All which time
Before the gods my knee shall bow my prayers
To them for you.

ANTONY

Good night, sir. My Octavia,
Read not my blemishes in the world's report:
I have not kept my square, but that to come
Shall all be done by th'rule. Good night, dear lady.

OCTAVIA

Good night, sir.

CÆSAR

Good night.

[*he leads his sister away.*
Enter Soothsayer.

ANTONY

Now, sirrah; you do wish yourself in Egypt?

SCÈNE III

ROME. LA MAISON DE CÉSAR

Entrent ANTOINE, CÉSAR *et* OCTAVIE *entre eux.*

ANTOINE

Le monde et mon immense tâche devront parfois
M'arracher de vos bras.

OCTAVIE

Durant ce temps
Devant les dieux, genou fléchi, j'inclinerai les prières
Que pour vous je leur ferai.

ANTOINE

Bonne nuit, monsieur. Mon Octavie,
Ne lisez point mes fautes au registre du monde;
Ma route ne fut pas droite, mais celle à venir
Sera toute tracée selon la règle. Bonne nuit, chère dame.

OCTAVIE

Bonne nuit, monsieur.

CÉSAR

Bonne nuit.

Il emmène sa sœur.
Entre un devin.

ANTOINE

Eh bien, l'homme, vous souhaitez-vous de retour en Egypte?

SOOTHSAYER

Would I had never come from thence, nor you thither!

ANTONY

If you can, your reason?

SOOTHSAYER

I see it in my motion, have it not in my tongue : but yet hie you to Egypt again.

ANTONY

Say to me, whose fortunes shall rise higher, Cæsar's or mine?

SOOTHSAYER

Cæsar's.
Therefore, O Antony, stay not by his side.
Thy demon, that thy spirit which keeps thee, is
Noble, courageous, high, unmatchable,
Where Cæsar's is not. But near him thy angel
Becomes a fear; as being o'erpowered. Therefore
Make space enough between you.

ANTONY

Speak this no more.

SOOTHSAYER

To none but thee; no more but when to thee.
If thou dost play with him at any game,
Thou art sure to lose; and, of that natural luck,
He beats thee 'gainst the odds : thy lustre thickens,
When he shines by : I say again, thy spirit
Is all afraid to govern thee near him,

LE DEVIN

Puissé-je n'en être jamais sorti et vous n'y être jamais allé!

ANTOINE

La raison, si possible?

LE DEVIN

Je la sens en moi-même, je ne l'ai pas sur la langue; mais hâtez-vous de rentrer en Egypte.

ANTOINE

Dis-moi, quel est celui que le sort portera le plus haut, César ou moi?

LE DEVIN

César.
C'est pourquoi, ô Antoine, ne reste pas à son côté.
Ton démon, ce tien génie qui fait ta force, est
Noble, courageux, sublime, sans égal,
Là où César n'est point. Mais près de lui, ton ange
N'est plus qu'effroi et semble terrassé. C'est pourquoi
Mets entre vous deux beaucoup d'espace.

ANTOINE

Ne dis jamais plus cela.

LE DEVIN

Je ne le dis à personne qu'à toi; et jamais plus, si ce n'est à toi.
Si tu veux jouer avec lui, quel que soit le jeu,
Sois assuré que tu perdras; et, par cette chance native,
Contre tout espoir il te battra; ton éclat s'obscurcit,
Quand lui rayonne auprès de toi : je te répète, ton génie
S'effraie à te guider auprès de lui,

But he away, 'tis noble.

ANTONY

Get thee gone:
Say to Ventidius I would speak with him.
He shall to Parthia. [*Soothsayer goes*] Be it art or hap,
He hath spoken true: the very dice obey him,
And in our sports my better cunning faints
Under his chance: if we draw lots, he speeds;
His cocks do win the battle still of mine
When it is all to nought, and his quails ever
Beat mine, inhooped, at odds. I will to Egypt:
And though I make this marriage for my peace,
I'th'East my pleasure lies.

Enter Ventidius.

O, come, Ventidius,
You must to Parthia: your commission's ready;
Follow me, and receive't.

[*they go.*

[II, 4.]

THE SAME. A STREET

Enter LEPIDUS, MÆCENAS, *and* AGRIPPA.

LEPIDUS

Trouble yourselves no further: pray you, hasten
Your generals after.

AGRIPPA

Sir, Mark Antony

Mais lui absent, il est la grandeur même.

ANTOINE

Va-t'en.
Dis à Ventidius que je voudrais lui parler.
Il doit se rendre en pays parthe. *(Sort le devin.)*
Ruse ou hasard,
Il a dit vrai : les dés mêmes lui obéissent,
Et dans nos divertissements, toute mon adresse succombe
A sa chance; si nous tirons au sort, il est gagnant;
Ses coqs sont encore victorieux des miens
Alors qu'ils ont tout contre eux, et toujours ses cailles en volière
Battent les miennes mieux placées. J'irai en Egypte,
Et bien que je fasse pour ma tranquillité ce mariage,
C'est en Orient que j'ai mon plaisir.

Entre Ventidius.

Ah, Ventidius, venez.
Vous devez vous rendre en pays parthe; votre commission est prête;
Suivez-moi pour la recevoir.

Ils sortent.

SCÈNE IV

ROME. UNE RUE

Entrent LÉPIDE, MÉCÈNE *et* AGRIPPA.

LÉPIDE

Soyez sans plus d'inquiétude; hâtez-vous, je vous prie,
De suivre vos généraux.

AGRIPPA

Marc-Antoine, monsieur,

Will e'en but kiss Octavia, and we'll follow.

LEPIDUS

Till I shall see you in your soldier's dress,
Which will become you both, farewell.

MÆCENAS

We shall,
As I conceive the journey, be at th'Mount
Before you, Lepidus.

LEPIDUS

Your way is shorter;
My purposes do draw me much about:
You'll win two days upon me.

MÆCENAS, AGRIPPA

Sir, good success!

LEPIDUS

Farewell.

[*they go.*

[II, 5.]

ALEXANDRIA. CLEOPATRA'S PALACE

Enter CLEOPATRA, CHARMIAN, IRAS, *and* ALEXAS.

CLEOPATRA

Give me some music; music, moody food
Of us that trade in love.

Veut seulement embrasser Octavie, et nous partons avec lui.

LÉPIDE

Jusqu'à ce que je vous voie sous vos armes de soldats,
Qui vous siéront à l'un et l'autre, adieu.

MÉCÈNE

Nous serons,
D'après ce que je sais du voyage,
Au mont Misène avant vous, Lépide.

LÉPIDE

Votre chemin est plus court,
Mes projets m'obligent à de longs détours,
Vous gagnerez deux jours sur moi.

MÉCÈNE, AGRIPPA

Bon succès, monsieur!

LÉPIDE

Adieu.

Ils sortent.

SCÈNE V

ALEXANDRIE. LE PALAIS DE CLÉOPÂTRE

Entrent CLÉOPÂTRE, CHARMIAN, IRAS *et* ALEXAS.

CLÉOPÂTRE

Faites-moi de la musique; de la musique, chair de mélancolie,
Pour nous dont l'amour est tout le commerce.

ALL

The music, ho!

Enter Mardian the Eunuch.

CLEOPATRA

Let it alone, let's to billiards : come, Charmian.

CHARMIAN

My arm is sore; best play with Mardian.

CLEOPATRA

As well a woman with an eunuch played
As with a woman. Come, you'll play with me, sir?

MARDIAN

As well as I can, madam.

CLEOPATRA

And when good will is showed, though't come too short,
The actor may plead pardon. I'll none now,
Give me mine angle, we'll to th'river : there,
My music playing far off, I will betray
Tawny-finned fishes; my bended hook shall pierce
Their slimy jaws, and as I draw them up,
I'll think them every one an Antony,
And say 'Ah, ha! you're caught.'

CHARMIAN

'Twas merry when
You wagered on your angling; when your diver
Did hang a salt-fish on his hook, which he

TOUTES

La musique, holà!

Entre l'eunuque Mardian.

CLÉOPÂTRE

Laissons cela, jouons au billard; viens, Charmian.

CHARMIAN

Mon bras me fait mal; jouez plutôt avec Mardian.

CLÉOPÂTRE

Autant pour une femme jouer avec un eunuque
Qu'avec une femme. Allons, jouez-vous avec moi, monsieur?

MARDIAN

Du mieux que je puis, madame.

CLÉOPÂTRE

Et qui montre bonne volonté, bien que les moyens n'y soient pas,
Il a droit d'être pardonné. Je n'en veux plus.
Donnez-moi ma ligne, nous irons au fleuve; là,
Mes musiciens jouant au loin, je veux surprendre
Les poissons aux brunes nageoires; mon hameçon crochu percera
Leurs mâchoires visqueuses, et moi, les retirant,
Je penserai que chacun d'eux est un Antoine
Et dirai : ah, ah! vous voilà pris!

CHARMIAN

Nous sommes-nous amusées, le jour
Où vous avez parié à la meilleure pêche, quand votre plongeur
A suspendu un poisson séché à son hameçon, que lui

With fervency drew up.

CLEOPATRA

That time—O times!—
I laughed him out of patience; and that night
I laughed him into patience; and next morn,
Ere the ninth hour, I drunk him to his bed;
Then put my tires and mantles on him, whilst
I wore his sword Philippan.

Enter a Messenger.

O, from Italy!
Ram thou thy fruitful tidings in mine ears,
That long time have been barren.

MESSENGER

Madam, madam,—

CLEOPATRA

Antonio's dead! If thou say so, villain,
Thou kill'st thy mistress: but well and free,
If thou so yield him, there is gold, and here
My bluest veins to kiss: a hand that kings
Have lipped, and trembled kissing.

MESSENGER

First, madam, he is well.

CLEOPATRA

Why, there's more gold.
But, sirrah, mark, we use
To say the dead are well: bring it to that,
The gold I give thee will I melt and pour
Down thy ill-uttering throat.

MESSENGER

Good madam, hear me.

A fougueusement retiré!

CLÉOPÂTRE

Cette fois... ô toutes ces fois!...
En riant je l'ai mis hors de lui; et ce même soir
En riant je l'ai radouci, et le matin suivant,
Avant none, tous deux ivres, à son lit je l'ai conduit;
Puis sur lui j'ai jeté mes atours et mes robes, tandis que moi,
Je revêtais son épée philippienne.

Entre un messager.

Oh, d'Italie!
Pousse tes prolifiques nouvelles dans mes oreilles
Qui sont depuis longtemps stériles.

LE MESSAGER

Madame, madame...

CLÉOPÂTRE

Antoine est mort! Si tu dis cela, manant,
Tu détruis ta maîtresse : mais si c'est libre et bien portant
Que tu me le donnes, voici de l'or, et voici
Mes veines les plus bleues à baiser : une main que des rois
Ont portée à leurs lèvres, et baisée tout tremblants.

LE MESSAGER

D'abord, madame, il va bien.

CLÉOPÂTRE

Voici de l'or, encore.
Mais l'homme, prends garde, on dit souvent
Que les morts sont bien où ils sont; si c'est cela,
Je fondrai l'or que je te donne et le verserai bouillant
Dans ta gorge mal disante.

LE MESSAGER

Madame, écoutez-moi.

CLEOPATRA

Well, go to, I will;
But there's no goodness in thy face. If Antony
Be free and healthful—so tart a favour
To trumpet such good tidings! If not well,
Thou shouldst come like a Fury crowned with snakes,
Not like a formal man.

MESSENGER

Will't please you hear me?

CLEOPATRA

I have a mind to strike thee ere thou speak'st:
Yet, if thou say Antony lives, is well,
Or friends with Cæsar, or not captive to him,
I'll set thee in a shower of gold, and hail
Rich pearls upon thee.

MESSENGER

Madam, he's well.

CLEOPATRA

Well said.

MESSENGER

And friends with Cæsar.

CLEOPATRA

Thou'rt an honest man.

MESSENGER

Cæsar and he are greater friends than ever.

CLÉOPÂTRE

Eh bien, continue, je le veux;
Mais ton visage n'annonce rien de bon. Si Antoine
Est libre et bien portant — un air ainsi crispé
Pour clamer d'aussi bonnes nouvelles! S'il n'est pas bien,
Tu devais venir comme une Furie couronnée de serpents,
Non pas comme un homme ayant sa raison.

LE MESSAGER

Vous plaît-il de m'écouter?

CLÉOPÂTRE

J'ai grande envie de te frapper avant que tu ne parles;
Pourtant, si tu dis qu'Antoine vit, qu'il va bien,
Qu'il est ami avec César, ou qu'il n'est pas son prisonnier,
Je te couvrirai d'une pluie d'or, et ferai sur toi
Grêler des perles magnifiques.

LE MESSAGER

Madame, il va bien.

CLÉOPÂTRE

Bonne parole.

LE MESSAGER

Et César et lui sont amis.

CLÉOPÂTRE

Tu es un brave homme.

LE MESSAGER

César et lui sont plus grands amis que jamais.

CLEOPATRA

Make thee a fortune from me.

MESSENGER

But yet, madam,—

CLEOPATRA

I do not like 'But yet,' it does allay
The good precedence; fie upon 'But yet'!
'But yet' is as a gaoler to bring forth
Some monstrous malefactor. Prithee, friend,
Pour out the pack of matter to mine ear,
The good and bad together: he's friends with Cæsar,
In state of health, thou say'st, and thou say'st, free.

MESSENGER

Free, madam! no; I made no such report:
He's bound unto Octavia.

CLEOPATRA

For what good turn?

MESSENGER

For the best turn i'th'bed.

CLEOPATRA

I am pale, Charmian.

MESSENGER

Madam, he's married to Octavia.

CLEOPATRA

The most infectious pestilence upon thee!

[*strikes him down.*

CLÉOPÂTRE

Fais ta fortune avec moi.

LE MESSAGER

Mais pourtant, madame...

CLÉOPÂTRE

Je n'aime pas « mais pourtant », cela gâte
Tout ce qui précédait d'excellent; fi pour « mais pourtant »,
« Mais pourtant » est un geôlier qui va amener
Quelque horrible malfaiteur. De grâce, ami,
Déverse à mon oreille tout le paquet,
Le bon et le mauvais ensemble : il est ami avec César,
En bonne santé, dis-tu, et, dis-tu, libre.

LE MESSAGER

Libre, madame! non; je n'ai rien rapporté de tel;
Il est lié à Octavie.

CLÉOPÂTRE

Pour quel bon service?

LE MESSAGER

Pour le meilleur service au lit.

CLÉOPÂTRE

Je pâlis, Charmian.

LE MESSAGER

Madame, il est marié à Octavie.

CLÉOPÂTRE

La peste sur toi, la plus virulente!

Elle le jette à terre.

MESSENGER

Good madam, patience.

CLEOPATRA

What say you?
[*strikes him again*] Hence,
Horrible villain! or I'll spurn thine eyes
Like balls before me; I'll unhair thy head,

[*she hales him up and down.*

Thou shalt be whipped with wire, and stewed in brine,
Smarting in ling'ring pickle.

MESSENGER

Gracious madam,
I that do bring the news made not the match.

CLEOPATRA

Say 'tis not so, a province I will give thee,
And make thy fortunes proud : the blow thou hadst
Shall make thy peace for moving me to rage,
And I will boot thee with what gift beside
Thy modesty can beg.

MESSENGER

He's married, madam.

CLEOPATRA

Rogue, thou hast lived too long.

[*draws a knife.*

LE MESSAGER

Madame, ayez patience.

CLÉOPÂTRE

Que dites-vous?
Elle le frappe de nouveau. Hors d'ici,
Affreux manant! Ou je ferai rouler du pied
Tes yeux comme des billes; j'arracherai les cheveux de ta tête,

Elle le traîne par les cheveux çà et là.

Je te ferai fouetter de fils de fer, mijoter dans la saumure,
Avec le vinaigre pour te mordre.

LE MESSAGER

Gracieuse dame,
Moi qui apporte les nouvelles, je n'ai pas fait cette union.

CLÉOPÂTRE

Dis qu'il n'en est rien, je te donne une province,
J'enorgueillis ta destinée; le coup que tu as reçu
Fait la paix après la colère où tu m'as mise,
Et je te favoriserai de tous les dons encore
Que ta modestie même n'ose envier.

LE MESSAGER

Il est marié, madame.

CLÉOPÂTRE

Canaille, tu as vécu trop longtemps.

Elle tire un poignard.

MESSENGER

Nay, then I'll run.
What mean you, madam? I have made no fault.

[goes.

CHARMIAN

Good madam, keep yourself within yourself.
The man is innocent.

CLEOPATRA

Some innocents 'scape not the thunderbolt.
Melt Egypt into Nile! and kindly creatures
Turn all to serpents! Call the slave again:
Though I am mad, I will not bite him. Call!

CHARMIAN

He is afeard to come.

CLEOPATRA

I will not hurt him.

[Charmian goes.

These hands do lack nobility, that they strike
A meaner than myself; since I myself
Have given myself the cause.

Charmian returns with the Messenger.

Come hither, sir.
Though it be honest, it is never good
To bring bad news: give to a gracious message

LE MESSAGER

Je prends la fuite, alors.
Que voulez-vous dire, madame ? Je n'ai pas commis de faute.

Il sort.

CHARMIAN

Madame, ne soyez point hors de vous.
L'homme est innocent.

CLÉOPÂTRE

Il est des innocents qui n'échappent pas à la foudre.
Que l'Egypte fonde dans le Nil ! et les bêtes bienfaisantes
Se changent toutes en serpent ! Rappelez l'esclave :
Bien qu'enragée, je ne le mordrai pas. Appelez !

CHARMIAN

Il a peur de venir.

CLÉOPÂTRE

Je ne lui ferai pas de mal.

Sort Charmian.

Ces mains manquent de noblesse pour frapper
Quelqu'un de moindre que moi-même, quand c'est moi-même
Qui m'en suis donné le motif.

Rentre Charmian avec le messager.

Approchez, monsieur.
Tout honnête que ce soit, il n'est jamais bon
D'apporter de fâcheuses nouvelles ; qu'un plaisant message ait pour
[s'ébruiter

An host of tongues, but let ill tidings tell
Themselves when they be felt.

MESSENGER

I have done my duty.

CLEOPATRA

Is he married?
I cannot hate thee worser than I do,
If thou again say 'Yes'.

MESSENGER

He's married, madam.

CLEOPATRA

The gods confound thee! dost thou hold there still?

MESSENGER

Should I lie, madam?

CLEOPATRA

O, I would thou didst,
So half my Egypt were submerged and made
A cistern for scaled snakes! Go, get thee hence:
Hadst thou Narcissus in thy face, to me
Thou wouldst appear most ugly. He is married?

MESSENGER

I crave your highness' pardon.

CLEOPATRA

He is married?

Une armée de langues, mais les mauvaises nouvelles, laisse-les
S'annoncer elles-mêmes, à l'instant qu'elles nous touchent.

LE MESSAGER

J'ai rempli ma mission.

CLÉOPÂTRE

Est-il marié ?
Je ne peux te haïr pire que je te hais,
Si tu me dis encore : oui.

LE MESSAGER

Il est marié, madame.

CLÉOPÂTRE

Les dieux te détruisent ! Maintiens-tu tes dires ?

LE MESSAGER

Devrais-je mentir, madame ?

CLÉOPÂTRE

Ah, je le voudrais bien,
Et qu'aussi la moitié de mon Egypte soit submergée, et devienne
Une citerne pour les serpents écailleux ! Va, sors d'ici :
Aurais-tu visage de Narcisse, que moi
Je te verrais hideux entre tous. Il est marié ?

LE MESSAGER

J'implore le pardon de Votre Grâce.

CLÉOPÂTRE

Il est marié ?

MESSENGER

Take no offence that I would not offend you:
To punish me for what you make me do
Seems much unequal: he's married to Octavia.

CLEOPATRA

O, that his fault should make a knave of thee,
That art not what thou'rt sure of! Get thee hence:
The merchandise which thou hast brought from Rome
Are all too dear for me: lie they upon thy hand.
And be undone by'em!

[*he goes.*

CHARMIAN

Good your highness, patience.

CLEOPATRA

In praising Antony, I have dispraised Cæsar.

CHARMIAN

Many times, madam.

CLEOPATRA

I am paid for't now.
Lead me from hence;
I faint, O Iras, Charmian: 'tis no matter.
Go to the fellow, good Alexas; bid him
Report the feature of Octavia: her years,
Her inclination, let him not leave out
The colour of her hair. Bring me word quickly.

[*Alexas goes.*

Let him for ever go! let him not—Charmian—

LE MESSAGER

Ne m'en veuillez pas de ce que je ne veuille pas vous faire offense :
Me châtier pour ce que vous me chargez de faire,
N'est-ce pas très injuste ? Il est marié à Octavie.

CLÉOPÂTRE

Oh, faut-il que son crime fasse de toi un gredin,
De toi qui n'es pas ce dont tu témoignes ! Hors d'ici !
La marchandise que tu m'as apportée de Rome
Est bien trop chère pour moi ; qu'elle te reste pour compte,
Et soit ta ruine.

Il sort.

CHARMIAN

Aimable Majesté, soyez patiente.

CLÉOPÂTRE

En glorifiant Antoine, j'ai dénigré César.

CHARMIAN

Plus d'une fois, madame.

CLÉOPÂTRE

Je le paie aujourd'hui.
Conduisez-moi hors d'ici.
Je défaille, Ô Iras, Charmian : ce n'est rien.
Va voir cet homme, cher Alexas, prie-le
De nous dire les traits d'Octavie ; quel âge elle a,
Son caractère, veille qu'il n'omette pas
La couleur de ses cheveux. Reviens promptement m'informer.

Sort Alexas.

Qu'il s'en aille à jamais ! Non, qu'on ne le laisse pas... Charmian...

Though he be painted one way like a Gorgon,
The other way's a Mars. [*To Mardian*] Bid you Alexas
Bring me word how tall she is. Pity me, Charmian,
But do not speak to me. Lead me to my chamber.

[*They go.*

[II, 6.]

NEAR MISENUM; THE SEA IN THE DISTANCE

Flourish. Enter POMPEY *and* MENAS *from one side, with drum and trumpet; at another,* CÆSAR, ANTONY, LEPIDUS, ENOBARBUS, MÆCENAS, AGRIPPA, *with soldiers marching.*

POMPEY

Your hostages I have, so have you mine;
And we shall talk before we fight.

CÆSAR

Most meet
That first we come to words; and therefore have we
Our written purposes before us sent;
Which, if thou hast considered, let us know
If 'twill tie up thy discontented sword
And carry back to Sicily much tall youth
That else must perish here.

POMPEY

To you all three,
The senators alone of this great world,
Chief factors for the gods, I do not know
Wherefore my father should revengers want,

Bien qu'il ait d'un côté le masque de Gorgone,
De l'autre côté, c'est un dieu Mars.
(A Mardian.) Priez Alexas
De me rapporter si elle est grande. Plains-moi, Charmian,
Mais ne me parle pas. Conduis-moi dans ma chambre.

Ils sortent.

SCÈNE VI

PRÈS DE MISÈNE; DANS LE LOINTAIN, LA MER

Fanfare. Entrent d'un côté POMPÉE *et* MENAS, *avec tambours et trompettes; d'un autre côté* CÉSAR, ANTOINE, LÉPIDE, ENOBARBUS, MÉCÈNE, AGRIPPA, *avec des soldats, en ordre guerrier.*

POMPÉE

J'ai vos otages, comme vous avez les miens;
Et nous parlerons avant de combattre.

CÉSAR

Il est tout à fait souhaitable
Que d'abord nous nous entretenions, et c'est pourquoi nous avons,
En avant de nous, dépêché par écrit nos intentions.
Si tu les as pesées, fais-nous savoir
Si elles arrêteront ta malcontente épée
Et ramèneront en Sicile tous ces téméraires jeunes gens
Qui sinon périront ici.

POMPÉE

Contre vous trois,
Seuls sénateurs de ce vaste monde,
Grands délégués des dieux, je ne vois pas
Pour quelle raison mon père manquerait de vengeurs,

Having a son and friends, since Julius Cæsar,
Who at Philippi the good Brutus ghosted,
There saw you labouring for him. What was't
That moved pale Cassius to conspire, and what
Made the all-honoured honest Roman, Brutus,
With the armed rest, courtiers of beauteous freedom,
To drench the Capitol, but that they would
Have one man but a man? And that is it
Hath made me rig my navy, at whose burthen
The angered ocean foams; with which I meant
To scourge th'ingratitude that despiteful Rome
Cast on my noble father.

CÆSAR

Take your time.

ANTONY

Thou canst not fear us, Pompey, with thy sails;
We'll speak with thee at sea: at land, thou know'st
How much we do o'ercount thee.

POMPEY

At land indeed
Thou dost o'ercount me of my father's house:
But since the cuckoo builds not for himself,
Remain in't as thou mayst.

LEPIDUS

Be pleased to tell us—
For this is from the present—how you take
The offers we have sent you.

CÆSAR

There's the point.

ANTONY

Which do not be entreated to, but weigh

Ayant un fils et des amis, quand Jules César,
Dont le fantôme à Philippes hanta l'honnête Brutus,
Vous a vus là lutter pour lui. Qu'était-ce donc
Qui poussait le pâle Cassius à conspirer, quel motif
Amena Brutus, le Romain loyal, honoré de tous,
Avec les autres tout en armes, courtisans de la belle liberté,
A tremper de sang le Capitole, si ce n'est qu'ils voulaient
Qu'un homme fût un homme, et rien de plus? Et c'est cela
Qui m'a fait armer ma flotte, fardeau sous lequel écume
L'océan irrité; par son moyen j'ai voulu
Châtier l'ingratitude dont cette Rome au cruel dédain
Accabla mon noble père.

CÉSAR

Prenez votre temps.

ANTOINE

Tu ne peux nous effrayer, Pompée, avec tes voiles;
Tu trouveras sur mer à qui parler; sur terre, tu sais
Tout ce qui te manque pour nous égaler.

POMPÉE

Certes, sur terre,
Il me manque la maison de mon père, par toi volée;
Mais puisque le coucou ne sait pas bâtir pour soi,
Restes-y comme tu pourras.

LÉPIDE

Daignez nous apprendre...
Car vous sortez de notre sujet — ce qu'il vous semble
Des offres que nous vous avons envoyées.

CÉSAR

Voilà la question.

ANTOINE

Vous décidant non point à nos prières, mais en pesant

What it is worth embraced.

CÆSAR

And what may follow,
To try a larger fortune.

POMPEY

You have made me offer
Of Sicily, Sardinia; and I must
Rid all the sea of pirates; then, to send
Measures of wheat to Rome; this 'greed upon,
To part with unhacked edges and bear back
Our targes undinted.

CÆSAR, ANTONY, LEPIDUS

That's our offer.

POMPEY

Know then,
I came before you here a man prepared
To take this offer: but Mark Antony
Put me to some impatience: though I lose
The praise of it by telling, you must know,
When Cæsar and your brother were at blows,
Your mother came to Sicily and did find
Her welcome friendly.

ANTONY

I have heard it, Pompey,
And am well studied for a liberal thanks
Which I do owe you.

POMPEY

Let me have your hand:

Ce qui mérite d'être choisi.

CÉSAR

Et ce qui risque d'arriver,
A tenter une fortune plus vaste.

POMPÉE

Vous m'avez fait l'offre
De la Sicile, de la Sardaigne; et je dois
Débarrasser des pirates toute la mer; puis, envoyer
Des cargaisons de blé à Rome; cela convenu, nous nous séparons
Sans avoir émoussé nos glaives, et remportons
Nos boucliers intacts.

CÉSAR, ANTOINE, LÉPIDE

Telle est notre offre.

POMPÉE

Sachez-le donc,
Je suis venu devant vous l'esprit tout prêt
A accepter cette offre; mais Marc-Antoine
N'a pas laissé de m'impatienter : bien qu'à le dire
J'en perde le mérite, vous devez savoir
Que, lorsque César et votre frère se combattaient,
Votre mère vint en Sicile, et qu'elle y trouva
Bienvenue et bon accueil.

ANTOINE

On me l'a dit, Pompée,
Et j'entends bien vous donner le généreux remerciement
Que je vous dois.

POMPÉE

Votre main;

I did not think, sir, to have met you here.

ANTONY

The beds i'th'east are soft; and thanks to you,
That called me timelier than my purpose hither;
For I have gained by't.

CÆSAR

Since I saw you last,
There's a change upon you.

POMPEY

Well, I know not
What counts harsh Fortune casts upon my face,
But in my bosom shall she never come,
To make my heart her vassal.

LEPIDUS

Well met here.

POMPEY

I hope so, Lepidus. Thus we are agreed:
I crave our composition may be written
And sealed between us.

CÆSAR

That's the next to do.

POMPEY

We'll feast each other ere we part, and let's
Draw lots who shall begin.

ANTONY

That will I, Pompey.

Je ne pensais pas, monsieur, vous rencontrer ici.

ANTOINE

Les lits en Orient sont moelleux ; merci à vous
Qui m'avez convoqué plus tôt que je ne voulais,
Car ce fut à mon avantage.

CÉSAR

Depuis notre dernière rencontre
Vous avez quelque peu changé.

POMPÉE

Je ne sais, il est vrai,
Quelles marques le rude destin mettra sur mon visage,
Mais jamais il n'entrera dans mon sein
Pour faire de mon âme sa servante.

LÉPIDE

La rencontre est heureuse.

POMPÉE

Je l'espère, Lépide. Nous sommes donc d'accord :
Je prie qu'on veuille bien mettre par écrit notre entente
Et la sceller entre nous.

CÉSAR

C'est là le second pas à faire.

POMPÉE

Il faut que chacun de nous donne aux autres un festin,
Et tirons au sort qui commencera.

ANTOINE

Ce sera moi, Pompée.

POMPEY

No, Antony, take the lot:
But, first or last, your fine Egyptian cookery
Shall have the fame. I have heard that Julius Cæsar—
Grew fat with feasting there.

ANTONY

You have heard much.

POMPEY

I have fair meanings, sir.

ANTONY

And fair words to them.

POMPEY

Then so much have I heard:
And I have heard, Apollodorus carried—

ENOBARBUS

No more of that: he did so.

[*whispers.*

POMPEY

What, I pray you?

ENOBARBUS

A certain queen to Cæsar in a mattress.

POMPEY

I know thee now, how far'st thou, soldier?

ENOBARBUS

Well,
And well am like to do, for I perceive

POMPÉE

Non, Antoine, laisse parler le sort.
Mais, premier ou dernier, votre subtile cuisine égyptienne
Aura la palme. On m'a raconté que Jules César,
A festoyer là-bas, devint gras.

ANTOINE

On vous a raconté bien des choses.

POMPÉE

En tout bien tout honneur, monsieur.

ANTOINE

Et en termes fort honnêtes.

POMPÉE

Enfin c'est ce qu'on m'a raconté;
Et Apollodore, m'a-t-on raconté, a porté...

ENOBARBUS, *à voix basse à Pompée.*

N'en parlez plus; il l'a portée, oui.

POMPÉE

Quoi, s'il vous plaît?

ENOBARBUS

Une certaine reine, à César, dans un matelas.

POMPÉE

Je te reconnais maintenant, comment vas-tu, soldat?

ENOBARBUS

Pas mal,
Et rien d'étonnant si je vais bien, car je vois

Four feasts are toward.

POMPEY

Let me shake thy hand.
I never hated thee: I have seen thee fight,
When I have envied thy behaviour.

ENOBARBUS

Sir,
I never loved you much, but I ha'praised ye
When you have well deserved ten times as much
As I have said you did.

POMPEY

Enjoy thy plainness,
It nothing ill becomes thee.
Aboard my galley I invite you all:
Will you lead, lords?

CÆSAR, ANTONY, LEPIDUS

Show's the way, sir.

POMPEY

Come.

[he leads them down to the sea; Menas and Enobarbus linger behind.

MENAS [*mutters*].

Thy father, Pompey, would ne'er have made this treaty.
[*to Enobarbus*] You and I have known, sir.

ENOBARBUS

At sea, I think.

Quatre banquets en perspective.

POMPÉE

Laisse que je te serre la main.
Jamais je ne t'ai haï : je t'ai vu combattre,
Et j'étais jaloux de ton courage.

ENOBARBUS

Monsieur,
Je ne vous ai jamais beaucoup aimé, seulement j'ai fait votre éloge
Quand, pour être juste, il aurait fallu vous louer
Dix fois plus que je ne faisais.

POMPÉE

Garde ton franc-parler,
Il ne te va pas mal du tout.
A bord de ma galère, je vous invite tous :
Voulez-vous passer devant, messeigneurs ?

CÉSAR, ANTOINE, LÉPIDE

Montrez-nous le chemin, monsieur.

POMPÉE

Venez.

Il les conduit, descendant vers la mer; Menas et Enobarbus s'attardent en arrière.

MENAS, *à mi-voix*

Ton père, Pompée, n'aurait jamais fait ce traité. *(à Enobarbus)*
Nous nous sommes rencontrés vous et moi, monsieur.

ENOBARBUS

Sur mer, je crois.

MENAS

We have, sir.

ENOBARBUS

You have done well by water.

MENAS

And you by land.

ENOBARBUS

I will praise any man that will praise me; though it cannot be denied what I have done by land.

MENAS

Nor what I have done by water.

ENOBARBUS

Yes, something you can deny for your own safety: you have been a great thief by sea.

MENAS

And you by land.

ENOBARBUS

There I deny my land service. But give me your hand, Menas: if your eyes had authority, here they might take two thieves kissing.

MENAS

All men's faces are true, whatsome'er their hands are.

MENAS

En effet, monsieur.

ENOBARBUS

Vous avez fait merveille sur mer.

MENAS

Et vous sur terre.

ENOBARBUS

Je dirai du bien de quiconque dira du bien de moi ; et pourtant, ce que j'ai fait sur terre ne peut pas se nier.

MENAS

Ni ce que j'ai fait sur mer.

ENOBARBUS

Oui, une chose que vous pouvez nier pour votre sûreté : vous avez été sur mer un grand voleur.

MENAS

Et vous sur terre.

ENOBARBUS

Alors je ne veux plus servir sur terre. Mais votre main, Menas : si nos yeux faisaient la police, ils pourraient prendre ici deux voleurs qui s'embrassent.

MENAS

Que les mains des hommes soient ce qu'elles veulent, le visage est loyal.

ENOBARBUS

But there is never a fair woman has a true face.

MENAS

No slander, they steal hearts.

ENOBARBUS

We came hither to fight with you.

MENAS

For my part, I am sorry it is turned to a drinking. Pompey doth this day laugh away his fortune.

ENOBARBUS

If he do, sure he cannot weep't back again.

MENAS

You've said, sir. We looked not for Mark Antony here: pray you, is he married to Cleopatra?

ENOBARBUS

Cæsar's sister is called Octavia.

MENAS

True, sir; she was the wife of Caius Marcellus.

ENOBARBUS

But she is now the wife of Marcus Antonius.

MENAS

Pray ye, sir?

ENOBARBUS

Mais jamais visage de belle femme ne fut loyal.

MENAS

Ce n'est pas en médire, elles volent les cœurs.

ENOBARBUS

Nous étions venus ici pour nous battre avec vous.

MENAS

Je regrette, pour ma part, que ç'ait tourné à la beuverie.
Pompée, aujourd'hui, renvoie sa chance en riant.

ENOBARBUS

S'il le fait, il ne la ramènera sûrement pas en pleurant.

MENAS

Vous l'avez dit, monsieur. Nous ne nous attendions pas à trouver Marc-Antoine ici : est-il marié, je vous prie, à Cléopâtre ?

ENOBARBUS

La sœur de César s'appelle Octavie.

MENAS

C'est exact, monsieur, elle était la femme de Caïus Marcellus.

ENOBARBUS

Mais elle est maintenant la femme de Marc-Antoine.

MENAS

Plaît-il, monsieur ?

ENOBARBUS

'Tis true.

MENAS

Then is Cæsar and he for ever knit together.

ENOBARBUS

If I were bound to divine of this unity, I would not prophesy so.

MENAS

I think the policy of that purpose made more in the marriage than the love of the parties.

ENOBARBUS

I think so too. But you shall find, the band that seems to tie their friendship together will be the very strangler of their amity : Octavia is of a holy, cold, and still conversation.

MENAS

Who would not have his wife so?

ENOBARBUS

Not he that himself is not so; which is Mark Antony. He will to his Egyptian dish again : then shall the sighs of Octavia blow the fire up in Cæsar, and, as I said before, that which is the strength of their amity shall prove the immediate author of their variance. Antony will use his affection where it is : he married but his occasion here.

MENAS

And thus it may be. Come, sir, will you aboard? I have a health for you.

ENOBARBUS

C'est la vérité.

MENAS

Alors César et lui sont liés à tout jamais.

ENOBARBUS

Si j'étais tenu de lire l'avenir de cette union, ce n'est pas ce que je prophétiserais.

MENAS

Je crois que l'intérêt politique est pour plus de chose dans ce mariage que l'amour des deux parties.

ENOBARBUS

C'est aussi mon avis. Mais vous verrez, le lien qui semble nouer leur amitié sera l'étrangleur même de leur bonne entente : Octavie, c'est la gravité, la réserve, jamais un mot plus haut que l'autre.

MENAS

Qui ne voudrait que sa femme soit ainsi ?

ENOBARBUS

Celui qui lui-même n'est pas ainsi, — et c'est Marc-Antoine. Il retournera à son plat d'Egypte, et les soupirs d'Octavie alors rallumeront la colère chez César, et comme je l'ai déjà dit, ce qui fait la vigueur de leur entente se révélera la cause immédiate de leur discorde. Antoine servira sa passion là où elle est ; il n'a épousé qu'une convenance ici.

MENAS

Cela se peut bien. Allons, monsieur, voulez-vous venir à bord ? Je veux boire à votre santé.

ENOBARBUS

I shall take it, sir : we have used our throats in Egypt.

MENAS

Come, let's away.

[*they follow the others.*

[II, 7.]

THE DECK OF POMPEY'S GALLEY, OFF MISENUM

Music plays.
Enter two or three Servants, with a banquet.

1 SERVANT

Here they'll be, man. Some o'their plants are ill-rooted already; the least wind i'th'world will blow them down.

2 SERVANT

Lepidus is high-coloured.

1 SERVANT

They have made him drink alms-drink.

2 SERVANT

As they pinch one another by the disposition, he cries out 'No more'; reconciles them to his entreaty and himself to th'drink.

1 SERVANT

But it raises the greater war between him and his discretion.

ENOBARBUS

Volontiers, monsieur; l'Egypte nous a donné la pépie.

MENAS

Allons, venez.

Ils suivent les autres.

SCÈNE VII

LE PONT DE LA GALÈRE DE POMPÉE, AU LARGE DE MISÈNE

On entend de la musique. Entrent deux ou trois serviteurs, apportant vin et dessert.

PREMIER SERVITEUR

Les voici qui arrivent. Il y en a dont la plante du pied n'est déjà plus trop bien plantée; le moindre vent les balancera par terre.

DEUXIÈME SERVITEUR

Lépide a le teint coloré.

PREMIER SERVITEUR

Ils lui ont fait boire des tournées de charité[3].

DEUXIÈME SERVITEUR

Quand ils se lancent des piques — c'est dans leur nature — lui s'écrie : « Assez »; ils se rendent à sa prière, et lui à la boisson.

PREMIER SERVITEUR

Mais la guerre n'en est que plus grande entre lui-même et sa prudence.

2 SERVANT

Why, this it is to have a name in great men's fellowship: I had as lief have a reed that will do me no service as a partisan I could not heave.

1 SERVANT

To be called into a huge sphere, and not to be seen to move in't, are the holes where eyes should be, which pitifully disaster the cheeks.

A sennet sounded. Cæsar, Antony, Pompey, Lepidus, Agrippa, Mæcenas, Enobarbus, Menas, with other captains, come up on deck;
Pompey assists Lepidus.

ANTONY [*to Cæsar*].

Thus do they, sir: they take the flow o'th'Nile
By certain scales i'th'pyramid; they know,
By th'height, the lowness, or the mean, if dearth
Or foison follow: the higher Nilus swells,
The more it promises: as it ebbs, the seedsman
Upon the slime and ooze scatters his grain,
And't shortly comes to harvest.

LEPIDUS

You've strange serpents there?

ANTONY

Ay, Lepidus.

LEPIDUS

Your serpent of Egypt is bred now of your mud by the operation of your sun: so is your crocodile.

ANTONY

They are so.

DEUXIÈME SERVITEUR

Hé, voilà ce que c'est que de faire figure au milieu des grands personnages. J'aimerais mieux avoir un jonc qui ne serve à rien qu'un partisan qui soit une gourde[4].

PREMIER SERVITEUR

Être appelé à une sphère élevée, et qu'on ne vous y voie jamais tenir votre rôle, c'est comme les trous où devraient être les yeux, qui font une lamentable absence dans les joues.

Les trompettes donnent le signal. Montent à bord de la galère César, Antoine, Pompée, Lépide, Agrippa, Mécène, Enobarbus, Menas, avec d'autres généraux; Pompée soutient Lépide.

ANTOINE, *à César*

Voici comme ils font, monsieur : ils lisent le niveau du Nil
A certaines encoches des pyramides; ils savent,
Par la hauteur du flot, le bas niveau ou le médiocre, s'il s'ensuivra
Disette ou abondance : plus haut s'enfle le Nil,
Plus il promet; à son reflux, le semeur
Répand son grain sur le limon et la vase,
Et la moisson ne tarde pas.

LÉPIDE

Vous avez, n'est-ce pas, de singuliers serpents là-bas?

ANTOINE

Hé oui, Lépide.

LÉPIDE

Votre serpent d'Egypte, il naît de votre boue par l'opération de votre soleil : pareillement votre crocodile.

ANTOINE

C'est ainsi qu'ils naissent.

POMPEY

Sit—and some wine! A health to Lepidus!

LEPIDUS

I am not so well as I should be, but I'll ne'er out.

ENOBARBUS

Not till you have slept; I fear me you'll be in till then.

LEPIDUS

Nay, certainly, I have heard the Ptolemies' pyramises are very goodly things; without contradiction, I have heard that.

MENAS

Pompey, a word.

POMPEY

Say in mine ear, what is't?

MENAS [*whispers in's ear*].

Forsake thy seat. I do beseech thee, captain,
And hear me speak a word.

POMPEY

Forbear me till anon.—
[*calls*] This wine for Lepidus!

LEPIDUS

What manner o'thing is your crocodile?

POMPÉE

Prenez place... et du vin! A la santé de Lépide!

LÉPIDE

Je ne suis pas aussi bien que je devrais, mais je tiendrai bon.

ENOBARBUS

Jusqu'à ce que vous vous couchiez, oui, j'ai peur que vous en [teniez jusque-là.

LÉPIDE

Oui, à n'en pas douter, l'on m'a dit que les pyramides des Ptolémées sont de fières choses; sans contredit, j'ai entendu dire cela.

MENAS, *à part à Pompée.*

Pompée, un mot.

POMPÉE

A l'oreille, qu'y a-t-il?

MENAS, *il lui parle bas.*

Quitte ton siège, je t'en conjure, capitaine,
Et laisse-moi te dire un mot.

POMPÉE

Attends, un instant...
(Appelant.) Ce vin pour Lépide!

LÉPIDE

Quelle sorte de chose est votre crocodile?

ANTONY

It is shaped, sir, like itself, and it is as broad as it hath breadth : it is just so high as it is, and moves with it own organs : it lives by that which nourisheth it, and the elements once out of it, it transmigrates.

LEPIDUS

What colour is it of?

ANTONY

Of it own colour too.

LEPIDUS

'Tis a strange serpent.

ANTONY

'Tis so, and the tears of it are wet.

CÆSAR

Will this description satisfy him?

ANTONY

With the health that Pompey gives him, else he is a very epicure.

[*Menas whispers again.*

POMPEY

Go hang, sir, hang! Tell me of that? away! Do as I bid you.
[*aloud*] Where's this cup I called for?

MENAS

If for the sake of merit thou wilt hear me,

ANTOINE

Il est formé, monsieur, à la ressemblance de soi-même, et il est large à proportion de sa largeur, il est juste aussi haut que soi-même, et se déplace par ses propres organes; il vit de ce qui le nourrit, et une fois ses éléments partis, il transmigre.

LÉPIDE

De quelle couleur est-il?

ANTOINE

De sa propre couleur, également.

LÉPIDE

C'est un singulier serpent.

ANTOINE

Oui, et les larmes qu'il verse sont mouillées.

CÉSAR

Cette description va-t-elle le contenter?

ANTOINE

Avec la santé que Pompée lui porte, autrement quel Epicure!

Menas lui parle de nouveau à l'oreille.

POMPÉE, *à part à Menas.*

Allez vous faire pendre, monsieur, pendre! Me parler de cela?
Allez-vous-en! Faites ce que j'ordonne.
(A voix haute.) Où est cette coupe que j'ai demandée?

MENAS, *même jeu.*

Au nom de mes services passés, si tu veux bien m'écouter,

Rise from thy stool.

POMPEY

I think thou'rt mad. The matter?

[*rises, and walks aside.*

MENAS

I have ever held my cap off to thy fortunes.

POMPEY

Thou hast served me with much faith. What's else to say?
[*aloud*] Be jolly, lords.

[*a servant fills the cup of Lepidus.*

ANTONY

These quick-sands, Lepidus,
Keep off them, for you sink.

MENAS

Wilt thou be lord of all the world?

POMPEY

What say'st thou?

MENAS

Wilt thou be lord of the whole world? That's twice.

POMPEY

How should that be?

MENAS

But entertain it,

Quitte ton siège.

POMPÉE

Tu es fou, je crois. De quoi s'agit-il?

Il se lève et va à l'écart avec Menas.

MENAS

J'ai toujours été fidèle à ta fortune.

POMPÉE

Tu m'as très loyalement servi.
Quoi d'autre?
(A haute voix.) Prenez du bon temps, messeigneurs!

Un serviteur emplit la coupe de Lépide.

ANTOINE

Ces sables mouvants, Lépide,
Evite-les, car tu t'enfonces.

MENAS

Veux-tu être maître du monde entier?

POMPÉE

Que dis-tu?

MENAS

Veux-tu être maître de tout l'univers? Cela fait deux fois.

POMPÉE

Comment cela?

MENAS

Admets seulement l'idée,

And, though thou think me poor, I am the man
Will give thee all the world.

POMPEY

Hast thou drunk well?

MENAS

No, Pompey, I have kept me from the cup.
Thou art, if thou dar'st be, the earthly Jove:
Whate'er the ocean pales, or sky inclips,
Is thine, if thou wilt ha't.

POMPEY

Show me which way.

MENAS

These three world-sharers, these competitors,
Are in thy vessel: let me cut the cable;
And, when we are put off, fall to their throats:
All then is thine.

POMPEY

Ah, this thou shouldst have done,
And not have spoke on't! In me 'tis villany;
In thee't had been good service. Thou must know,
'Tis not my profit that does lead mine honour;
Mine honour, it. Repent that e'er thy tongue
Hath so betrayed thine act: being done unknown,
I should have found it afterwards well done,
But must condemn it now. Desist, and drink.

MENAS [*to himself*]

For this
I'll never follow thy palled fortunes more.

Et bien que tu me croies pauvre, je suis homme
A te donner le monde entier.

POMPÉE

N'as-tu pas un peu bu ?

MENAS

Non, Pompée, je n'ai pas touché à la coupe.
Tu es, si tu l'oses, le Jupiter de ce monde :
Tout ce que l'océan enferme, ou le ciel embrasse,
Est à toi, si tu veux l'avoir.

POMPÉE

Montre-moi comment.

MENAS

Ces trois qui se partagent le monde, ces concurrents,
Sont dans ton navire ; laisse-moi couper l'amarre,
Et quand nous serons au large, leur tomber dessus :
Tout alors est à toi.

POMPÉE

Ah, tu aurais dû le faire,
Et ne point parler de cela ! En moi c'est infamie,
En toi ç'aurait été bon service. Tu ne l'ignores pas,
Mon intérêt n'a pas haute main sur mon honneur,
Mais le contraire. Repens-toi de ce que jamais ta langue
Ait ainsi trahi ton action : accomplie à mon insu,
Je l'aurais après coup trouvée bonne,
Mais à cette heure, je dois la condamner. Renonce, et bois.

MENAS *à lui-même.*

A cause de cela,
Jamais plus je ne suivrai ta fortune infirme.

Who seeks, and will not take when once 'tis offered,
Shall never find it more.

POMPEY [*returning*]

This health to Lepidus!

ANTONY

Bear him ashore. I'll pledge it for him, Pompey.

ENOBARBUS

Here's to thee, Menas!

MENAS

Enobarbus, welcome!

POMPEY

Fill till the cup be hid.

ENOBARBUS

There's a strong fellow, Menas.

[*pointing to the attendant who carries off Lepidus.*

MENAS

Why?

ENOBARBUS

A' bears the third part of the world, man; see'st not?

MENAS

The third part then is drunk: would it were all,
That it might go on wheels!

ENOBARBUS

Drink thou; increase the reels.

Qui veut une chose, et quand elle s'offre ne la prend pas,
Jamais ne la retrouvera.

POMPÉE, *rejoignant les convives.*

Ce toast à Lépide !

ANTOINE

Transportez-le à terre. Je vous fais raison à sa place, Pompée.

ENOBARBUS

A la tienne, Menas !

MENAS

Enobarbus, avec plaisir !

POMPÉE

Remplis, que la coupe déborde.

ENOBARBUS

Voilà un puissant gaillard, Menas.

Montrant le serviteur qui emporte Lépide.

MENAS

Pourquoi ?

ENOBARBUS

Il porte un tiers du monde, ne vois-tu pas ?

MENAS

Le tiers du monde alors est ivre ; je voudrais qu'il le soit tout entier
Pour qu'il roule comme sur des roulettes !

ENOBARBUS

Bois donc, toi ; pousse au roulis.

MENAS

Come.

POMPEY

This is not yet an Alexandrian feast.

ANTONY

It ripens towards it. Strike the vessels, ho!
Here's to Cæsar!

CÆSAR

I could well forbear't.
It's monstrous labour, when I wash my brain
And it grows fouler.

ANTONY

Be a child o'th'time.

CÆSAR

Possess it, I'll make answer:
But I had rather fast from all, four days,
Than drink so much in one.

ENOBARBUS [*to Antony*]

Ha, my brave emperor!
Shall we dance now the Egyptian Bacchanals,
And celebrate our drink?

POMPEY

Let's ha't, good soldier.

ANTONY

Come, let's all take hands,

MENAS

Allons !

POMPÉE

Nous sommes loin encore d'une fête d'Alexandrie.

ANTOINE

Nous en approchons. Holà, choquons les coupes !
Ce toast à César.

CÉSAR

Peu s'en faut que je ne renonce.
Insensé labeur, me lessiver la cervelle
Et l'encrasser toujours plus.

ANTOINE

Sois un fils de l'époque.

CÉSAR

Sois-en le maître, te répondrai-je :
Mais j'aimerais mieux totale abstinence, quatre jours durant,
Que tant de boisson en un seul.

ENOBARBUS, *à Antoine.*

Ah, mon vaillant Imperator !
Allons-nous danser maintenant les bacchanales d'Egypte,
Et fêter le vin que nous bûmes ?

POMPÉE

Allons-y, brave soldat !

ANTOINE

Venez, donnons-nous tous la main,

Till that the conquering wine hath steeped our sense
In soft and delicate Lethe.

ENOBARBUS

All take hands.
Make battery to our ears with the loud music:
The while I'll place you: then the boy shall sing;
The holding every man shall bear as loud
As his strong sides can volley.

[*music plays. Enobarbus places them hand in hand.*

THE SONG

Come, thou monarch of the vine,
Plumpy Bacchus with pink eyne!
In thy fats ours cares be drowned,
With thy grapes our hairs be crowned.
Cup us, till the world go round,
Cup us, till the world go round!

[*they dance about a mast, shouting the burden.*

CÆSAR

What would you more? Pompey, good night. Good brother,
Let me request you off: our graver business
Frowns at this levity. Gentle lords, let's part;
You see we have burnt our cheeks: strong Enobarb
Is weaker than the wine; and mine own tongue
Splits what it speaks: the wild disguise hath almost
Anticked us all. What needs more words? Good night.
Good Antony, your hand.

POMPEY

I'll try you on the shore.

Jusqu'à ce que le vin tout-puissant plonge nos sens
Dans un doux et moelleux Léthé.

ENOBARBUS

Tous, donnez-vous la main.
Qu'une musique retentissante nous attaque l'oreille;
Pendant ce temps je vous place; puis ce garçon va chanter;
Le refrain chacun le reprendra, aussi fort
Que ses côtes peuvent le lâcher.

La musique joue. Enobarbus les place, la main dans la main.

CHANSON

Viens, monarque du vin,
Girond Bacchus à l'œil rose!
Noie nos soucis dans tes cuves,
Couronne-nous de tes grappes.
Buvons, que le monde en tourne, tourne,
Buvons, que le monde en tourne en rond!

Ils dansent autour d'un mât, beuglant le refrain.

CÉSAR

Que voudriez-vous de plus? Pompée, bonne nuit. Cher frère,
Allons-nous-en, je vous prie; nos graves devoirs
Désapprouvent ces amusements. Mes doux seigneurs, séparons-nous;
Voyez, nos joues sont en feu; le solide Enobarbe
Est moins fort que le vin, et ma propre langue
Estropie ses mots; ce masque effréné a fait de nous
Quasiment des bouffons. Qu'ajouter à cela? Bonne nuit.
Cher Antoine, votre main.

POMPÉE

Je veux sur terre vous faire raison à tous.

ANTONY

And shall, sir : give's your hand.

POMPEY

O Antony,
You have my father's house—But, what? we are friends.
Come down into the boat.

[*they go down.*

ENOBARBUS [*looking after them*]

Take heed you fall not.

[*Enobarbus and Menas remain.*

Menas, I'll not on shore.

MENAS

No, to my cabin.

[*his eye lights upon the silent musicians.*

These drums! these trumpets, flutes! what!
Let Neptune hear we bid a loud farewell
To these great fellows : sound and be hanged, sound out!

[*musicians sound a flourish, with drums.*

ENOBARBUS [*shouts*]

Hoo! says a'. There's my cap.

[*he throws it in the air.*

MENAS

Hoo! Noble captain, come.

[*they go below.*

ANTOINE

J'accepte, monsieur; votre main.

POMPÉE

Ô Antoine,
Vous avez la maison de mon père. Mais quoi, nous sommes amis.
Descendons dans la barque.

Ils y descendent.

ENOBARBUS, *les suivant du regard.*

Prenez garde à ne pas choir.

Enobarbus et Menas restent à bord.

Menas, je n'irai pas à terre.

MENAS

Non, dans ma cabine.

Son regard s'arrête sur les musiciens silencieux.

Ces tambours, ces trompettes, ces flûtes, quoi!
Que Neptune nous entende lancer en fanfare notre adieu
A ces nobles gaillards; sonnez et allez au diable, sonnez tout!

Les musiciens sonnent une fanfare, avec tambours.

ENOBARBUS, *à plein gosier.*

Hourra! ma parole! Mon bonnet en l'air!

Il jette son bonnet en l'air.

MENAS

Hourra! Noble capitaine, venez.

Ils descendent dans la cabine.

ACTE III

[III, 1.]

A PLAIN IN SYRIA

Enter VENTIDIUS *as it were in triumph, the dead body of Pacorus borne before him; with* SILIUS, *and other Romans, officers, and soldiers.*

VENTIDIUS

Now, darting Parthia, art thou struck, and now
Pleased fortune does of Marcus Crassus' death
Make me revenger. Bear the king's son's body
Before our army. Thy Pacorus, Orodes,
Pays this for Marcus Crassus.

SILIUS

Noble Ventidius,
Whilst yet with Parthian blood thy sword is warm,
The fugitive Parthians follow; spur through Media,
Mesopotamia, and the shelters whither
The routed fly : so thy grand captain Antony
Shall set thee on triumphant chariots and

SCÈNE PREMIÈRE

UNE PLAINE EN SYRIE

Entre VENTIDIUS, *comme en un triomphe, le cadavre de Pacorus porté devant lui, et accompagné de* SILIUS *ainsi que d'autres Romains, officiers et soldats.*

VENTIDIUS

Parthe lanceur de flèches, te voici maintenant frappé à ton tour,
Et la fortune complaisante aujourd'hui fait de moi le vengeur
De la mort de Marcus Crassus. Portez devant notre armée
Le cadavre du fils du Roi. Ton Pacorus, Orode,
Paie ceci pour Marcus Crassus.

SILIUS

Noble Ventidius,
Pendant que ton glaive est encore chaud du sang des Parthes,
Poursuis les Parthes fugitifs; pousse à travers la Médie,
La Mésopotamie, et les retraites où s'enfuit
L'ennemi défait : ainsi Marc-Antoine, ton illustre chef,
Te mettra sur le char triomphal et posera

Put garlands on thy head.

VENTIDIUS

O Silius, Silius,
I have done enough : a lower place, note well,
May make too great an act; for learn this, Silius,
Better to leave undone than by our deed
Acquire too high a fame when him we serve's away.
Cæsar and Antony have ever won
More in their officer than person : Sossius,
One of my place in Syria, his lieutenant,
For quick accumulation of renown,
Which he achieved by th'minute, lost his favour.
Who does i'th' wars more than his captain can
Becomes his captain's captain : and ambition,
The soldier's virtue, rather makes choice of loss
Than gain which darkens him.
I could do more to do Antonius good
But 'twould offend him, and in his offence
Should my performance perish.

SILIUS

Thou hast, Ventidius, that
Without the which a soldier and his sword
Grants scarce distinction. Thou wilt write to Antony?

VENTIDIUS

I'll humbly signify what in his name,
That magical word of war, we have effected;
How, with his banners and his well-paid ranks,
The ne'er-yet-beaten horse of Parthia
We have jaded out o'th'field.

SILIUS

Where is he now?

Des couronnes sur ta tête.

VENTIDIUS

Ô Silius, Silius,
J'en ai fait assez : un rang subalterne, prends-y garde,
Peut rendre trop grande une prouesse; car, Silius, apprends ceci :
Plutôt laisser un acte inaccompli que conquérir grâce à lui
Trop haute renommée, celui que l'on sert étant absent.
César et Antoine ont toujours été victorieux
Par leurs officiers plutôt qu'en personne; Sossius,
Officier de mon rang en Syrie, lieutenant d'Antoine,
Pour la gloire rapidement accrue que lui valurent
Des succès remportés coup sur coup, perdit sa faveur.
Qui dans la guerre fait plus que son chef ne peut faire
Devient le chef de son chef; et l'ambition,
Vertu du soldat, choisit plutôt le revers
Qu'un succès qui lui serait néfaste.
Je pourrais dans l'intérêt d'Antoine faire davantage,
Mais ce serait lui porter ombrage, et son dépit
Réduirait à rien mon exploit.

SILIUS

Tu possèdes, Ventidius,
Cette chose sans laquelle un soldat et son glaive
Ne se distinguent guère. Vas-tu écrire à Antoine?

VENTIDIUS

Je lui ferai connaître humblement ce qu'en son nom,
Ce magique mot d'ordre, nous avons accompli :
Comment, sous ses étendards, avec ses troupes bien payées,
Nous avons rompu et chassé du champ de bataille
La cavalerie parthe jusqu'alors invaincue.

SILIUS

Où est-il à présent?

VENTIDIUS

He purposeth to Athens: whither, with what haste
The weight we must convey with's will permit,
We shall appear before him. On, there; pass along!

[*they go forward.*

[III, 2.]

ROME. AN ANTECHAMBER IN CÆSAR'S HOUSE

Enter AGRIPPA *at one door,* ENOBARBUS *at another.*

AGRIPPA

What, are the brothers parted?

ENOBARBUS

They have dispatched with Pompey; he is gone;
The other three are sealing. Octavia weeps
To part from Rome; Cæsar is sad, and Lepidus
Since Pompey's feast, as Menas says, is troubled
With the greensickness.

AGRIPPA

'Tis a noble Lepidus.

ENOBARBUS

A very fine one: O, how he loves Cæsar!

AGRIPPA

Nay, but how dearly he adores Mark Antony!

VENTIDIUS

Il voulait se rendre à Athènes : c'est là,
Aussi vite que le permettra le butin dont nous sommes chargés,
Que nous paraîtrons devant lui. Allons, en marche !

Ils reprennent leur marche.

SCÈNE II

ROME. DANS LA MAISON DE CÉSAR; UN VESTIBULE

Entrent, par une porte, AGRIPPA *et, par une autre,* ENOBARBUS.

AGRIPPA

Eh bien, les frères se sont-ils séparés ?

ENOBARBUS

Ils ont fini avec Pompée; lui est parti.
Les trois autres mettent les sceaux. Octavie pleure
D'avoir à quitter Rome; César est triste, et Lépide,
A ce que dit Menas, depuis le banquet de Pompée,
Souffre de la chlorose.

AGRIPPA

Que ce Lépide est noble !

ENOBARBUS

C'est un trésor : oh, comme il aime César !

AGRIPPA

Oui, mais quelle rare adoration pour Marc-Antoine !

ENOBARBUS

Cæsar? Why, he's the Jupiter of men.

AGRIPPA

What's Antony? The god of Jupiter.

ENOBARBUS

Spake you of Cæsar? How! the nonpareil!

AGRIPPA

O Antony! O thou Arabian bird!

ENOBARBUS

Would you praise Cæsar, say 'Cæsar': go no further.

AGRIPPA

Indeed, he plied them both with excellent praises.

ENOBARBUS

But he loves Cæsar best; yet he loves Antony:
Hoo! hearts, tongues, figures, scribes, bards, poets, cannot
Think, speak, cast, write, sing, number—hoo!—
His love to Antony. But as for Cæsar,
Kneel down, kneel down, and wonder.

AGRIPPA

Both he loves.

ENOBARBUS

They are his shards, and he their beetle.

[*trumpet within*] So!

This is to horse. Adieu, noble Agrippa.

ENOBARBUS

César ? Quoi, il est le Jupiter humain.

AGRIPPA

Qui est Antoine ? Le dieu de Jupiter.

ENOBARBUS

Parliez-vous de César ? Ha ! L'incomparable !

AGRIPPA

Ô Antoine, oiseau d'Arabie !

ENOBARBUS

Voulez-vous louer César, dites : « César », rien de plus.

AGRIPPA

Certes, il débordait de fameuses louanges pour tous les deux.

ENOBARBUS

Mais c'est César qu'il aime le mieux ; et pourtant il adore Antoine.
Ha ! ni cœurs, ni langues, ni chiffres, ni scribes, ni chanteurs, ni [poètes, ne peuvent
Penser, dire, calculer, écrire, chanter, rimer — ha ! —
Son amour pour Antoine. Mais devant César,
A genoux, à genoux, et contemple !

AGRIPPA

Tous les deux, il les chérit.

ENOBARBUS

Ils sont ses élytres, et lui leur hanneton.

Sonnerie de trompettes derrière le théâtre. Bien !

C'est le boute-selle. Adieu, noble Agrippa.

AGRIPPA

Good fortune, worthy soldier, and farewell.

Enter Cæsar, Antony, Lepidus, and Octavia.

ANTONY

No further, sir.

CÆSAR

You take from me a great part of myself;
Use me well in't. Sister, prove such a wife
As my thoughts make thee, and as my farthest band
Shall pass on thy approof. Most noble Antony,
Let not the piece of virtue which is set
Betwixt us as the cement of our love,
To keep it builded, be the ram to batter
The fortress of it; for better might we
Have loved without this mean, if on both parts
This be not cherished.

ANTONY

Make me not offended
In your distrust.

CÆSAR

I have said.

ANTONY

You shall not find,
Though you be therein curious, the least cause
For what you seem to fear: so, the gods keep you,
And make the hearts of Romans serve your ends!
We will here part.

AGRIPPA

Bonne chance, digne soldat, et adieu.

Entrent César, Antoine, Lépide et Octavie.

ANTOINE

Jusqu'ici, monsieur.

CÉSAR

Vous m'enlevez une grande part de moi-même;
En elle, usez-en bien avec moi : sœur, montre-toi cette épouse
Qu'en esprit je te vois être, et dont le mérite cautionnera
Mon plus téméraire engagement. Très noble Antoine,
Ne laissez pas la vertu sans prix que nous mettons
Entre nous pour cimenter notre affection
Et la garder sans faille devenir le bélier
Qui ruinerait cette forteresse, car mieux vaudrait
Nous être aimés sans ce moyen, s'il n'était pas
De l'un comme de l'autre chéri.

ANTOINE

Ne m'offensez pas
D'un manque de confiance.

CÉSAR

J'ai dit.

ANTOINE

Vous ne trouverez,
De si près que vous y regardiez, nulle matière
A ce que vous semblez redouter; ainsi, vous gardent les dieux,
Et qu'ils rendent les cœurs des Romains dociles à vos desseins.
Nous allons nous quitter ici

CÆSAR

Farewell, my dearest sister, fare thee well:
The elements be kind to thee, and make
Thy spirits all of comfort! fare thee well.

OCTAVIA

My noble brother!

ANTONY

The April's in her eyes: it is love's spring,
And these the showers to bring it on. Be cheerful.

OCTAVIA

Sir, look well to my husband's house, and—

CÆSAR

What,
Octavia?

OCTAVIA

I'll tell you in your ear.

ANTONY

Her tongue will not obey her heart, nor can
Her heart inform her tongue—the swan's down-feather,
That stands upon the swell at full of tide
And neither way inclines.

ENOBARBUS [*to Agrippa*]

Will Cæsar weep?

CÉSAR

Adieu, sœur très chère, adieu et sois heureuse!
Les éléments te soient propices et donnent
A tous tes esprits réconfort! Sois heureuse!

OCTAVIE

Mon noble frère!

ANTOINE

Avril est dans ses yeux : c'est le printemps de l'amour
Fleurissant avec ses averses. Ne soyez point triste.

OCTAVIE

Veillez bien, monsieur, sur la maison de mon mari, et...

CÉSAR

Quoi,
Octavie?

OCTAVIE

Je vous le dirai à l'oreille.

ANTOINE

Sa langue ne veut pas obéir à son cœur, ni son cœur
Instruire sa langue,... c'est le duvet du cygne
Immobile sur le plein flot de la marée haute
Et qui n'incline d'aucun côté.

ENOBARBUS, *à Agrippa.*

César va-t-il pleurer?

AGRIPPA

He has a cloud in's face.

ENOBARBUS

He were the worse for that, were he a horse;
So is he, being a man.

AGRIPPA

Why, Enobarbus,
When Antony found Julius Cæsar dead,
He cried almost to roaring; and he wept
When at Philippi he found Brutus slain.

ENOBARBUS

That year indeed he was troubled with a rheum;
What willingly he did confound he wailed,
Believe't, till I wept too.

CÆSAR

No, sweet Octavia,
You shall hear from me still; the time shall not
Out-go my thinking on you.

ANTONY

Come, sir, come;
I'll wrestle with you in my strength of love:
Look, here I have you [*they embrace*]; thus I let you go,
And give you to the gods.

CÆSAR

Adieu; be happy!

LEPIDUS

Let all the number of the stars give light
To thy fair way!

AGRIPPA

Il prend l'air ombrageux.

ENOBARBUS

Ce serait dommage pour lui s'il était un cheval,
Et c'est dommage aussi, étant homme.

AGRIPPA

Mais quoi, Enobarbus,
Lorsque Antoine a découvert Jules César mort,
Il a sangloté presque à en rugir; et il pleurait
A Philippes en découvrant Brutus égorgé.

ENOBARBUS

Le fait est que cette année il souffrait d'un flux des yeux;
Ce qu'il détruisait de plein gré, il pleurait dessus,
Tellement, croyez-le, que je pleurais aussi.

CÉSAR

Non, chère Octavie,
Je ne vous laisserai pas sans nouvelles; le souci que j'ai de vous
Ne se laissera pas distancer par les jours.

ANTOINE

Allons, monsieur, allons,
Je veux lutter pour savoir qui de nous deux aime le plus fort :
Voyez, je vous tiens *(Ils s'embrassent)*; ainsi je vous laisse aller,
Et vous confie aux dieux.

CÉSAR, *à Octavie.*

Sois heureuse, adieu.

LÉPIDE

Que toutes les étoiles autant qu'elles sont éclairent
Ton heureux chemin.

CÆSAR

Farewell, farewell!

[*kisses Octavia.*

ANTONY

Farewell!

[*trumpets sound; they go.*

[III, 3.]

ALEXANDRIA. CLEOPATRA'S PALACE

Enter CLEOPATRA, CHARMIAN, IRAS, *and* ALEXAS.

CLEOPATRA

Where is the fellow?

ALEXAS

Half afeard to come.

CLEOPATRA

Go to, go to.

Enter the Messenger as before.

Come hither, sir.

ALEXAS

Good majesty,
Herod of Jewry dare not look upon you
But when you are well pleased.

CÉSAR

Adieu, adieu!

Il embrasse Octavie.

ANTOINE

Adieu.

Sonnerie de trompettes; ils sortent.

SCÈNE III

ALEXANDRIE. LE PALAIS DE CLÉOPÂTRE

Entrent CLÉOPÂTRE, CHARMIAN, IRAS, *et* ALEXAS.

CLÉOPÂTRE

Où est l'homme?

ALEXAS

Il a un peu peur de venir.

CLÉOPÂTRE

Va le trouver, allons, allons.

Entre le messager comme précédemment.

Approchez, monsieur.

ALEXAS

Votre douce Majesté,
Hérode de Juiverie n'ose vous regarder
Que lorsque vous êtes de bonne humeur.

CLEOPATRA

That Herod's head
I'll have : but how, when Antony is gone
Through whom I might command it? Come thou near.

MESSENGER

Most gracious majesty,—

CLEOPATRA

Didst thou behold
Octavia?

MESSENGER

Ay, dread queen.

CLEOPATRA

Where?

MESSENGER

Madam, in Rome
I looked her in the face, and saw her led
Between her brother and Mark Antony.

CLEOPATRA

Is she as tall as me?

MESSENGER

She is not, madam.

CLEOPATRA

Didst hear her speak? is she shrill-tongued or low?

CLÉOPÂTRE

Je veux avoir
La tête de cet Hérode : mais comment, puisque Antoine est parti,
Par lequel j'eusse pu l'obtenir? Approche-toi.

LE MESSAGER

Très gracieuse Majesté...

CLÉOPÂTRE

As-tu vu de tes yeux
Octavie?

LE MESSAGER

Oui, reine redoutée.

CLÉOPÂTRE

Où?

LE MESSAGER

A Rome, madame,
Je l'ai regardée en face, et je l'ai vue emmenée
Entre son frère et Marc-Antoine.

CLÉOPÂTRE

Est-elle aussi grande que moi?

LE MESSAGER

Non, madame.

CLÉOPÂTRE

L'as-tu entendue parler? A-t-elle la voix aiguë ou sourde?

MESSENGER

Madam, I heard her speak; she is low-voiced.

CLEOPATRA

That's not so good : he cannot like her long.

CHARMIAN

Like her! O Isis! 'tis impossible.

CLEOPATRA

I think so, Charmian : dull of tongue and dwarfish.
What majesty is in her gait? Remember,
If e'er thou look'dst on majesty.

MESSENGER

She creeps :
Her motion and her station are as one;
She shows a body rather than a life,
A statue than a breather.

CLEOPATRA

Is this certain?

MESSENGER

Or I have no observance.

CHARMIAN

Three in Egypt
Cannot make better note.

CLEOPATRA

He's very knowing;
I do perceive't : there's nothing in her yet :
The fellow has good judgement.

LE MESSAGER

Madame, je l'ai entendue; elle a la voix sourde.

CLÉOPÂTRE

Voilà qui n'est pas tellement bien; elle ne lui plaira pas longtemps.

CHARMIAN

Lui plaire! Ô Isis! C'est impossible!

CLÉOPÂTRE

Je le crois, Charmian : la voix morne, une taille de naine...
Marche-t-elle avec majesté? Rappelle-toi,
Si jamais tu as vu ce qu'est la majesté.

LE MESSAGER

Elle se traîne;
Qu'elle bouge ou soit immobile, elle est la même;
On voit un corps, plutôt qu'une personne vivante,
Une effigie plutôt qu'un être qui respire.

CLÉOPÂTRE

Est-ce certain?

LE MESSAGER

Ou je ne sais pas voir.

CHARMIAN

On ne trouverait pas en Egypte
Trois meilleurs observateurs.

CLÉOPÂTRE

Il est très perspicace;
Evidemment : rien de bien en elle, jusqu'ici.
L'homme a le jugement bon.

CHARMIAN

Excellent.

CLEOPATRA

Guess at her years, I prithee.

MESSENGER

Madam,
She was a widow—

CLEOPATRA

Widow! Charmian, hark.

MESSENGER

And I do think she's thirty.

CLEOPATRA

Bear'st thou her face in mind? is't long or round?

MESSENGER

Round, even to faultiness.

CLEOPATRA

For the most part, too, they are foolish that are so.
Her hair, what colour?

MESSENGER

Brown, madam: and her forehead
As low as she would wish it.

CHARMIAN

Il l'a excellent.

CLÉOPÂTRE

Quel âge lui donnes-tu, je t'en prie?

LE MESSAGER

Madame,
Elle était veuve...

CLÉOPÂTRE

Veuve! Charmian, écoute.

LE MESSAGER

Et je pense qu'elle a trente ans.

CLÉOPÂTRE

As-tu son visage en mémoire? Est-il ovale ou arrondi?

LE MESSAGER

Arrondi, même à l'excès.

CLÉOPÂTRE

Le plus souvent, aussi, les femmes ainsi faites sont un peu sottes.
Ses cheveux, de quelle couleur?

LE MESSAGER

Bruns, madame; et son front
Aussi bas qu'elle pourrait le souhaiter.

CLEOPATRA

There's gold for thee.
Thou must not take my former sharpness ill:
I will employ thee back again; I find thee
Most fit for business: go make thee ready;
Our letters are prepared.

[*he goes.*

CHARMIAN

A proper man.

CLEOPATRA

Indeed, he is so: I repent me much
That so I harried him. Why, methinks, by him,
This creature's no such thing.

CHARMIAN

Nothing, madam.

CLEOPATRA

The man hath seen some majesty, and should know.

CHARMIAN

Hath he seen majesty? Isis else defend,
And serving you so long!

CLEOPATRA

I have one thing more to ask him yet, good Charmian:
But 'tis no matter, thou shalt bring him to me
Where I will write. All may be well enough.

CHARMIAN

I warrant you, madam.

[*they go.*

CLÉOPÂTRE

Voici de l'or pour toi.
Si d'abord je t'ai brusqué, ne le prends pas en mal :
Je veux t'employer à nouveau; je te trouve
Des plus aptes à la tâche; va faire tes préparatifs,
Nos lettres sont prêtes.

Sort le messager.

CHARMIAN

L'homme qu'il nous faut.

CLÉOPÂTRE

Oui, assurément : j'ai grand regret
De l'avoir à ce point bousculé. Eh bien, il me semble, d'après lui,
Que c'est peu de chose que cette personne.

CHARMIAN

Moins que rien, madame.

CLÉOPÂTRE

L'homme a vu un peu de majesté, et devrait savoir.

CHARMIAN

S'il a vu de la majesté? Isis défende le contraire,
Vous ayant servie si longtemps!

CLÉOPÂTRE

J'ai pourtant une chose encore à lui demander, chère Charmian,
Mais peu importe, tu me l'amèneras
Tandis que j'écris. Le mal n'est pas si grand peut-être.

CHARMIAN

Je vous en réponds, madame.

Elles sortent.

[III, 4.]

ATHENS. A ROOM IN ANTONY'S HOUSE

Enter ANTONY *and* OCTAVIA.

ANTONY

Nay, nay, Octavia, not only that,
That were excusable, that and thousands more
Of semblable import, but he hath waged
New wars 'gainst Pompey, made his will and read it
To public ear,
Spoke scantly of me, when perforce he could not
But pay me terms of honour, cold and sickly
He vented them, most narrow measure lent me,
When the best hint was given him he not took't,
Or did it from his teeth.

OCTAVIA

O my good lord,
Believe not all, or if you must believe,
Stomach not all. A more unhappy lady,
If this division chance, ne'er stood between,
Praying for both parts :
The good gods will mock me presently,
When I shall pray, 'O, bless my lord and husband!'
Undo that prayer, by crying out as loud,
'O, bless my brother!' Husband win, win brother,
Prays, and destroys the prayer—no midway
'Twixt these extremes at all.

ANTONY

Gentle Octavia,
Let your best love draw to that point which seeks
Best to preserve it : if I lose mine honour,

SCÈNE IV

ATHÈNES. UNE SALLE DANS LA MAISON D'ANTOINE

Entrent ANTOINE *et* OCTAVIE.

ANTOINE

Oui, oui, Octavie, non seulement cela
Qui serait excusable, cela et mille autres choses
De même importance, mais il a pris l'initiative
D'attaquer à nouveau Pompée, il a fait son testament
Dont il a donné publiquement lecture,
Il a chichement parlé de moi, et quand force lui était
De me rendre hommage en ses propos, c'était froidement et à regret
Qu'il s'exprimait; il m'accordait le moins possible;
La meilleure occasion offerte, il ne la saisissait pas,
Ou seulement faisait semblant.

OCTAVIE

Ô monseigneur,
Ne croyez pas tout, ou s'il vous faut le croire,
Ne prenez pas tout à cœur. Jamais, si cette discorde éclate,
Femme ne fut plus malheureuse entre les deux adversaires,
Priant les dieux pour l'un et l'autre :
Ces dieux cléments se moqueront de moi bientôt,
Quand j'implorerai : « Ô bénissez mon seigneur et époux! »
Puis détruirai cette prière, en implorant tout aussi fort :
« Ô bénissez mon frère! » Que l'emporte mon époux, que mon frère
[l'emporte,
C'est ma prière, et c'est la ruine de ma prière,
Nul milieu pour moi entre ces deux extrêmes.

ANTOINE

Douce Octavie,
Que votre meilleur amour aille à ce côté qui s'efforce
De le garder le mieux : si je perds mon honneur,

I lose myself: better I were not yours
Than yours so branchless. But, as you requested,
Yourself shall go between's: the mean time, lady,
I'll raise the preparation of a war
Shall stain your brother: make your soonest haste;
So your desires are yours.

OCTAVIA

Thanks to my lord.
The Jove of power make me most weak, most weak,
Your reconciler! Wars 'twixt you twain would be
As if the world should cleave, and that slain men
Should solder up the rift.

ANTONY

When it appears to you where this begins,
Turn your displeasure that way; for our faults
Can never be so equal, that your love
Can equally move with them. Provide your going;
Choose your own company, and command what cost
Your heart has mind to.

[*they go.*

[III, 5.]

THE SAME. ANOTHER ROOM

Enter ENOBARBUS *and* EROS, *meeting.*

ENOBARBUS

How now, friend Eros!

EROS

There's strange news come, sir.

C'est moi-même que je perds ; mieux vaudrait ne pas être vôtre
Qu'être à vous ainsi ébranché. Mais, ainsi que vous l'avez demandé,
Vous-même interviendrez entre nous ; durant ce temps, madame,
J'apprêterai mes forces pour une guerre
Qui fera pâlir votre frère : hâtez-vous le plus possible ;
Qu'ainsi vos souhaits vous soient accordés.

OCTAVIE

Merci à mon seigneur.
Que Jupiter tout-puissant me donne, moi si faible, trop faible, de [force
Pour vous réconcilier ! La guerre entre vous deux serait
Comme si le monde se brisait en deux, et que des hommes égorgés
Dussent combler la déchirure.

ANTOINE

Quand vous verrez clairement de quel côté ceci commença,
Tournez par là votre déplaisir, car jamais nos fautes
Ne sauraient être si égales que votre amour
Puisse également aussi se partager. Pourvoyez à votre départ ;
Choisissez votre escorte, et ordonnez toutes dépenses
Qu'il vous semblera bon de faire.

Ils sortent.

SCÈNE V

MÊME LIEU. UNE AUTRE CHAMBRE

Entrent ENOBARBUS *et* EROS, *qui se rencontrent.*

ENOBARBUS

Eros mon ami, eh bien !

EROS

Il y a des nouvelles surprenantes, monsieur.

ENOBARBUS

What, man?

EROS

Cæsar and Lepidus have made wars upon Pompey.

ENOBARBUS

This is old: what is the success?

EROS

Cæsar having made use of him in the wars 'gainst Pompey presently denied him rivality, would not let him partake in the glory of the action, and not resting here accuses him of letters he had formerly wrote to Pompey; upon his own appeal, seizes him: so the poor third is up, till death enlarge his confine.

ENOBARBUS

Then, world, thou hast a pair of chaps, no more;
And throw between them all the food thou hast,
They'll grind the one the other. Where's Antony?

EROS

He's walking in the garden—thus, and spurns
The rush that lies before him, cries 'Fool Lepidus!'
And threats the throat of that his officer
That murdered Pompey.

ENOBARBUS

Our great navy's rigged.

EROS

For Italy and Cæsar. More, Domitius;

ENOBARBUS

Lesquelles, camarade?

EROS

César et Lépide sont entrés en guerre contre Pompée.

ENOBARBUS

Ce n'est pas nouveau : quel est le résultat?

EROS

César s'étant servi de Lépide dans la guerre contre Pompée n'a pas tardé à lui dénier part égale, l'a exclu de la gloire de l'action, et non content de cela, il lui reproche des lettres qu'il a écrites naguère à Pompée; et, l'inculpant lui-même, l'arrête; ainsi, le pauvre tiers du monde est en prison, jusqu'à ce que mort l'élargisse.

ENOBARBUS

Alors, monde, tu as deux mâchoires, pas plus;
Et jette entre elles toute la nourriture que tu possèdes,
L'une l'autre elles se broieront. Où est Antoine?

EROS

Il marche dans le jardin... et, comme ceci, repousse du pied
La jonchée de l'allée devant lui, et s'écrie : « Imbécile Lépide! »
Et parle de trancher la gorge à celui de ses officiers
Qui a mis à mort Pompée.

ENOBARBUS

Notre immense flotte est parée.

EROS

Contre l'Italie et César. Ceci encore, Domitius;

My lord desires you presently: my news
I might have told hereafter.

ENOBARBUS

'Twill be naught:
But let it be. Bring me to Antony.

EROS

Come, sir.

[*they go.*

[III, 6.]

ROME. CÆSAR'S HOUSE

Enter CÆSAR, AGRIPPA, *and* MÆCENAS.

CÆSAR

Contemning Rome, he has done all this, and more,
In Alexandria: here's the manner of't:
I'th'market-place, on a tribunal silvered
Cleopatra and himself in chairs of gold
Were publicly enthroned: at the feet sat
Cæsarion, whom they call my father's son,
And all the unlawful issue that their lust
Since then hath made between them. Unto her
He gave the stablishment of Egypt; made her
Of lower Syria, Cyprus, Lydia,
Absolute queen.

MÆCENAS

This in the public eye?

CÆSAR

I'th'common show-place, where they exercise.
His sons he there proclaimed the kings of kings:
Great Media, Parthia and Armenia,

Mon seigneur veut vous voir à l'instant même; mes nouvelles
Auraient dû passer après cela.

ENOBARBUS

Je n'en attends rien de bon,
Mais allons. Mène-moi à Antoine.

EROS

Venez, monsieur.

Ils sortent.

SCÈNE VI

ROME. LA MAISON DE CÉSAR

Entrent CÉSAR, AGRIPPA, *et* MÉCÈNE.

CÉSAR

Contempteur de Rome, il a fait dans Alexandrie tout ceci,
Et plus encore. De quelle manière, voici :
Dans la grand-place, sur une tribune argentée,
Cléopâtre, et lui-même, sur des sièges d'or
Ont trôné en public : à leurs pieds se tenait assis
Césarion, qu'ils appellent le fils de mon père,
Et toute l'illégitime progéniture que leur luxure
Depuis lors a faite entre eux deux. A Cléopâtre
Il a confirmé la possession de l'Egypte; il l'a faite
De Basse-Syrie, de Chypre et de Lydie, reine absolue.

MÉCÈNE

Cela aux yeux du peuple?

CÉSAR

Sur la place des parades publiques, où les troupes font l'exercice.
C'est là qu'il a proclamé ses fils rois des rois.
A Alexandre, il donna la Grande Médie,

He gave to Alexander; to Ptolemy he assigned
Syria, Cilicia and Phoenicia : she
In th'habiliments of the goddess Isis
That day appeared, and oft before gave audience,
As 'tis reported, so.

MÆCENAS

Let Rome be thus
Informed.

AGRIPPA

Who, queasy with his insolence
Already, will their good thoughts call from him.

CÆSAR

The people know it, and have now received
His accusations.

AGRIPPA

Who does he accuse?

CÆSAR

Cæsar, and that having in Sicily
Sextus Pompeius spoiled we had not rated him
His part o'th'isle : then does he say, he lent me
Some shipping unrestored : lastly, he frets
That Lepidus of the triumvirate
Should be deposed; and, being, that we detain
All his revenue.

AGRIPPA

Sir, this should be answered.

CÆSAR

'Tis done already, and the messenger gone.
I have told him, Lepidus was grown too cruel,
That he his high authority abused

La Parthie et l'Arménie; à Ptolémée il attribua
La Syrie, la Cilicie et la Phénicie; elle, en ce jour,
Apparut dans les vêtements de la déesse Isis,
Et souvent déjà, dit-on, elle avait donné audience
Ainsi vêtue.

MÉCÈNE

Que de tout cela
Les Romains aient connaissance.

AGRIPPA

Ecœurés déjà de son insolence,
Ils n'auront pour lui que pensées hostiles.

CÉSAR

Le peuple sait, et il est dès maintenant au courant
De ses griefs.

AGRIPPA

Qui accuse-t-il?

CÉSAR

César, et de ce qu'ayant en Sicile
Spolié Sextus Pompée, nous ne lui ayons pas compté
Sa part de l'île; puis, dit-il, il m'a prêté
Des navires que je n'ai pas rendus; enfin, il s'irrite
De ce que Lépide ait été dépouillé du triumvirat;
Et que, l'étant, nous retenions tous ses biens.

AGRIPPA

Ceci ne peut rester sans réponse.

CÉSAR

C'est déjà fait, et le messager parti.
Je lui ai déclaré que Lépide était devenu trop cruel,
Qu'il abusait de son grand pouvoir

And did deserve his change : for what I have conquered,
I grant him part; but then, in his Armenia
And other of his conquered kingdoms, I
Demand the like.

MÆCENAS

He'll never yield to that.

CÆSAR

Nor must not then be yielded to in this.

Enter Octavia, with her train.

OCTAVIA

Hail, Cæsar, and my lord! hail, most dear Cæsar!

CÆSAR

That ever I should call thee castaway!

OCTAVIA

You have not called me so, nor have you cause.

CÆSAR

Why have you stol'n upon us thus? You come not
Like Cæsar's sister : the wife of Antony
Should have an army for an usher, and
The neighs of horse to tell of her approach
Long ere she did appear; the trees by th'way
Should have borne men, and expectation fainted,
Longing for what it had not; nay, the dust
Should have ascended to the roof of heaven,
Raised by your populous troops : but you are come
A market-maid to Rome, and have prevented
The ostentation of our love, which, left unshown,

Et méritait sa chute; quant à ce que j'ai conquis,
Je lui en cède une part; mais alors, dans son Arménie,
Et d'autres royaumes qu'il a conquis, j'exige
Moi, qu'il en soit de même.

MÉCÈNE

Il ne consentira jamais à cela.

CÉSAR

Il est impossible, alors, que nous consentions à ceci.

Entre Octavie avec sa suite.

OCTAVIE

Salut, César, et monseigneur! Salut, César très aimé!

CÉSAR

Que jamais je dusse t'appeler bannie!

OCTAVIE

Vous ne m'avez pas appelée ainsi, et n'en avez pas motif.

CÉSAR

Pourquoi furtivement vous être glissée devant nous? Vous ne venez [pas
Comme la sœur de César. La femme d'Antoine
Devrait avoir une armée pour héraut, et
Les destriers hennissants pour annoncer son approche
Longtemps avant qu'elle apparaisse; les arbres de la route
Eussent dû se charger d'hommes, et l'attente défaillir
Désireuse de ce qu'elle n'avait pas; quoi! La poussière
Eût dû voler jusqu'au toit du ciel,
Soulevée par vos troupes immenses : mais vous êtes venue
Telle une maraîchère à Rome, et vous avez empêché
Notre affection de se déployer, laquelle, si elle n'est point manifestée,

Is often left unloved: we should have met you
By sea and land, supplying every stage
With an augmented greeting.

OCTAVIA

Good my lord,
To come thus was I not constrained, but did it
On my free will. My lord, Mark Antony,
Hearing that you prepared for war, acquainted
My grievéd ear withal; whereon, I begged
His pardon for return.

CÆSAR

Which soon he granted,
Being an abstract 'tween his lust and him.

OCTAVIA

Do not say so, my lord.

CÆSAR

I have eyes upon him,
And his affairs come to me on the wind.
Where is he now?

OCTAVIA

My lord, in Athens.

CÆSAR

No, my most wrongéd sister, Cleopatra
Hath nodded him to her. He hath given his empire
Up to a whore, who now are levying
The kings o'th'earth for war: he hath assembled
Bocchus the king of Libya, Archelaus

Reste souvent inéprouvée : nous serions allés à votre rencontre
Sur mer et sur terre, vous assurant à chaque étape
Un accueil toujours plus fervent.

OCTAVIE

Monseigneur,
Je n'étais pas contrainte à venir ainsi, je l'ai fait
De ma propre volonté. Mon époux Marc-Antoine,
Apprenant que vous vous apprêtiez à la guerre, en a porté [connaissance
A mon oreille navrée; sur quoi j'ai supplié
Qu'il veuille excuser mon retour.

CÉSAR

Ce qu'il eut tôt fait d'accorder,
Comme le plus court chemin entre son plaisir et lui.

OCTAVIE

Ne dites point cela, monseigneur.

CÉSAR

J'ai les yeux sur lui,
Et reçois prompte intelligence de ses affaires.
Où est-il à présent?

OCTAVIE

A Athènes, monseigneur.

CÉSAR

Non, ma sœur si injurieusement traitée, Cléopâtre
D'un signe l'a ramené à elle. Il a abandonné son empire
A une catin, et maintenant ils appellent
Les rois de la terre à la guerre : il a rassemblé
Bocchus, roi de Libye, Archelaus

Of Cappadocia, Philadelphos king
Of Paphlagonia, the Thracian king Adallas,
King Manchus of Arabia, King of Pont,
Herod of Jewry, Mithridates king
Of Comagene, Polemon and Amyntas
The kings of Mede and Lycaonia,
With a more larger list of sceptres.

OCTAVIA

Ay me, most wretched,
That have my heart parted betwixt two friends
That do afflict each other!

CÆSAR

Welcome hither:
Your letters did withhold our breaking forth,
Till we perceived both how you were wrong led
And we in negligent danger. Cheer your heart:
Be you not troubled with the time, which drives
O'er your content these strong necessities,
But let determined things to destiny
Hold unbewailed their way. Welcome to Rome;
Nothing more dear to me. You are abused
Beyond the mark of thought: and the high gods,
To do you justice, make his ministers
Of us and those that love you. Best of comfort,
And ever welcome to us.

AGRIPPA

Welcome, lady.

MÆCENAS

Welcome, dear madam.
Each heart in Rome does love and pity you:
Only th'adulterous Antony, most large
In his abominations, turns you off;

De Cappadoce, Philadelphos, roi
De Paphlagonie, le roi de Thrace Adallas,
Le roi Manchus d'Arabie, le roi du Pont,
Hérode, roi des Juifs, Mithridate, roi
De Comagène, Polémon et Amyntas,
Rois de Médie et de Lycaonie,
Et un plus grand nombre encore de sceptres.

OCTAVIE

Hélas, quelle infortune est mienne
D'avoir mon cœur partagé entre deux amis
Qui l'un l'autre se font grand mal!

CÉSAR

Soyez ici la bienvenue :
Vos lettres nous retenaient de laisser éclater la force,
Mais nous voyons à la fois combien l'on vous égarait
Et dans quel péril nous étions par négligence. Ayez bon courage :
Que ces temps ne vous tourmentent pas, qui écrasent
Votre bonheur sous ces puissantes nécessités,
Mais laissez les choses prévues par le destin
Suivre leur cours sans en gémir. Soyez la bienvenue à Rome;
Rien ne m'est plus cher que vous. L'indignité qui vous fut faite
Passe toute idée, et les dieux grands,
Pour vous venger, ont fait leurs instruments
De nous et de ceux qui vous aiment. Tout réconfort soit vôtre,
Et la bienvenue à jamais de nous.

AGRIPPA

La bienvenue, madame.

MÉCÈNE

La bienvenue, dame très chère.
Il n'est pas un cœur à Rome qui ne vous aime et ne vous plaigne.
Seul l'adultère Antoine, si prodigue
En abominations, vous repousse

And gives his potent regiment to a trull,
That noises it against us.

OCTAVIA

Is it so, sir?

CÆSAR

Most certain. Sister, welcome: pray you,
Be ever known to patience: my dear'st sister!

[*he leads her forth.*

[III, 7.]

ACTIUM

Enter CLEOPATRA *and* ENOBARBUS.

CLEOPATRA

I will be even with thee, doubt it not.

ENOBARBUS

But why, why, why?

CLEOPATRA

Thou hast forspoke my being in these wars,
And say'st it is not fit.

ENOBARBUS

Well, is it, is it?

CLEOPATRA

† Is't not denounced against us? Why should not we

Et donne son puissant empire à une drôlesse
Qui mène grand bruit contre nous.

OCTAVIE

Est-ce vrai, monsieur ?

CÉSAR

Tout à fait certain. Sœur, la bienvenue : je vous en prie,
Endurez calmement toute épreuve, ma sœur chérie.

Il sort, l'emmenant avec lui.

SCÈNE VII

ACTIUM

Entrent CLÉOPÂTRE *et* ENOBARBUS.

CLÉOPÂTRE

J'entends bien être quitte avec toi, n'en doute pas.

ENOBARBUS

Mais pourquoi, pourquoi, pourquoi ?

CLÉOPÂTRE

Tu t'es opposé à ma présence dans ces batailles,
Disant qu'elle n'était pas opportune.

ENOBARBUS

Eh bien, l'est-elle, l'est-elle ?

CLÉOPÂTRE

N'est-ce pas contre nous que la guerre est déclarée ? Pourquoi

Be there in person?

ENOBARBUS [*mutters*]

Well, I could reply:
If we should serve with horse and mares together,
The horse were merely lost; the mares would bear
A soldier and his horse.

CLEOPATRA

What is't you say?

ENOBARBUS

Your presence needs must puzzle Antony;
Take from his heart, take from his brain, from's time,
What should not then be spared. He is already
Traduced for levity, and 'tis said in Rome
That Photinus, an eunuch, and your maids
Manage this war.

CLEOPATRA

Sink Rome, and their tongues rot
That speak against us! A charge we bear i'th'war,
And, as the president of my kingdom, will
Appear there for a man. Speak not against it,
I will not stay behind.

ENOBARBUS

Nay, I have done.
Here comes the emperor.

Enter Antony and Canidius.

ANTONY

Is it not strange, Canidius,
That from Tarentum and Brundusium
He could so quickly cut the Ionian sea,

N'y serions-nous pas en personne ?

ENOBARBUS, *à demi-voix.*

Eh bien, je pourrais répondre
Que si nous faisions servir chevaux et juments ensemble,
Plus questions de chevaux alors ; les juments porteraient
Un soldat et son cheval.

CLÉOPÂTRE

Que dites-vous ?

ENOBARBUS

Votre présence forcément va déconcerter Antoine,
Lui ôter de son cœur, de sa tête, de son temps,
Toutes choses dont il a grand besoin. On le dit déjà
Coupable de légèreté, et l'on raconte à Rome
Que c'est un eunuque, Photin, et vos servantes,
Qui mènent cette guerre.

CLÉOPÂTRE

S'engloutisse Rome, et pourrissent leurs langues
Qui parlent contre nous ! Nous supportons une part de cette guerre
Et nous voulons, souveraine de mon royaume,
Que l'on nous voie là comme un homme. N'y contredis pas,
Je ne veux pas rester en arrière.

ENOBARBUS

Je ne dis plus rien.
Voici l'Imperator.

Entrent Antoine et Canidius.

ANTOINE

N'est-il pas étonnant, Canidius,
Que de Tarente et Brindisi
Il ait pu si rapidement fendre la mer Ionienne

And take in Toryne? You have heard on't, sweet?

CLEOPATRA

Celerity is never more admired
Than by the negligent.

ANTONY

A good rebuke,
Which might have well becomed the best of men,
To taunt at slackness. Canidius, we
Will fight with him by sea.

CLEOPATRA

By sea! what else?

CANIDIUS

Why will my lord do so?

ANTONY

For that he dares us to't.

ENOBARBUS

So hath my lord dared him to single fight.

CANIDIUS

Ay, and to wage this battle at Pharsalia,
Where Cæsar fought with Pompey: but these offers,
Which serve not for his vantage, he shakes, off,
And so should you.

ENOBARBUS

Your ships are not well manned,
Your mariners are muleters, reapers, people
Ingrossed by swift impress; in Cæsar's fleet

Et prendre Toryne ? Chère, vous a-t-on dit la nouvelle ?

CLÉOPÂTRE

La rapidité n'a pas plus grand admirateur
Que l'indolent.

ANTOINE

Excellent reproche,
Blâmer ainsi la nonchalance, et qui eût fait honneur
Au meilleur des hommes. Canidius,
Nous allons le combattre sur mer.

CLÉOPÂTRE

Sur mer ! Et quoi d'autre ?

CANIDIUS

Pourquoi mon seigneur le veut-il ainsi ?

ANTOINE

Pour cette raison qu'il nous en défie.

ENOBARBUS

Mon seigneur l'avait pareillement défié en combat singulier.

CANIDIUS

Oui, et de livrer ce combat à Pharsale
Où César lutta contre Pompée : mais ces offres,
Qui ne sont pas à son avantage, il les repousse,
Et ainsi devriez-vous faire.

ENOBARBUS

Vos équipages ne valent rien,
Vos matelots sont des muletiers, des moissonneurs, des gens
Ramassés à la hâte et par presse ; dans la flotte de César

Are those that often have 'gainst Pompey fought:
Their ships are yare, yours heavy: no disgrace
Shall fall you for refusing him at sea,
Being prepared for land.

ANTONY

By sea, by sea.

ENOBARBUS

Most worthy sir, you therein throw away
The absolute soldiership you have by land,
Distract your army, which doth most consist
Of war-marked footmen, leave unexecuted
Your own renownéd knowledge, quite forgo
The way which promises assurance, and
Give up yourself merely to chance and hazard
From firm security.

ANTONY

I'll fight at sea.

CLEOPATRA

I have sixty sails, Cæsar none better.

ANTONY

Our overplus of shipping will we burn;
And, with the rest full-manned, from th'head of Actium
Beat th'approaching Cæsar. But if we fail,
We then can do't at land.

Enter a Messenger.

Thy business?

MESSENGER

The news is true, my lord; he is descried;

Se trouvent ceux qui se sont battus contre Pompée,
Leurs vaisseaux sont maniables, les vôtres lourds; vous n'encourriez
Nul déshonneur à refuser le combat sur mer,
Vous étant préparé pour la terre.

ANTOINE

Sur mer, sur mer.

ENOBARBUS

Très noble seigneur, vous gaspillez ainsi
L'absolue supériorité dont vous disposez sur terre,
Vous dispersez votre armée, qui consiste surtout
En fantassins aguerris, vous laissez comme lettre morte
Votre célèbre savoir-faire, vous abandonnez sans retour
La voie qui promet succès certain, et quittant
La ferme sécurité, vous vous livrez, ni plus ni moins,
A la chance et au hasard.

ANTOINE

Je livrerai bataille sur mer.

CLÉOPÂTRE

J'ai soixante voiles, César n'a pas mieux.

ANTOINE

Nous incendierons notre surplus de navires;
Et avec les autres, équipés au complet, partant du promontoire
[d'Actium,
Nous battrons César dès qu'il approche. Mais si nous échouons,
Nous pourrons alors le battre sur terre.

Entre un messager.

Ta mission?

LE MESSAGER

La nouvelle est vraie, monseigneur; on l'a vu;

Cæsar has taken Toryne.

ANTONY

Can he be there in person? 'tis impossible;
Strange that his power should be. Canidius,
Our nineteen legions thou shalt hold by land,
And our twelve thousand horse. We'll to our ship:
Away, my Thetis!

Enter a Soldier.

How now, worthy soldier?

SOLDIER

O noble emperor, do not fight by sea;
Trust not to rotten planks. Do you misdoubt
This sword and these my wounds? Let th'Egyptians
And the Phœnicians go a-ducking: we
Have used to conquer standing on the earth
And fighting foot to foot.

ANTONY

Well, well, away!

[*he hurries off with Cleopatra, Enobarbus following.*

SOLDIER

By Hercules, I think I am i'th'right.

CANIDIUS

Soldier, thou art: but his whole action grows
Not in the power on't: so our leader's led,
And we are women's men.

SOLDIER

You keep by land

César a pris Toryne.

ANTOINE

Peut-il être là en personne? C'est impossible;
Il est étrange que son armée y soit. Canidius,
Tu prends la tête de nos dix-neuf légions sur terre
Et de nos douze mille cavaliers. Nous montons à bord;
En route, ma Thétis!

Entre un soldat.

Eh bien, brave soldat?

LE SOLDAT

Ô noble Imperator, ne vous battez pas sur mer!
Ne vous fiez pas à des planches pourries. Mettez-vous en doute
Cette épée et mes blessures? Que les Egyptiens
Et les Phéniciens aillent barboter; nous autres
Notre habitude est de vaincre debout sur la terre ferme
Et luttant pied à pied.

ANTOINE

Bien, bien, en route!

Il sort en hâte avec Cléopâtre; Enobarbus les suit.

LE SOLDAT

Par Hercule, j'ai raison, je crois.

CANIDIUS

Oui, soldat : mais tous ses plans sont formés
Sans considérer l'état de ses forces; celui qui nous mène est mené
Et nous sommes les valets des femmes.

LE SOLDAT

Vous avez sous vos ordres à terre

The legions and the horse whole, do you not?

CANIDIUS

Marcus Octavius, Marcus Justeius,
Publicola and Cælius, are for sea:
But we keep whole by land. This speed of Cæsar's
Carries beyond belief.

SOLDIER

While he was yet in Rome,
His power went out in such distractions as
Beguiled all spies.

CANIDIUS

Who's his lieutenant, hear you?

SOLDIER

They say, one Taurus.

CANIDIUS

Well I know the man.

Enter a Messenger.

MESSENGER

The emperor calls Canidius.

CANIDIUS

With news the time's with labour, and throes forth
Each minute some.

[they go.

Les légions et la cavalerie en entier, n'est-ce pas ?

CANIDIUS

Marcus Octavius, Marcus Justeius,
Publicola et Caelius commandent en mer,
Mais les forces de terre sont tout entières sous moi. Que César
Ait cheminé si vite, c'est à n'y pas croire.

LE SOLDAT

Quand il était encore à Rome,
Son armée est partie par petits détachements, si bien
Qu'ils ont trompé tous nos espions.

CANIDIUS

As-tu appris qui commande pour lui ?

LE SOLDAT

On dit que c'est un certain Taurus.

CANIDIUS

Je connais bien l'homme.

Entre un messager.

LE MESSAGER

L'Imperator demande Canidius.

CANIDIUS

Le temps est en travail de nouvelles, et à chaque minute
Il accouche d'une dans les douleurs.

Ils sortent.

[III, 8.]

Enter CÆSAR, *and* TAURUS, *with his army, marching.*

CÆSAR

Taurus!

TAURUS

My lord?

CÆSAR

Strike not by land, keep whole, provoke not battle
Till we have done at sea. Do not exceed
The prescript of this scroll: our fortune lies
Upon this jump.

[*they go.*

[III, 9.]

Enter ANTONY *and* ENOBARBUS.

ANTONY

Set we our squadrons on yond side o'th'hill,
In eye of Cæsar's battle; from which place
We may the number of the ships behold,
And so proceed accordingly.

[*they go.*
[*A pause*]

SCÈNE VIII

Entrent CÉSAR *et* TAURUS *avec son armée en marche.*

CÉSAR

Taurus!

TAURUS

Monseigneur?

CÉSAR

N'attaquez pas sur terre, gardez-vous intact, ne provoquez pas [au combat
Avant que nous en ayons fini sur mer. Ne dépassez pas
Les consignes de ce rouleau; notre fortune se joue
Sur cette aventure.

Ils sortent.

SCÈNE IX

Entrent ANTOINE *et* ENOBARBUS

ANTOINE

Plaçons nos troupes sur le versant de la hauteur là-bas,
En vue des lignes de César; de cet endroit
Nous pourrons observer le nombre des navires
Et agir en conséquence.

Ils sortent.
Une pause.

[III, 10.]

CANIDIUS *marcheth with his land army one way and* TAURUS, *the lieutenant of Cæsar, the other way. After their going in, is heard the noise of a sea-fight.*
Alarum. Enter ENOBARBUS.

ENOBARBUS

Naught, naught, all naught! I can behold no longer:
Th'Antoniad, the Egyptian admiral,
With all their sixty, fly and turn the rudder:
To see't mine eyes are blasted.

Enter Scarus.

SCARUS

Gods and goddesses,
All the whole synod of them!

ENOBARBUS

What's thy passion?

SCARUS

The greater cantle of the world is lost
With very ignorance. We have kissed away
Kingdoms and provinces.

ENOBARBUS

How appears the fight?

SCÈNE X

Passent CANIDIUS *avec son armée de terre, se dirigeant d'un côté, et* TAURUS, *lieutenant de César, se dirigeant en sens opposé. Après leur passage, on entend le bruit d'un combat naval.*
Sonneries de trompette dans la bataille. Entre ENOBARBUS.

ENOBARBUS

Perdu, perdu, tout est perdu! Je ne peux plus regarder :
L'Antoniade, le navire-amiral d'Egypte,
Avec toutes leurs soixante voiles, fuient et virent de bord :
Mes yeux crèvent à voir cela.

Entre Scarus.

SCARUS

Dieux et déesses,
Et tout leur saint synode!

ENOBARBUS

Qu'est-ce qui t'émeut?

SCARUS

Le plus gros morceau du monde est perdu
Par pure bêtise. Nous avons gaspillé pour des baisers
Des royaumes et des provinces.

ENOBARBUS

Comment se présente la bataille?

SCARUS

On our side like the tokened pestilence,
Where death is sure. Yon ribald-rid nag of Egypt—
Whom leprosy o'ertake!—i'th'midst o'th'fight,
When vantage like a pair of twins appeared,
Both as the same, or rather ours the elder—
The breese upon her, like a cow in June!—
Hoists sails and flies.

ENOBARBUS

That I beheld:
Mine eyes did sicken at the sight, and could not
Endure a further view.

SCARUS

She once being luffed,
The noble ruin of her magic, Antony,
Claps on his sea-wing, and (like a doting mallard),
Leaving the fight in height, flies after her:
I never saw an action of such shame:
Experience, manhood, honour, ne'er before
Did violate so itself.

ENOBARBUS

Alack, alack!

Enter Canidius.

CANIDIUS

Our fortune on the sea is out of breath,
And sinks most lamentably. Had our general
Been what he knew himself, it had gone well:
O, he has given example for our flight
Most grossly by his own!

SCARUS

De notre côté, comme la peste noire
Où la mort est certaine. Cette paillarde pouliche d'Egypte...
Que la lèpre l'attrape!... au milieu de la bataille,
Alors que les chances de part et d'autre étaient comme un
[couple de jumeaux,
Tous deux semblables, ou plutôt le nôtre étant l'aîné...
Un taon la piquant, telle une vache en juin!...
Hisse les voiles et fuit.

ENOBARBUS

De cela j'ai été témoin :
Mes yeux furent malades à ce spectacle, et incapables
D'en supporter davantage.

SCARUS

Elle ayant pris le vent,
Antoine, noble ruine de sa magie,
Bat de l'aile sur la mer (tel un malart imbécile),
Et, quittant la bataille au moment suprême, fuit après elle :
Jamais je ne vis d'acte aussi honteux,
Jamais encore expérience, virilité, honneur,
Ne s'étaient à ce point reniés.

ENOBARBUS

Hélas, hélas!

Entre Canidius.

CANIDIUS

Notre fortune sur mer est hors de souffle,
Et sombre très pitoyablement. Si notre général avait été
Tel qu'il s'est connu lui-même, tout se fût bien passé.
Oh, il a donné l'exemple à notre fuite
Par la sienne même, de la façon la plus flagrante!

ENOBARBUS

Ay, are you thereabouts?
Why then good night indeed.

CANIDIUS

Toward Peloponnesus are they fled.

SCARUS

'Tis easy to't; and there I will attend
What further comes.

CANIDIUS

To Cæsar will I render
My legions and my horse: six kings already
Show me the way of yielding.

ENOBARBUS

I'll yet follow
The wounded chance of Antony, though my reason
Sits in the wind against me.

[*they go.*

[III, 11.]

ALEXANDRIA. CLEOPATRA'S PALACE

Enter ANTONY *with Attendants.*

ANTONY

Hark! the land bids me tread no more upon't—
It is ashamed to bear me. Friends, come hither:
I am so lated in the world that I
Have lost my way for ever. I have a ship
Laden with gold, take that, divide it; fly,
And make your peace with Cæsar.

ENOBARBUS

Ouais, est-ce là où vous voulez en venir ?
Alors, bonsoir, en vérité.

CANIDIUS

Ils ont fui vers le Péloponnèse.

SCARUS

Il est aisé d'y arriver ; et c'est là que je veux attendre
La suite des événements.

CANIDIUS

Je vais livrer à César
Mes légions et ma cavalerie ; six rois déjà
Me montrent le chemin de la soumission.

ENOBARBUS

Je veux suivre encore
La fortune infirme d'Antoine, bien que ce soit
A contre-fil de ma raison.

Ils sortent.

SCÈNE XI

ALEXANDRIE. LE PALAIS DE CLÉOPÂTRE

Entrent ANTOINE *et sa suite.*

ANTOINE

Ecoutez. La terre me prie de ne plus faire un pas sur elle...
Elle a honte de me porter. Amis, approchez :
Je suis si attardé en ce monde que j'ai perdu
Ma route à tout jamais. J'ai un navire
Chargé d'or, prenez-le, partagez-le ; fuyez,
Et faites votre paix avec César.

ALL

Fly! not we.

ANTONY

I have fled myself, and have instructed cowards
To run and show their shoulders. Friends, be gone;
I have myself resolved upon a course
Which has no need of you. Be gone.
My treasure's in the harbour, take it. O,
I followed that I blush to look upon:
My very hairs do mutiny, for the white
Reprove the brown for rashness, and they them
For fear and doting. Friends, be gone: you shall
Have letters from me to some friends that will
Sweep your way for you. Pray you, look not sad,
Nor make replies of loathness: take the hint
Which my despair proclaims; let that be left
Which leaves itself: to the sea-side straightway:
I will possess you of that ship and treasure.
Leave me, I pray, a little: pray you now,
Nay, do so; for indeed I have lost command,
Therefore I pray you: I'll see you by and by.

[*sits down.*
Enter Cleopatra led by Charmian and Eros; Iras following.

EROS

Nay, gentle madam, to him, comfort him.

IRAS

Do, most dear queen.

CHARMIAN

Do! why, what else?

TOUS

Nous, fuir! Non!

ANTOINE

J'ai fui moi-même, et j'ai appris aux poltrons
A courir et montrer leur dos. Partez, amis;
Je me suis résolu à une voie
Qui n'a pas besoin de vous. Partez.
Mon trésor est dans le port, prenez-le. Oh,
J'ai suivi ce que je rougis de considérer :
Mes cheveux mêmes se querellent, car ils s'accusent entre eux,
Les bruns de témérité, les blancs de crainte
Et d'imbécillité. Amis, partez : vous aurez
Des lettres de moi pour quelques amis
Qui vous aplaniront la voie. N'ayez pas l'air triste, je vous prie,
Ni ne répondez qu'il vous répugne; saisissez l'occasion
Que mon désespoir proclame; laissez à l'abandon ceci
Qui s'abandonne soi-même; allez droit au rivage;
Je veux que ce navire et ce trésor soient à vous;
Laissez-moi, je vous prie, un instant; maintenant, je vous supplie.
Oui, faites; car en vérité j'ai perdu commandement,
Et c'est pourquoi je vous supplie; je vous verrai bientôt.

Il s'assied.
Entre Cléopâtre, conduite par Charmian et Eros; Iras les suit.

EROS

Oui, gentille dame, allez à lui, consolez-le.

IRAS

Faites-le, reine très chère.

CHARMIAN

Mais oui, quoi faire d'autre?

CLEOPATRA

Let me sit down. O Juno!

ANTONY

No, no, no, no, no.

EROS

See you here, sir?

ANTONY

O fie, fie, fie!

CHARMIAN

Madam!

IRAS

Madam, O good empress!

EROS

Sir, sir!

ANTONY

Yes, my lord, yes; he at Philippi kept
His sword e'en like a dancer; while I struck
The lean and wrinkled Cassius; and 'twas I
That the mad Brutus ended: he alone
Dealt on lieutenantry and no practice had
In the brave squares of war: yet now: no matter.

CLEOPATRA

Ah! stand by.

CLÉOPÂTRE

Laissez que je m'assoie. Ô Isis!

ANTOINE

Non, non, non, non, non.

EROS

Voyez-vous qui est là, messire?

ANTOINE

Oh, fi, fi, fi!

CHARMIAN

Madame!

IRAS

Madame, ô chère impératrice!

EROS

Messire, messire!

ANTOINE

Oui, monseigneur, oui; lui, à Philippes, maniait
Son épée comme un freluquet, tandis que moi je frappais
Le maigre et ridé Cassius; et ce fut moi
Qui en finis avec le fou Brutus; lui n'agissait
Que par tierce personne, et n'avait nulle habitude
Des rudes rencontres guerrières; et pourtant maintenant: peu [importe.

CLÉOPÂTRE

Ah! aidez-moi.

EROS

The queen, my lord, the queen.

IRAS

Go to him, madam, speak to him,
He is unqualitied with very shame.

CLEOPATRA

Well then, sustain me : O!

EROS

Most noble sir, arise, the queen approaches :
Her head's declined, and death will seize her, but
Your comfort makes the rescue.

ANTONY

I have offended reputation,
A most unnoble swerving.

EROS

Sir, the queen.

ANTONY

O, whither hast thou led me, Egypt? See,
How I convey my shame out of thine eyes
By looking back what I have left behind
Stroyed in dishonour.

CLEOPATRA

O my lord, my lord,
Forgive my fearful sails! I little thought
You would have followed.

EROS

La Reine, monseigneur, la Reine.

IRAS

Allez vers lui, madame, parlez-lui,
Tant il a honte qu'il en perd la tête.

CLÉOPÂTRE

Eh bien donc, soutenez-moi. Oh!

EROS

Très noble seigneur, levez-vous, la Reine approche.
Elle penche sa tête, et la mort va la saisir, à moins
Que votre réconfort ne la sauve.

ANTOINE

J'ai insulté l'honneur,
Très ignoble défaillance.

EROS

Messire, la Reine.

ANTOINE

Ah, où m'as-tu conduit, Egypte? Vois,
Comme je dérobe à tes yeux ma honte,
Me retournant vers ce que derrière moi j'ai laissé
Effondré dans l'ignominie.

CLÉOPÂTRE

Ô monseigneur, monseigneur,
Pardonnez à mes voiles craintives! Je ne pensais guère
Que vous alliez me suivre.

ANTONY

Egypt, thou knew'st too well
My heart was to thy rudder tied by th'strings,
And thou shouldst tow me after: o'er my spirit
Thy full supremacy thou knew'st, and that
Thy beck might from the bidding of the gods
Command me.

CLEOPATRA

O, my pardon!

ANTONY

Now I must
To the young man send humble treaties, dodge
And palter in the shifts of lowness; who
With half the bulk o'th'world played as I pleased,
Making and marring fortunes. You did know
How much you were my conqueror, and that
My sword, made weak by my affection, would
Obey it on all cause.

CLEOPATRA

Pardon, pardon!

ANTONY

Fall not a tear, I say: one of them rates
All that is won and lost: give me a kiss;
Even this repays me.
We sent our schoolmaster; is a' come back?
Love, I am full of lead.
Some wine, within there, and our viands!
Fortune knows
We scorn her most when most she offers blows.

[*they go in.*

ANTOINE

Egypte, tu ne savais que trop bien
Que mon cœur à ton gouvernail était lié,
Et que tu me traînerais après toi ; tu connaissais
Ta toute-puissance sur mon esprit, et qu'un signe de toi
Etait assez fort pour me faire manquer
Le rendez-vous des dieux.

CLÉOPÂTRE

Oh, pardon pour moi !

ANTOINE

A présent il me faut
Envoyer à ce jeune homme d'humbles offres d'accord, finasser,
Me raccrocher aux expédients de l'indigence,
Moi qui jouais à mon gré avec la moitié du monde entier,
Faisant et défaisant des gloires. Vous saviez
Combien vous m'aviez rendu vôtre, et que mon épée,
Affaiblie par ma passion, lui obéirait,
Quel que fût le motif.

CLÉOPÂTRE

Pardon, pardon !

ANTOINE

Ne verse pas de larmes, allons ; une seule de ces larmes vaut
Tout ce qui fut gagné et perdu ; donne-moi un baiser ;
A lui seul il me rend tout.
Nous avons envoyé notre précepteur : est-il revenu ?
Mon amour, je me sens de plomb.
Du vin, là-bas, et nos nourritures !
La Fortune sait
Que plus ses coups sont lourds et plus nous la narguons.

Ils sortent.

[III, 12.]

EGYPT. CÆSAR'S CAMP

Enter CÆSAR, AGRIPPA, DOLABELLA, THIDIAS, *with others.*

CÆSAR

Let him appear that's come from Antony.
Know you him?

DOLABELLA

Cæsar, 'tis his schoolmaster—
An argument that he is plucked, when hither
He sends so poor a pinion of his wing,
Which had superfluous kings for messengers
Not many moons gone by.

Enter a Schoolmaster, as ambassador from Antony.

CÆSAR

Approach, and speak.

SCHOOLMASTER

Such as I am, I come from Antony:
I was of late as petty to his ends
As is the morn-dew on the myrtle-leaf
To his grand sea.

CÆSAR

Be't so: declare thine office.

SCHOOLMASTER

Lord of his fortunes he salutes thee, and
Requires to live in Egypt, which not granted,
He lessens his requests, and to thee sues

SCÈNE XII

EN EGYPTE. LE CAMP DE CÉSAR

Entrent CÉSAR, AGRIPPA, DOLABELLA, THIDIAS, *et autres personnages.*

CÉSAR

Qu'on fasse entrer celui qui vient de la part d'Antoine.
Le connaissez-vous ?

DOLABELLA

C'est le précepteur de ses enfants, César.
Il faut qu'il soit bien dépouillé, pour ici
Nous envoyer une aussi pauvre penne de son aile,
Lui qui avait pour messager des rois à ne savoir qu'en faire
Il y a de cela peu de lunes.

Entre un précepteur, venant en ambassadeur d'Antoine.

CÉSAR

Approche, et parle.

LE PRÉCEPTEUR

Tel que je suis, je viens de la part d'Antoine :
J'étais aussi peu de chose naguère pour ses desseins
Que la rosée du matin sur la feuille du myrte
Pour le vaste océan dont elle vient.

CÉSAR

Soit ; déclare ta mission.

LE PRÉCEPTEUR

Il te salue comme le maître de ses destins
Et demande de pouvoir vivre en Egypte ; si tu refuses,
Il amoindrit sa requête, et sollicite de toi

To let him breathe between the heavens and earth,
A private man in Athens; this for him.
Next, Cleopatra does confess thy greatness,
Submits her to thy might, and of thee craves
The circle of the Ptolemies for her heirs,
Now hazarded to thy grace.

CÆSAR

For Antony,
I have no ears to his request. The queen
Of audience nor desire shall fail, so she
From Egypt drive her all-disgracéd friend,
Or take his life there : this if she perform,
She shall not sue unheard. So to them both.

SCHOOLMASTER

Fortune pursue thee.

CÆSAR

Bring him through the bands.

[*the Schoolmaster goes.*

[*to Thidias*]
To try thy eloquence, now 'tis time : dispatch;
From Antony win Cleopatra : promise,
† And in our name, what she requires; and more,
From thine invention, offer. Women are not
In their best fortunes strong, but want will perjure
The ne'er-touched vestal. Try thy cunning, Thidias;
Make thine own edict for thy pains, which we
Will answer as a law.

THIDIAS

Cæsar, I go.

CÆSAR

Observe how Antony becomes his flaw,

Que tu le laisses respirer entre le ciel et la terre,
Simple citoyen dans Athènes : cela pour lui.
Cléopâtre, ensuite, reconnaît ta grandeur,
Se soumet à ton pouvoir, et de toi elle implore
Pour ses héritiers la couronne des Ptolémées
Dont le sort à présent est dans ta main.

CÉSAR

Pour Antoine,
Je suis sourd à sa requête. La Reine
Ne manquera pas d'être écoutée ni exaucée, à condition
Qu'elle chasse d'Egypte son ami dépouillé de tout honneur,
Ou qu'en Egypte elle lui ôte la vie; ces conditions remplies,
Elle ne nous priera pas en vain. Voilà pour tous deux.

LE PRÉCEPTEUR

Que la Fortune t'accompagne.

CÉSAR

Reconduisez-le à travers nos lignes.

Sort le précepteur.

(à Thidias.)
Il est temps à présent d'essayer ton éloquence; hâte-toi;
Détache Cléopâtre d'Antoine; promets,
En notre nom, ce qu'elle demande, et offre davantage,
De ta propre invention. Les femmes, en leur meilleure fortune [même,
Ne sont pas fortes, mais la nécessité fait choir
La vestale inviolée. Essaie ta ruse, Thidias,
Décrète toi-même quelle récompense vaudra ta peine,
Nous nous ferons une loi d'y répondre.

THIDIAS

J'y vais, César.

CÉSAR

Observe de quelle manière Antoine prend son honneur brisé,

And what thou think'st his very action speaks
In every power that moves.

THIDIAS

Cæsar, I shall.

[*they go.*

[III, 13.]

ALEXANDRIA. CLEOPATRA'S PALACE

Enter CLEOPATRA, ENOBARBUS, CHARMIAN *and* IRAS.

CLEOPATRA

What shall we do, Enobarbus?

ENOBARBUS

Think, and die.

CLEOPATRA

Is Antony or we in fault for this?

ENOBARBUS

Antony only, that would make his will
Lord of his reason. What though you fled
From that great face of war, whose several ranges
Frighted each other, why should he follow?
The itch of his affection should not then
Have nicked his captainship at such a point,
When half to half the world opposed, he being
The meréd question: 'twas a shame no less
Than was his loss, to course your flying flags

Et ce qu'à ton avis ses actes mêmes annoncent
En chacun des gestes qu'il fait.

THIDIAS

César, j'observerai.

Ils sortent.

SCÈNE XIII

ALEXANDRIE. LE PALAIS DE CLÉOPÂTRE

Entrent CLÉOPÂTRE, ENOBARBUS, CHARMIAN *et* IRAS.

CLÉOPÂTRE

Que devons-nous faire, Enobarbus ?

ENOBARBUS

Ruminer et mourir.

CLÉOPÂTRE

Est-ce Antoine ou bien nous qui sommes coupables de cela ?

ENOBARBUS

Antoine seul, qui a voulu que son désir
Fût maître de sa raison. Quand même vous fuyiez
Ce vaste front de bataille, dont les nombreuses lignes
S'effrayaient mutuellement, devait-il donc vous suivre ?
La démangeaison de sa passion n'aurait pas dû alors
Miner son art de capitaine au moment où le monde
Luttait, moitié contre moitié, lui seul étant
Le corps même de la dispute ; la honte n'était pas moindre
Que le fut le désastre, à poursuivre vos drapeaux fuyards

And leave his navy gazing.

CLEOPATRA

Prithee, peace.

Enter Antony, with the Schoolmaster.

ANTONY

Is that his answer?

SCHOOLMASTER

Ay, my lord.

ANTONY

The queen shall then have courtesy, so she
Will yield us up.

SCHOOLMASTER

He says so.

ANTONY

Let her know't.
To the boy Cæsar send this grizzled head,
And he will fill thy wishes to the brim
With principalities.

CLEOPATRA

That head, my lord?

ANTONY

To him again! tell him he wears the rose
Of youth upon him; from which the world should note
Something particular; his coin, ships, legions,

Et abandonner sa flotte stupéfaite.

CLÉOPÂTRE

Je t'en prie, tais-toi.

Entre Antoine, avec le précepteur.

ANTOINE

Est-ce là sa réponse ?

LE PRÉCEPTEUR

Oui, monseigneur.

ANTOINE

Ainsi, la Reine sera gracieusement traitée, si elle consent
A nous livrer.

LE PRÉCEPTEUR

Ainsi dit-il.

ANTOINE

Qu'elle en ait connaissance.
Au jeune César envoie cette tête grisonnante
Et au-delà de tous tes vœux, il te comblera
De principautés.

CLÉOPÂTRE

Cette tête, monseigneur ?

ANTOINE

Va vers lui de nouveau ! dis-lui qu'il a sur lui
La rose de la jeunesse ; il conviendrait que le monde en eût
Quelque insigne preuve : son argent, ses navires, ses légions,

May be a coward's, whose ministers would prevail
Under the service of a child as soon
As i'th'command of Cæsar. I dare him therefore
To lay his gay comparisons apart
And answer me declined, sword against sword,
Ourselves alone: I'll write it: follow me.

[he goes, attended by the Schoolmaster.

ENOBARBUS

Yes, like enough, high-battled Cæsar will
Unstate his happiness and be staged to th'show
Against a sworder! I see men's judgements are
A parcel of their fortunes, and things outward
Do draw the inward quality after them,
To suffer all alike. That he should dream,
Knowing all measures, the full Cæsar will
Answer his emptiness! Cæsar, thou hast subdued
His judgement too.

Enter a Servant.

SERVANT

A messenger from Cæsar.

CLEOPATRA

What, no more ceremony? See, my women,
Against the blown rose may they stop their nose
That kneeled unto the buds. Admit him, sir.

[the Servant goes.

ENOBARBUS

Mine honesty and I begin to square.
The loyalty well held to fools does make
Our faith mere folly: yet he that can endure

Sont peut-être ceux d'un poltron, dont les agents seraient puissants
Au service d'un enfant aussi bien
Que sous les ordres de César. C'est pourquoi je le défie
De mettre à part ses brillants avantages
Et moi qui vieillis, de m'affronter épée contre épée
Et seul à seul : je vais le lui écrire ; suis-moi.

Il sort, accompagné du précepteur.

ENOBARBUS

Comme il est probable, oui, que César, menant ses armées,
Aille laisser là son heureuse chance et se montrer en spectacle,
Ferraillant contre un gladiateur ! Je le vois, les jugements des [hommes
Ne font qu'un avec leur fortune, et les circonstances extérieures
Entraînent la personne intérieure après elles,
Et la forcent à changer comme elles. Qu'il puisse rêver,
Sachant ce qu'il en est, que César en sa plénitude
Aille se mesurer à son vide ! César, tu as subjugué
Son jugement également.

Entre un serviteur.

LE SERVITEUR

Un messager de César.

CLÉOPÂTRE

Quoi, sans plus de cérémonie ? Voyez, mes femmes,
Devant la rose qui a fleuri ils bouchent leur nez,
Eux qui s'agenouillaient devant la rose en bouton. Qu'il entre.

Sort le serviteur.

ENOBARBUS

Mon honnêteté et moi commençons à nous quereller,
La loyauté gardée envers les fous fait de notre fidélité
Pure folie ; et pourtant celui qui peut supporter de suivre

To follow with allegiance a fall'n lord
Does conquer him that did his master conquer,
And earns a place i'th'story.

Enter Thidias.

CLEOPATRA

Cæsar's will?

THIDIAS

Hear it apart.

CLEOPATRA

None but friends: say boldly.

THIDIAS

So, haply, are they friends to Antony.

ENOBARBUS

He needs as many, sir, as Cæsar has,
Or needs not us. If Cæsar please, our master
Will leap to be his friend: for us, you know,
Whose he is we are, and that is Cæsar's.

THIDIAS

So.
Thus then, thou most renowned, Cæsar entreats
Not to consider in what case thou stand'st
Further than he is Cæsar.

CLEOPATRA

Go on: right royal.

THIDIAS

He knows that you embraced not Antony

En féale obéissance un seigneur tombé
Domine celui qui domina son maître,
Et mérite une place dans l'Histoire.

Entre Thidias.

CLÉOPÂTRE

La volonté de César?

THIDIAS

Ecoute-la sans témoin.

CLÉOPÂTRE

Il n'y a ici que des amis, parle hardiment.

THIDIAS

Peut-être sont-ils amis d'Antoine aussi.

ENOBARBUS

Il a besoin d'autant d'amis, monsieur, qu'en a César,
Ou bien nous lui sommes inutiles. Si César le veut bien, notre maître
S'empressera d'être son ami; pour nous, vous le savez,
Nous le sommes de qui il l'est, c'est-à-dire de César.

THIDIAS

Bien.

Ainsi donc, toi la très illustre, César t'adjure
De considérer, quelle que soit ta position,
Ce fait seulement, qu'il est César.

CLÉOPÂTRE

Continue; le message est d'un roi.

THIDIAS

Il sait que vous avez embrassé Antoine

As you did love, but as you feared him.

CLEOPATRA

O!

THIDIAS

The scars upon your honour therefore he
Does pity as constrainéd blemishes,
Not as deserved.

CLEOPATRA

He is a god and knows
What is most right: mine honour was not yielded,
But conquered merely.

ENOBARBUS

To be sure of that,
I will ask Antony. Sir, sir, thou art so leaky
That we must leave thee to thy sinking, for
Thy dearest quit thee.

[He goes out.

THIDIAS

Shall I say to Cæsar
What you require of him? for he partly begs
To be desired to give. It much would please him,
That of his fortunes you should make a staff
To lean upon. But it would warm his spirits,
To hear from me you had left Antony,
And put yourself under his shroud,
The universal landlord.

CLEOPATRA

What's your name?

Non selon que vous l'aimiez, mais selon que vous le craigniez.

CLÉOPÂTRE

Oh!

THIDIAS

Il a pitié par conséquent des cicatrices de votre honneur
Comme de taches qui vous furent imposées
Et que vous n'aviez point méritées.

CLÉOPÂTRE

C'est un dieu, et il connaît
Ce qui est pure vérité : mon honneur ne fut pas cédé de bonne grâce
Mais subjugué uniquement.

ENOBARBUS

Pour m'assurer de cela,
J'interrogerai Antoine. Seigneur, seigneur, tu te délabres à tel point
Qu'il nous faut te laisser à ton naufrage, car voici
Ta bien-aimée qui t'abandonne.

Il sort.

THIDIAS

Dirai-je à César
Ce que vous souhaitez de lui? Car pour une part il implore
Que vous désiriez ses dons. Il lui plairait grandement
Que de ses prospérités vous vous fassiez un bâton
Sur lequel vous appuyer. Mais chaleureux serait son cœur
S'il apprenait de moi que vous avez quitté Antoine
Et vous êtes placée sous sa protection,
A lui, maître de l'univers.

CLÉOPÂTRE

Quel est ton nom?

THIDIAS

My name is Thidias.

CLEOPATRA

Most kind messenger,
Say to great Cæsar this : in disputation
I kiss his conqu'ring hand : tell him, I am prompt
To lay my crown at's feet, and there to kneel :
Tell him, from his all-obeying breath I hear
The doom of Egypt.

THIDIAS

'Tis your noblest course.
Wisdom and fortune combating together,
If that the former dare but what it can,
No chance may shake it. Give me grace to lay
My duty on your hand.

CLEOPATRA

Your Cæsar's father oft
(When he hath mused of taking kingdoms in)
Bestowed his lips on that unworthy place,
As it rained kisses.

[*gives her hand.*
Re-enter Antony and Enobarbus.

ANTONY

Favours, by Jove that thunders!
What art thou, fellow?

THIDIAS

One that but performs
The bidding of the fullest man and worthiest
To have command obeyed.

THIDIAS

Mon nom est Thidias.

CLÉOPÂTRE

Très aimable messager,
Dis au grand César ceci : en guise de querelle
Je baise sa main conquérante; déclare-lui que je m'empresse
De mettre à ses pieds ma couronne, et de m'agenouiller.
Déclare-lui que de sa bouche à qui tout obéit, j'attends
La sentence d'Egypte.

THIDIAS

Vous ne pouviez tenir plus noble conduite.
Quand sagesse et fortune se livrent combat,
Si la première ose seulement ce qu'elle peut,
Nul hasard ne saurait l'ébranler. Accordez-moi la grâce de déposer
Mon hommage sur votre main.

CLÉOPÂTRE

Le père de votre César, maintes fois,
(Alors qu'il rêvait aux royaumes à conquérir),
A favorisé de ses lèvres cette place indigne,
Et fait pleuvoir là les baisers.

Elle lui donne sa main.
Rentrent Antoine et Enobarbus.

ANTOINE

Des faveurs, par Jupiter tonnant!
Qui es-tu, l'homme?

THIDIAS

Un qui ne fait qu'exécuter
Les ordres du plus accompli des hommes et du plus digne
De voir ses commandements suivis.

ENOBARBUS

You will be whipped.

ANTONY [*shouts*]

Approach, there! [*to Cleopatra*] Ah, you kite! [*pause*]
Now, gods and devils!
Authority melts from me. Of late when I cried 'Ho!'
Like boys unto a muss, kings would start forth,
And cry 'Your will?'

Enter Attendants in haste.

Have you no ears?
I am Antony yet. Take hence this Jack, and whip him.

ENOBARBUS

'Tis better playing with a lion's whelp
Than with an old one dying.

ANTONY

Moon and stars!
Whip him! Were't twenty of the greatest tributaries
That do acknowledge Cæsar, should I find them
So saucy with the hand of she here—what's her name
Since she was Cleopatra? Whip him, fellows,
Till like a boy you see him cringe his face,
And whine aloud for mercy. Take him hence.

THIDIAS

Mark Antony—

ANTONY

Tug him away: being whipped,
Bring him again. This Jack of Cæsar's shall
Bear us an errand to him.

[*Attendants drag Thidias forth.*

ENOBARBUS

Vous serez fouetté.

ANTOINE, *d'une voix retentissante.*

Approche, toi! *(silence)*
(à Cléopâtre) Ah, goule! Eh bien, dieux et démons!
Mon autorité fond comme neige. Naguère, si je criais « Ho! »
Les rois, comme des gamins après les sous, bondissaient
Et s'écriaient: « Votre désir? »

Entrent en hâte des serviteurs.

Avez-vous des oreilles?
Je suis Antoine encore. Emmenez ce jean-foutre, et fouettez-le.

ENOBARBUS

Mieux vaut jouer avec un lionceau
Qu'avec un vieux lion mourant.

ANTOINE

Par la lune et les étoiles!
Fouettez-le! Quand ce serait vingt des plus grands tributaires
Qui reconnaissent César, si je les trouvais
Si insolents avec la main de celle, ici... quel est son nom
Depuis qu'elle fut Cléopâtre? Fouettez-le, amis,
Jusqu'à ce que comme un écolier vous le voyiez grimacer,
Et qu'il geigne haut, pour demander grâce. Emmenez-le d'ici.

THIDIAS

Marc-Antoine...

ANTOINE

Traînez-le hors d'ici; quand il sera fouetté,
Ramenez-le. Il faut que ce jean-foutre à César
Lui porte une commission de nous.

Des serviteurs entraînent Thidias.

You were half blasted ere I knew you... Ha!
Have I my pillow left unpressed in Rome,
Forborne the getting of a lawful race,
And by a gem of women, to be abused
By one that looks on feeders?

CLEOPATRA

Good my lord—

ANTONY

You have been a boggler ever:
But when we in our viciousness grow hard—
O misery on't—the wise gods seel our eyes,
In our own filth drop our clear judgements, make us
Adore our errors, laugh at's while we strut
To our confusion.

CLEOPATRA

O, is't come to this?

ANTONY

I found you as a morsel cold upon
Dead Cæsar's trencher; nay, you were a fragment
Of Gnaeus Pompey's; besides what hotter hours,
Unregistered in vulgar fame, you have
Luxuriously picked out: for I am sure,
Though you can guess what temperance should be,
You know not what it is.

CLEOPATRA

Wherefore is this?

ANTONY

To let a fellow that will take rewards
And say 'God quit you!' be familiar with
My playfellow, your hand, this kingly seal

Vous, demi-flétrie quand je ne vous connaissais pas encore... Ha!
Ai-je, à Rome, laissé mon lit sans le fouler,
Négligé d'engendrer une descendance légitime,
Et de la merveille des femmes, pour être bafoué
Par une que les valets attirent?

CLÉOPÂTRE

Monseigneur...

ANTOINE

Toujours vous avez été prompte aux écarts :
Mais si nous nous endurcissons dans notre vice —
Ô misérable état! — les dieux sages alors nous aveuglent,
Dans notre propre boue ils noient notre esprit lucide, ils nous font
Adorer nos erreurs, et rient de nous qui nous en allons
Fiers et contents à notre ruine.

CLÉOPÂTRE

Ô, en sommes-nous là?

ANTOINE

Je vous ai trouvée comme un morceau refroidi
Dans l'écuelle de César mort; un restant, même,
Du repas de Cnaeus Pompée, et combien de chaudes heures
Non ébruitées dans le vulgaire vous êtes-vous encore
En votre paillardise octroyées : car, j'en suis sûr,
Bien que vous deviniez peut-être ce que serait la chasteté,
Vous ne savez pas ce qu'elle est.

CLÉOPÂTRE

Pourquoi ces choses?

ANTOINE

Laisser prendre à un homme qui empocherait salaire
En disant : « Dieu vous le rende! » des privautés avec
La compagne de mes jeux, votre main, ce sceau royal

And plighter of high hearts! O, that I were
Upon the hill of Basan, to outroar
The hornéd herd! for I have savage cause;
And to proclaim it civilly, were like
A haltered neck which does the hangman thank
For being yare about him.

Re-enter Attendants with Thidias.

Is he whipped?

1 ATTENDANT

Soundly, my lord.

ANTONY

Cried he? and begged a' pardon?

1 ATTENDANT

He did ask favour.

ANTONY

If that thy father live, let him repent
Thou wast not made his daughter; and be thou sorry
To follow Cæsar in his triumph, since
Thou hast been whipped for following him: henceforth
The white hand of a lady fever thee,
Shake thou to look on't. Get thee back to Cæsar,
Tell him thy entertainment: look thou say
He makes me angry with him. For he seems
Proud and disdainful, harping on what I am,
Not what he knew I was. He makes me angry,
And at this time most easy 'tis to do't:
When my good stars that were my former guides
Have empty left their orbs and shot their fires
Into th'abysm of hell. If he mislike
My speech and what is done, tell him he has
Hipparchus, my enfranchéd bondman, whom

Garant de nobles cœurs ! Oh, que ne suis-je
Sur la colline de Basan, je mugirais plus fort
Que tout le troupeau cornu ! car ma rage est d'une bête sauvage,
Et la proclamer en mots honnêtes, ce serait
Pour une tête passée dans la corde remercier le bourreau
D'avoir fait si vite avec elle.

Rentrent les serviteurs avec Thidias.

L'a-t-on fouetté ?

PREMIER SERVITEUR

Solidement, monseigneur.

ANTOINE

Pleurait-il ? Mendiait-il pitié ?

PREMIER SERVITEUR

Il a demandé grâce.

ANTOINE

Si ton père est vivant, qu'il se repente
De ne t'avoir pas fait fille ; et regrette, toi,
De suivre César en son triomphe, car c'est
Pour l'avoir suivi qu'on t'a fouetté ; et désormais
Si la blanche main d'une dame te met en fièvre,
Tremble d'y lever les yeux. Retourne à César,
Raconte-lui comment l'on t'a reçu ; dis-lui bien
Qu'il me rend furieux contre lui. Car il semble
Orgueilleux et plein de dédain, toujours insistant sur ce que je suis,
Non sur ce qu'il a su que j'étais. Il me rend furieux,
Et rien n'est plus facile à faire en ce moment
Quand mes bonnes étoiles, naguère mes guides,
Ont déserté leur sphère et précipité leurs feux
Dans l'abîme infernal. Si mes propos
Et ce qui vient d'être fait lui déplaisent, dis-lui qu'il a
Hipparque, mon esclave affranchi, qu'il peut, à son gré,

He may at pleasure whip, or hang, or torture,
As he shall like, to quit me. Urge it thou:
Hence with thy stripes, be gone!

[*Thidias goes.*

CLEOPATRA

Have you done yet?

ANTONY

Alack, our terrene moon
Is now eclipsed, and it portends alone
The fall of Antony.

CLEOPATRA

I must stay his time.

ANTONY

To flatter Cæsar, would you mingle eyes
With one that ties his points?

CLEOPATRA

Not know me yet?

ANTONY

Cold-hearted toward me?

CLEOPATRA

Ah, dear, if I be so,
From my cold heart let heaven engender hail,
And poison it in the source, and the first stone
Drop in my neck: as it determines, so
Dissolve my life! the next Cæsarion smite!
Till by degrees the memory of my womb,

Fouetter, ou pendre, ou supplicier,
Comme il voudra, pour me payer de retour. Hâte-toi;
Hors d'ici, l'homme aux étrivières, va-t'en!

Sort Thidias.

CLÉOPÂTRE

N'est-ce point fini?

ANTOINE

Hélas, notre terrestre lune
Maintenant est éclipsée, et cela seul présage
La chute d'Antoine.

CLÉOPÂTRE

Patience avec lui.

ANTOINE

Pour flatter César, échangeriez-vous des œillades
Avec qui lui lace son pourpoint?

CLÉOPÂTRE

Ne me connaissez-vous pas encore?

ANTOINE

Ce cœur de glace envers moi?

CLÉOPÂTRE

Ah, bien-aimé, si je suis ainsi,
De mon cœur de glace que le ciel engendre la grêle,
Et l'empoisonne en sa source, et que le premier grêlon
Me frappe à la nuque, et fondant là
Qu'il dissolve ma vie! Que le suivant frappe Césarion!
Et qu'ainsi les enfants de mes entrailles, un à un,

Together with my brave Egyptians all,
By the discandying of this pelleted storm
Lie graveless, till the flies and gnats of Nile
Have buried them for prey!

ANTONY

I am satisfied.
Cæsar sits down in Alexandria, where
I will oppose his fate. Our force by land
Hath nobly held, our severed navy too
Have knit again, and fleet, threat'ning most sea-like.
Where hast thou been, my heart? Dost thou hear, lady?
If from the field I shall return once more
To kiss these lips, I will appear in blood;
I and my sword will earn our chronicle.
There's hope in't yet.

CLEOPATRA

That's my brave lord!

ANTONY

I will be treble-sinewed, hearted, breathed,
And fight maliciously: for when mine hours
Were nice and lucky, men did ransom lives
Of me for jests; but now I'll set my teeth,
And send to darkness all that stop me. Come,
Let's have one other gaudy night: call to me
All my sad captains; fill our bowls once more:
Let's mock the midnight bell.

CLEOPATRA

It is my birth-day,
I had thought t'have held it poor. But since my lord
Is Antony again, I will be Cleopatra.

ANTONY

We will yet do well.

Avec tous mes vaillants Egyptiens,
En la fonte de cet ouragan de glaçons, gisent sans sépulture,
Jusqu'à ce que les mouches et les moustiques du Nil
Ensevelissent leur proie dévorée!

ANTOINE

Je suis rassuré.
César campe dans Alexandrie, où je veux
Contrebattre son destin. Notre armée de terre
A tenu superbement, nos vaisseaux dispersés
Ont rejoint la flotte aussi, dont le fier arroi menace.
Où étais-tu, mon courage? Dame, écoute bien.
Si je reviens une fois de plus de la bataille
Pour baiser ces lèvres, j'apparaîtrai couvert de sang.
Moi et mon épée, nous mériterons notre chronique.
L'espoir n'est pas perdu.

CLÉOPÂTRE

Voilà bien mon vaillant seigneur!

ANTOINE

J'aurai triple vigueur, et cœur, et souffle,
Et me battrai férocement : car au temps où j'avais
Chance et plaisir, on rachetait sa vie auprès de moi
Par un bon mot, mais aujourd'hui je veux, mâchoires serrées,
Envoyer à l'Hadès tous ceux qui m'arrêteront. Allons,
Prenons une nuit de liesse encore; appelez à moi
Tous mes désolés capitaines; une fois de plus emplissons nos [coupes;
Et que sonne minuit, nous nous en moquerons.

CLÉOPÂTRE

C'est aujourd'hui mon anniversaire,
Je pensais pauvrement le célébrer. Mais puisque mon seigneur
Est Antoine à nouveau, je serai Cléopâtre.

ANTOINE

Nous pouvons bien faire encore.

CLEOPATRA

Call all his noble captains to my lord.

ANTONY

Do so, we'll speak to them, and to-night I'll force
The wine peep through their scars. Come on, my queen;
There's sap in't yet. The next time I do fight
I'll make death love me; for I will contend
Even with his pestilent scythe.

[*they go.*

ENOBARBUS

Now he'll outstare the lightning. To be furious
Is to be frighted out of fear, and in that mood
The dove will peck the estridge; and I see still
A diminution in our captain's brain
Restores his heart: when valour preys on reason,
It eats the sword it fights with. I will seek
Some way to leave him.

[*he follows.*

CLÉOPÂTRE

Appelez auprès de monseigneur tous ses nobles capitaines.

ANTOINE

Oui, nous voulons leur parler, et ce soir j'entends que le vin
Filtre à travers leurs cicatrices. Venez, ma reine,
Toute sève n'est pas morte. Au prochain combat que je livre,
J'obligerai la mort à m'aimer; car je peux rivaliser
Même avec sa faulx pestifère.

Ils sortent.

ENOBARBUS

Il veut maintenant décontenancer la foudre. Etre fou de rage
C'est perdre la peur à force d'effroi, et dans cette humeur
La colombe becquetterait l'autruche; et je vois, enfin,
Qu'une diminution de cervelle chez notre capitaine
Lui rend son grand cœur; quand la vaillance dévore la raison,
Elle mange l'épée qu'il lui faut pour lutter. Je vais chercher
Quelque moyen de le quitter.

Il sort à leur suite.

ACTE IV

[IV, 1.]

BEFORE ALEXANDRIA

Enter CÆSAR, AGRIPPA, *and* MÆCENAS, *WITH ARMY;* CÆSAR *reading a letter.*

CÆSAR

He calls me boy, and chides as he had power
To beat me out of Egypt; my messenger
He hath whipped with rods; dares me to personal combat,
Cæsar to Antony. Let the old ruffian know
I have many other ways to die; meantime
Laugh at his challenge.

MÆCENAS

Cæsar must think,
When one so great begins to rage, he's hunted
Even to falling. Give him no breath, but now
Make boot of his distraction. Never anger
Made good guard for itself.

SCÈNE PREMIÈRE

DEVANT ALEXANDRIE

Entrent CÉSAR, AGRIPPA *et* MÉCÈNE, *avec leur armée.* CÉSAR *lit une lettre.*

CÉSAR

Il m'appelle un gamin, et me réprimande, comme s'il pouvait
Me fouetter et me chasser d'Egypte; il a fait
Battre de verges mon messager; il me défie en combat singulier.
César contre Antoine. Qu'il sache, le vieux spadassin,
Que j'ai d'autres moyens de mourir; en attendant
Je me ris de son défi.

MÉCÈNE

César doit bien penser
Que lorsqu'un homme aussi grand commence à rager, c'est qu'il est par l'adversaire
Réduit aux abois. Ne le laisse pas souffler, mais dès maintenant
Mets à profit son égarement. Jamais colère
N'a fait bonne garde sur soi-même.

CÆSAR

Let our best heads
Know that to-morrow the last of many battles
We mean to fight. Within our files there are,
Of those that served Mark Antony but late,
Enough to fetch him in. See it done:
And feast the army; we have store to do't,
And they have earned the waste. Poor Antony!

[*they go.*

[IV, 2.]

ALEXANDRIA. CLEOPATRA'S PALACE

Enter ANTONY, CLEOPATRA, ENOBARBUS, CHARMIAN, IRAS, ALEXAS, *with others.*

ANTONY

He will not fight with me, Domitius?

ENOBARBUS

No.

ANTONY

Why should he not?

ENOBARBUS

He thinks, being twenty times of better fortune,
He is twenty men to one.

ANTONY

To-morrow soldier,
By sea and land I'll fight: or I will live,
Or bathe my dying honour in the blood

CÉSAR

A nos meilleurs officiers, faites savoir
Que demain, nous entendons livrer la dernière
De maintes batailles. Ceux qui naguère encore servaient Antoine
Sont assez nombreux dans nos rangs
Pour l'investir. Que cela soit fait;
Et régalez l'armée; nous avons des vivres en suffisance
Et ils ont mérité bombance. Pauvre Antoine!

Ils sortent.

SCÈNE II

ALEXANDRIE. LE PALAIS DE CLÉOPÂTRE

Entrent ANTOINE, CLÉOPÂTRE, ENOBARBUS, CHARMIAN, IRAS, ALEXAS, *et d'autres.*

ANTOINE

Il ne veut pas se battre avec moi, Domitius?

ENOBARBUS

Non.

ANTOINE

Pourquoi pas?

ENOBARBUS

Il est d'avis qu'ayant vingt fois meilleure chance,
Ce serait se battre à vingt contre un.

ANTOINE

Demain, soldat,
Sur terre et sur mer je bataillerai : ou je vivrai,
Ou mon sang qui baignera mon honneur mourant

Shall make it live again. Woo't thou fight well?

ENOBARBUS

I'll strike, and cry 'Take all'.

ANTONY

Well said. Come on:
Call forth my household servants: let's to-night
Be bounteous at our meal.

Enter three or four Servitors.

Give me thy hand,
Thou hast been rightly honest, so hast thou,
Thou, and thou, and thou: you have served me well,
And kings have been your fellows.

CLEOPATRA

What means this?

ENOBARBUS

'Tis one of those odd tricks which sorrow shoots
Out of the mind.

ANTONY

And thou art honest too.
I wish I could be made so many men,
And all of you clapped up together in
An Antony, that I might do you service
So good as you have done.

ALL

The gods forbid!

Le ressuscitera. Toi, combattras-tu bien ?

ENOBARBUS

Droit à l'ennemi, et mon cri : « Va tout ! »

ANTOINE

C'est bien parlé. Allons :
Appelle les gens de ma maison ; faisons ce soir
Largesses à notre table.

Entrent trois ou quatre serviteurs.

Donne-moi ta main,
Tu t'es montré droit et loyal, et toi aussi,
Et toi, et toi, et toi : vous m'avez bien servi,
Et vous aviez des rois pour compagnons.

CLÉOPÂTRE

Que signifie ?

ENOBARBUS

C'est l'un de ces étranges caprices que le chagrin
Fait jaillir de l'esprit.

ANTOINE

Et toi tu es honnête aussi.
Je voudrais me changer en autant d'hommes que vous êtes là,
Et que vous tous fussiez réunis en un seul
Antoine, afin de pouvoir vous servir
Aussi bien que vous avez fait.

TOUS

Par les dieux, non !

ANTONY

Well, my good fellows, wait on me to-night:
Scant not my cups, and make as much of me
As when mine empire was your fellow too
And suffered my command.

CLEOPATRA

What does he mean?

ENOBARBUS

To make his followers weep.

ANTONY

Tend me to-night;
May be it is the period of your duty;
Haply you shall not see me more, or if,
A mangled shadow. Perchance to-morrow
You'll serve another master. I look on you
As one that takes his leave. Mine honest friends,
I turn you not away; but, like a master
Married to your good service, stay till death:
Tend me to-night two hours, I ask no more,
And the gods yield you for't!

ENOBARBUS

What mean you, sir,
To give them this discomfort? Look, they weep,
And I, an ass, am onion-eyed: for shame,
Transform us not to women.

ANTONY

Ho, ho, ho!
Now the witch take me, if I meant it thus!
Grace grow where those drops fall! My hearty friends,

ANTOINE

Eh bien, mes fidèles, entourez-moi ce soir :
Ne ménagez pas mes coupes, et faites-moi honneur
Comme si mon empire était votre compagnon
Et qu'il obéît à mes ordres.

CLÉOPÂTRE

Que veut-il donc ?

ENOBARBUS

Faire pleurer ses compagnons.

ANTOINE

Servez-moi ce soir ;
Il se peut que votre devoir touche à sa fin ;
Vous ne me reverrez plus peut-être, ou ce sera
Comme une ombre mutilée. Demain, qui sait ?
Vous servirez un autre maître. Je vous regarde
Comme un homme qui fait ses adieux. Mes fidèles amis,
Je ne vous congédie point ; je suis un maître
Marié à vos bons services, et le resterai jusqu'à la mort :
Servez-moi ce soir, deux heures, je n'en demande pas plus,
Et les dieux vous en récompensent !

ENOBARBUS

Y pensez-vous, messire,
Leur donner ce déconfort ! Voyez, ils pleurent,
Et moi, bourrique, mes yeux se mouillent : fi donc !
Ne nous transformez pas en femme.

ANTOINE

Ho, ho, ho !
Les sorcières m'emportent, si c'était là ce que je voulais !
Où tombent ces larmes, la faveur des dieux fleurisse ! Mes chauds
[amis,

You take me in too dolorous a sense;
For I spake to you for your comfort, did desire you
To burn this night with torches : know, my hearts,
I hope well of to-morrow, and will lead you
Where rather I'll expect victorious life
Than death and honour. Let's to supper, come,
And drown consideration.

[*they go.*

[IV, 3.]

THE SAME. A PLATFORM BEFORE THE PALACE

Enter a company of Soldiers.

1 SOLDIER

Brother, good night : to-morrow is the day.

2 SOLDIER

It will determine one way : fare you well.
Heard you nothing strange about the streets?

1 SOLDIER

Nothing : what news?

2 SOLDIER

Belike 'tis but a rumour. Good night to you.

1 SOLDIER

Well, sir, good night.

They meet other Soldiers.

Vous m'entendez en un sens trop mélancolique,
Car je parlais pour vous donner courage, mon désir était
Que vous incendiiez cette nuit de torches; sachez-le, mes vaillants,
J'ai bon espoir pour demain, et veux vous conduire
Là où j'attends plutôt la vie et la victoire
Que la mort et l'honneur. Allons souper, venez,
Et noyons la réflexion.

Ils sortent.

SCÈNE III

MÊME LIEU. UNE ESPLANADE DEVANT LE PALAIS

Entre une compagnie de soldats.

PREMIER SOLDAT

Frère, bonne nuit : c'est demain le grand jour.

DEUXIÈME SOLDAT

Il tranchera tout dans un sens; au revoir.
Vous a-t-on point parlé de quelque chose d'étrange dans les rues?

PREMIER SOLDAT

Non, rien : quelles nouvelles?

DEUXIÈME SOLDAT

Ce n'est peut-être qu'un racontar. Bonne nuit, vous autres!

PREMIER SOLDAT

Eh bien, monsieur, bonne nuit.

Ils rencontrent d'autres soldats.

2 SOLDIER

Soldiers, have careful watch.

3 SOLDIER

And you. Good night, good night.

They place themselves in every corner of the platform.

4 SOLDIER

Here we: and if to-morrow
Our navy thrive, I have an absolute hope
Our landmen will stand up.

3 SOLDIER

'Tis a brave army,
And full of purpose.

[*strange music is heard beneath the ground.*

4 SOLDIER

Peace! what noise?

1 SOLDIER

List, list!

2 SOLDIER

Hark!

1 SOLDIER

Music i'th'air.

3 SOLDIER

Under the earth.

DEUXIÈME SOLDAT

Soldats, faites bonne garde.

TROISIÈME SOLDAT

Vous de même. Bonne nuit, bonne nuit.

Ils se postent dans chaque coin de l'esplanade.

QUATRIÈME SOLDAT

Vous ici : et si demain notre marine
Fait bien les choses, j'ai confiance absolument
Que notre infanterie tiendra le coup.

TROISIÈME SOLDAT

C'est une brave armée
Et pleine d'allant.

On entend une étrange musique sous terre.

QUATRIÈME SOLDAT

Silence! Quel est ce bruit?

PREMIER SOLDAT

Ecoutez! Ecoutez!

DEUXIÈME SOLDAT

Chut!

PREMIER SOLDAT

Une musique dans l'air.

TROISIÈME SOLDAT

Sous terre.

4 SOLDIER

It signs well, does it not?

3 SOLDIER

No.

1 SOLDIER

Peace, I say!
What should this mean?

2 SOLDIER

'Tis the god Hercules, whom Antony loved,
Now leaves him.

1 SOLDIER

Walk, let's see if other watchmen
Do hear what we do.

2 SOLDIER

How now, masters!

ALL [*speaking together*]

How now!
How now! Do you hear this?

1 SOLDIER

Ay, is't not strange?

3 SOLDIER

Do you hear, masters? do you hear?

1 SOLDIER

Follow the noise so far as we have quarter;

QUATRIÈME SOLDAT

C'est bon signe, n'est-ce pas ?

TROISIÈME SOLDAT

Non.

PREMIER SOLDAT

Silence, je vous dis !
Qu'est-ce que cela peut bien signifier ?

DEUXIÈME SOLDAT

C'est le dieu Hercule, aimé d'Antoine,
Qui l'abandonne.

PREMIER SOLDAT

Marchons, allons voir si d'autres sentinelles
Entendent comme nous.

DEUXIÈME SOLDAT

Eh bien, quoi, compagnons !

TOUS, *parlant ensemble.*

Hé quoi !
Hé quoi ! Entendez-vous cela ?

PREMIER SOLDAT

Oui, n'est-ce pas bizarre ?

TROISIÈME SOLDAT

Entendez-vous, compagnons ? Entendez-vous ?

PREMIER SOLDAT

Suivons le bruit aussi loin que notre tour de garde ;

Let's see how it will give off.

ALL

Content. 'Tis strange.

[*they move off.*

[IV, 4.]

CLEOPATRA'S PALACE

Enter ANTONY *and* CLEOPATRA, CHARMIAN *and others attending.*

ANTONY

Eros! mine armour, Eros!

CLEOPATRA

Sleep a little.

ANTONY

No, my chuck. Eros, come; mine armour, Eros!

Enter Eros with armour.

Come, good fellow, put thine iron on.
If fortune be not ours to-day, it is
Because we brave her : come.

CLEOPATRA

Nay, I'll help too.
What's this for?

ANTONY

Ah, let be, let be! thou art

Voyons comme il s'en ira.

TOUS

D'accord. C'est étrange.

Ils s'éloignent.

SCÈNE IV

LE PALAIS DE CLÉOPÂTRE

Entrent ANTOINE *et* CLÉOPÂTRE, *accompagnés de* CHARMIAN *et d'autres.*

ANTOINE

Eros, mon armure, Eros!

CLÉOPÂTRE

Dormez un peu.

ANTOINE

Non, mon amour, Eros, viens; mon armure, Eros!

Entre Eros, portant une armure.

Viens, mon brave, mets-moi cette cuirasse.
Si la fortune n'est pas nôtre aujourd'hui, ce sera
Parce que nous la défions; viens.

CLÉOPÂTRE

Mais, je veux aider aussi.
Que fait-on de ceci?

ANTOINE

Ah, laisse, laisse! Tu es

The armourer of my heart: false, false: this, this.

CLEOPATRA

Sooth, la, I'll help: thus it must be.

ANTONY

Well, well,
We shall thrive now. Seest thou, my good fellow?
Go put on thy defences.

EROS

Briefly, sir.

CLEOPATRA

Is not this buckled well?

ANTONY

Rarely, rarely:
He that unbuckles this, till we do please
To daff't for our repose, shall hear a storm.
Thou fumblest, Eros; and my queen's a squire
More tight at this than thou: dispatch. O love,
That thou couldst see my wars to-day, and knew'st
The royal occupation! thou shouldst see
A workman in't.

Enter an armed Soldier.

Good morrow to thee, welcome,
Thou look'st like him that knows a warlike charge:
To business that we love we rise betime,
And go to't with delight.

SOLDIER

A thousand, sir,
Early though't be, have on their riveted trim,
And at the port expect you.

L'armurière de mon cœur; non pas, non pas; comme ceci, comme [ceci.

CLÉOPÂTRE

Doucement, là! Je veux aider; ce doit être ainsi.

ANTOINE

Bien, c'est bien,
Cette fois nous ferons merveille. Vois-tu cela, mon brave?
Va mettre ta cuirasse.

EROS

A l'instant, messire.

CLÉOPÂTRE

N'est-ce pas bien agrafé?

ANTOINE

Fameusement, fameusement!
Celui qui débouclera ceci, avant qu'il nous plaise
De l'ôter pour notre repos, entendra souffler une tempête.
Tu t'y prends mal, Eros, et ma reine est un écuyer
Plus leste à la besogne que toi : fais vite. Ô mon amour,
Que ne peux-tu me voir batailler aujourd'hui, et connaître
La besogne des rois! Tu verrais
Un ouvrier à l'ouvrage.

Entre un soldat en armes.

Bonjour, sois le bienvenu,
Tu as l'air de celui qui porte message guerrier :
Pour la tâche que nous aimons, nous nous levons de bonne heure,
Et nous y mettons avec joie.

LE SOLDAT

Un millier d'hommes, messire,
Si bon matin qu'il soit, sont bardés de fer
Et vous attendent aux portes de la ville.

[shout. Trumpets flourish.
Enter Captains and Soldiers.

CAPTAIN

The morn is fair. Good morrow, general.

ALL

Good morrow, general.

ANTONY

'Tis well blown, lads:
This morning, like the spirit of a youth
That means to be of note, begins betimes.
So, so; come, give me that: this way—well said!
Fare thee well, dame; whate'er becomes of me,
This is a soldier's kiss: rebukeable

[kisses her.

And worthy shameful check it were, to stand
On more mechanic compliment. I'll leave thee
Now like a man of steel. You that will fight,
Follow me close; I'll bring you to't. Adieu.

[they go, leaving Cleopatra and Charmian behind.

CHARMIAN

Please you, retire to your chamber?

CLEOPATRA

Lead me.
He goes forth gallantly. That he and Cæsar might
Determine this great war in single fight!
Then Antony—but now—Well, on.

[they retire within.

Clameurs. Fanfares de trompettes.
Entrent des capitaines et des soldats.

UN CAPITAINE

La matinée est belle. Bonjour, général.

TOUS

Bonjour, général.

ANTOINE

C'est l'aube épanouie, mes amis;
Ce matin, comme un jeune courage
Qui veut la renommée, commence de bonne heure.
Bien, bien; allons, donne-moi ceci; comme cela, ... parfait!
Adieu, madame; quoi qu'il advienne de moi,
Ce baiser est d'un soldat. *(Il l'embrasse.)* Ce serait mériter blâme
Et honteux reproche que s'arrêter
A plus vulgaire compliment. Je te quitte
Tel un homme tout de fer à présent. Vous qui voulez combattre,
Suivez mes pas; je vous y mène. Adieu.

Ils sortent, laissant derrière eux Cléopâtre et Charmian.

CHARMIAN

Vous plaît-il de vous retirer dans votre chambre?

CLÉOPÂTRE

Conduis-moi.
Il s'en va comme un brave. S'ils avaient pu, lui et César,
Trancher cette grande guerre en combat singulier!
Antoine alors... mais à présent... Allons, viens.

Elles se retirent.

[IV, 5.]

BEFORE ALEXANDRIA

Trumpets sound. Enter ANTONY *and* EROS; *a Soldier meeting them.*

SOLDIER

The gods make this a happy day to Antony!

ANTONY

Would thou and those thy scars had once prevailed
To make me fight at land!

SOLDIER

Hadst thou done so,
The kings that have revolted and the soldier
That has this morning left thee would have still
Followed thy heels.

ANTONY

Who's gone this morning?

SOLDIER

Who!
One ever near thee: call for Enobarbus,
He shall not hear thee, or from Cæsar's camp
Say 'I am none of thine'.

ANTONY

What sayest thou?

SOLDIER

Sir,
He is with Cæsar.

SCÈNE V

DEVANT ALEXANDRIE

Sonnerie de trompettes. Entrent ANTOINE *et* EROS ; *un soldat vient à leur rencontre.*

LE SOLDAT

Fassent les dieux que ce jour soit heureux pour Antoine.

ANTOINE

Je voudrais que toi et tes blessures m'eussiez naguère persuadé
De livrer combat sur terre.

LE SOLDAT

Si tu l'avais fait,
Les rois qui se sont révoltés et le soldat
Qui t'a ce matin abandonné
Marcheraient encore dans tes pas.

ANTOINE

Qui m'a ce matin abandonné ?

LE SOLDAT

Qui ?
Un qui toujours était près de toi : appelle Enobarbus,
Il ne t'entendra pas, ou bien, du camp de César,
Dira : « Je ne suis pas des tiens. »

ANTOINE

Que dis-tu ?

LE SOLDAT

Messire,
Il est avec César.

EROS

Sir, his chests and treasure
He has not with him.

ANTONY

Is he gone?

SOLDIER

Most certain.

ANTONY

Go, Eros, send his treasure after; do it;
Detain no jot, I charge thee : write to him—
I will subscribe—gentle adieus and greetings;
Say that I wish he never find more cause
To change a master. O, my fortunes have
Corrupted honest men! Dispatch. Enobarbus!

[*they go.*

[IV, 6.]

Flourish. Enter in haste CÆSAR *with* AGRIPPA, ENOBARBUS, *and others.*

CÆSAR

Go forth, Agrippa, and begin the fight :
Our will is Antony be took alive;
Make it so known.

AGRIPPA

Cæsar, I shall.

[*goes.*

EROS

Messire, ses coffres et son trésor
Sont restés ici.

ANTOINE

Est-il parti ?

LE SOLDAT

Rien de plus certain.

ANTOINE

Va, Eros, envoie son trésor après lui ; fais-le ;
Ne retiens pas un liard, je te l'ordonne ; écris-lui...
Je signerai... une lettre de bons adieux et nos saluts ;
Mon souhait, dis-le-lui, est qu'il n'ait jamais plus grand motif
De changer de maître. Ah, mes destinées
Ont corrompu d'honnêtes hommes ! Fais vite. Enobarbus !

Ils sortent.

SCÈNE VI

Fanfare. Entrent en hâte CÉSAR *avec* AGRIPPA, ENOBARBUS, *et d'autres.*

CÉSAR

Va de l'avant, Agrippa, et ouvre le combat ;
Notre volonté est qu'Antoine soit pris vivant,
Fais-la connaître.

AGRIPPA

J'y vais, César.

Il sort.

CÆSAR

The time of universal peace is near:
Prove this a prosp'rous day, the three-nooked world
Shall bear the olive freely.

Enter a Messenger.

MESSENGER

Antony
Is come into the field.

CÆSAR

Go charge Agrippa
Plant those that have revolted in the vant,
That Antony may seem to spend his fury
Upon himself.

[*all but Enobarbus hurry forth.*

ENOBARBUS

Alexas did revolt, and went to Jewry on
Affairs of Antony; there did dissuade
Great Herod to incline himself to Cæsar
And leave his master Antony: for this pains
Cæsar hath hanged him. Canidius and the rest
That fell away have entertainment, but
No honourable trust. I have done ill,
Of which I do accuse myself so sorely
That I will joy no more.

Enter a Soldier of Cæsar's.

SOLDIER

Enobarbus, Antony
Hath after thee sent all thy treasure, with
His bounty overplus. The messenger

CÉSAR

Le temps de la paix universelle est proche :
Que ce jour nous soit favorable, et dans le monde tripartite
L'olivier librement fleurira.

Entre un messager.

LE MESSAGER

Antoine
Marche au combat.

CÉSAR

Va donner l'ordre à Agrippa
De placer les transfuges en première ligne,
Afin qu'Antoine ait l'air de passer sa fureur
Sur lui-même.

Tous sortent en hâte, sauf Enobarbus.

ENOBARBUS

Alexas s'est révolté, alors qu'il était chez les Juifs,
Chargé de mission par Antoine, et là, persuada
Le grand Hérode de se ranger à César
Et de quitter son maître Antoine : pour ces peines,
César le fit pendre. Canidius, et les autres
Qui désertèrent, ont emploi, mais ne sont
Honorés d'aucune confiance. J'ai mal agi
Et de cela je me fais si cruellement reproche
Qu'à tout jamais je suis malheureux.

Entre un soldat de César.

LE SOLDAT

Enobarbus, Antoine
A envoyé après toi tout ton trésor, avec
Ses dons à lui par surcroît. Le messager

Came on my guard, and at thy tent is now
Unloading of his mules.

ENOBARBUS

I give it you.

SOLDIER

Mock not, Enobarbus,
I tell you true: best you safed the bringer
Out of the host; I must attend mine office,
Or would have done't myself. Your emperor
Continues still a Jove.

[*he goes.*

ENOBARBUS

I am alone the villain of the earth,
And feel I am so most. O Antony,
Thou mine of bounty, how wouldst thou have paid
My better service, when my turpitude
Thou dost so crown with gold! This blows my heart:
If swift thought break it not, a swifter mean
Shall outstrike thought: but thought will do't, I feel.
I fight against thee! No, I will go seek
Some ditch wherein to die; the foul'st best fits
My latter part of life.

[*he goes.*

[IV, 7.]

Alarum. Drums and trumpets. Enter AGRIPPA *and others.*

AGRIPPA

Retire, we have engaged ourselves too far:
Cæsar himself has work, and our oppression
Exceeds what we expected.

[*they retire.*
Alarums. Enter Antony, and Scarus wounded.

Est venu comme j'étais de garde; il est à présent devant ta tente
Et décharge ses mulets.

ENOBARBUS

Je vous le donne.

LE SOLDAT

Ne raillez pas, Enobarbus,
Je vous dis vrai : le mieux serait que vous reconduisiez le porteur
Sain et sauf hors des lignes; je dois être à mon poste,
Sinon je l'aurais fait moi-même. Votre Imperator
N'a pas fini d'être un Jupiter.

Il sort.

ENOBARBUS

Je suis le scélérat de la terre,
Et nul n'en souffre plus que moi. Antoine,
Ô fontaine de bonté, de quoi n'aurais-tu point payé
Mon meilleur service, si ma turpitude
Est par toi couronnée d'or! J'ai le cœur lourd à en mourir :
Si le prompt désespoir ne le brise, un plus prompt moyen
Devancera le désespoir; mais, je le sens, le désespoir
Y suffira. Moi, te combattre! Non, je veux chercher
Quelque fossé où mourir; le plus puant convient le mieux
A la dernière part de ma vie.

Il sort.

SCÈNE VII

Une alerte. Tambours et trompettes. Entrent AGRIPPA *et d'autres.*

AGRIPPA

Reculons, nous nous sommes engagés trop avant;
César lui-même est en difficulté, et la pression de l'ennemi
Dépasse ce que nous attendions.

Ils reculent.
Alertes. Entrent Antoine et Scarus, blessé.

SCARUS

O my brave emperor, this is fought indeed!
Had we done so at first, we had droven them home
With clouts about their heads.

ANTONY

Thou bleed'st apace.

SCARUS

I had a wound here that was like a 't',
But now 'tis made an 'h'.

[*retreat sounded afar off.*

ANTONY

They do retire.

SCARUS

We'll beat 'em into bench-holes. I have yet
Room for six scotches more.

Enter Eros.

EROS

They are beaten, sir, and our advantage serves
For a fair victory.

SCARUS

Let us score their backs
And snatch 'em up, as we take hares, behind:
'Tis sport to maul a runner.

SCARUS

Ô mon vaillant Imperator, voilà qui s'appelle combattre!
Eussions-nous fait ainsi d'abord, nous les aurions chassés chez eux
La tête dans les pansements.

ANTOINE

Tu saignes à flot.

SCARUS

Ma blessure ici était comme un T,
Elle est maintenant comme un H.

La retraite sonne au loin.

ANTOINE

Ils se replient.

SCARUS

Nous allons les battre jusque dans leurs chiottes. J'ai de la
Place pour six entailles de plus.

Entre Eros.

EROS

Ils sont battus, messire, et c'est assez de notre avantage
Pour nous donner une belle victoire.

SCARUS

Taillons-leur des croupières
Et attrapons-les par-derrière, comme les lapins,
C'est un jeu d'esquinter un fuyard.

ANTONY

I will reward thee
Once for thy sprightly comfort, and ten-fold
For thy good valour. Come thee on.

SCARUS

I'll halt after.

[*they go forward.*

[IV, 8.]

Alarum, ANTONY *returns with* SCARUS *and his army, marching as from victory, with drums and trumpets.*

ANTONY

We have beat him to his camp : run one before,
And let the queen know of our gests. To-morrow,
Before the sun shall see's, we'll spill the blood
That has to-day escaped. I thank you all,
For doughty-handed are you, and have fought
Not as you served the cause, but as't had been
Each man's like mine; you have shown all Hectors.
Enter the city, clip your wives, your friends,
Tell them your feats, whilst they with joyful tears
Wash the congealment from your wounds and kiss
The honoured gashes whole.

Enter Cleopatra, attended.

[*to Scarus*] Give me thy hand;
To this great Fairy I'll commend thy acts,
Make her thanks bless thee. O thou day o'th'world,

ANTOINE

Je te récompenserai
Une fois pour le joyeux réconfort que tu me donnes, et dix fois
Pour ton grand courage. Viens, en avant.

SCARUS

Je les suivrai tirant la jambe.

Ils poursuivent la marche.

SCÈNE VIII

Alerte. Rentre ANTOINE, *avec* SCARUS *et l'armée, marchant comme au retour d'une victoire, avec tambours et trompettes.*

ANTOINE

Nous l'avons refoulé dans son camp; dépêchez en avant quelqu'un
Et que la Reine apprenne nos exploits. Demain,
Avant que le soleil nous voie, nous répandrons le sang
Qui s'est aujourd'hui dérobé. Je vous remercie tous,
Car vos bras sont vaillants, et vous avez combattu
Non comme si vous serviez ma cause, mais comme si elle eût été
Celle de chacun d'entre vous. Tous vous vous êtes montrés des [Hectors.
Entrez dans la cité, embrassez vos femmes, vos amis,
Racontez-leur vos exploits, tandis que leurs larmes de joie
Laveront le sang caillé de vos blessures, et leurs baisers
Guériront les plaies glorieuses.

Entrent Cléopâtre et sa suite.

(à Scarus.) Donne-moi la main;
Aux yeux de cette grande enchanteresse je veux faire briller tes [actions
Et qu'elle te comble de ses mercis. Ô lumière du monde,

Chain mine armed neck; leap thou, attire and all,
Through proof of harness to my heart, and there
Ride on the pants triumphing!

CLEOPATRA

Lord of lords!
O infinite virtue, comest thou smiling from
The world's great snare uncaught?

ANTONY

My nightingale,
We have beat them to their beds. What, girl! though grey
Do something mingle with our younger brown, yet ha'we
A brain that nourishes our nerves and can
Get goal of youth. Behold this man;
Commend unto his lips thy favouring hand:
Kiss it, my warrior: he hath fought to-day
As if a god in hate of mankind had
Destroyed in such a shape.

CLEOPATRA

I'll give thee, friend,
An armour all of gold; it was a king's.

ANTONY

He has deserved it, were it carbuncled
Like holy Phœbus' car. Give me thy hand.
Through Alexandria make a jolly march,
Bear our hacked targets like the men that owe them.
Had our great palace the capacity
To camp this host, we all would sup together
And drink carouses to the next day's fate,
Which promises royal peril. Trumpeters,
With brazen din blast you the city's ear;
Make mingle with our rattling tabourines;
That heaven and earth may strike their sounds together,
Applauding our approach.

[*they march into the city.*

Enchaîne ma nuque armée; franchis d'un bond tout l'attirail
Et la cuirasse impénétrable, jusqu'à mon cœur, et là,
Chevauche en triomphe ce cœur pantelant.

CLÉOPÂTRE

Seigneur des seigneurs!
Ô vaillance infinie, reviens-tu souriant,
Et réchappé sans mal du grand piège du monde?

ANTOINE

Mon rossignol,
Nous les avons repoussés jusqu'à leurs lits. Quoi, fille! bien que le [gris
Se mêle quelque peu à nos cheveux noirs, nous avons pourtant
Une cervelle qui nourrit nos muscles et qui peut
Rendre point pour point à la jeunesse. Regarde cet homme;
Confie à ses lèvres ta main favorable :
Embrasse-la, mon guerrier : il a combattu aujourd'hui
Comme si un dieu, en haine du genre humain, avait
Pris son aspect pour détruire.

CLÉOPÂTRE

Je te donnerai, ami,
Une armure toute d'or; elle fut celle d'un roi.

ANTOINE

Il la mérite, serait-elle couverte d'escarboucles
Comme le char de Phébus sacré. Donne-moi la main.
A travers Alexandrie, faisons marche joyeusement,
Portons nos écus tailladés comme il sied à leurs possesseurs!
Si notre grand palais était assez vaste
Pour abriter cette armée, nous souperions tous ensemble
Et nous boirions pour fêter le destin du jour qui vient
Et nous promet risque royal. Clairons,
De votre fracas d'airain battez l'oreille de la cité,
Au roulement de nos tambours mélangez-vous,
Que le ciel et la terre unissent leurs musiques,
Applaudissant notre arrivée.

Ils font leur entrée dans la ville.

[IV, 9.]

Enter a Sentry and his compagny; ENOBARBUS *follows, thought-sick.*

SENTRY

If we be not relieved within this hour,
We must return to th'court of guard: the night
Is shiny, and they say we shall embattle
By th'second hour i'th'morn.

1 WATCH

This last day was
A shrewd one to's.

ENOBARBUS

O, bear me witness, night,—

2 WATCH

What man is this?

1 WATCH

Stand close, and list him.

[*they go aside.*

ENOBARBUS

Be witness to me, O thou blessed moon,
When men revolted shall upon record
Bear hateful memory, poor Enobarbus did
Before thy face repent!

SENTRY

Enobarbus!

SCÈNE IX

Entrent une sentinelle et sa compagnie; ENOBARBUS *les suit, perdu de mélancolie.*

LA SENTINELLE

Si nous ne sommes pas relevés durant cette heure
Il nous faudra retourner au corps de garde; la nuit
Est claire, et nous devons paraît-il être rangés en bataille
Demain matin pour la deuxième heure.

PREMIER GARDE

Ce dernier jour
Nous a donné du fil à retordre.

ENOBARBUS

Ô nuit, porte-moi témoignage...

DEUXIÈME GARDE

Quel est cet homme?

PREMIER GARDE

Surveillons-le de près, et écoutons.

Ils se mettent à l'écart.

ENOBARBUS

Sois-moi témoin, ô lune sacrée,
Si ceux qui se révoltèrent sont au livre de mémoire
Voués à l'exécration, le misérable Enobarbus
Devant toi s'est repenti!

LA SENTINELLE

Enobarbus!

2 WATCH

Peace!
Hark further.

ENOBARBUS

O sovereign mistress of true melancholy,
The poisonous damp of night disponge upon me,
That life, a very rebel to my will,
May hang no longer on me : throw my heart
Against the flint and hardness of my fault;
Which, being dried with grief, will break to powder,
And finish all foul thoughts. O Antony,
Nobler than my revolt is infamous,
Forgive me in thine own particular,
But let the world rank me in register
A master-leaver and a fugitive :
O Antony! O Antony!

[*dies.*

1 WATCH

Let's speak to him.

SENTRY

Let's hear him, for the things he speaks
May concern Cæsar.

2 WATCH

Let's do so. But he sleeps.

SENTRY

Swoons rather; for so bad a prayer as his
Was never yet for sleep.

1 WATCH

Go we to him.

DEUXIÈME GARDE

Silence!
Ecoutons.

ENOBARBUS

Ô souveraine maîtresse de vraie mélancolie,
Egoutte sur moi le brouillard mortel de la nuit,
Pour que ma vie, cette rebelle à ma volonté,
Puisse enfin ne plus m'être à charge : jette mon cœur
Sur la pierre de mon crime et sa dureté,
Et que ce cœur, séché de douleur, se brise en poudre
Et finisse là toute atroce pensée. Ô Antoine,
Plus noble que ma révolte n'est infâme,
En ton particulier, toi, pardonne-moi,
Mais qu'au registre du monde je sois nommé
Serviteur infidèle et félon :
Ô Antoine, ô Antoine!

Il meurt.

PREMIER GARDE

Parlons-lui.

LA SENTINELLE

Ecoutons-le, car les choses qu'il dit
Intéressent peut-être César.

DEUXIÈME GARDE

Oui, écoutons. Mais il dort.

LA SENTINELLE

Il est évanoui, plutôt; car aussi mauvaise prière
N'a jamais mené au sommeil.

PREMIER GARDE

Allons à lui.

2 WATCH

Awake, sir, awake, speak to us.

1 WATCH

Hear you, sir?

SENTRY

The hand of death hath raught him.

[*drums afar off.*

Hark! the drums demurely wake the sleepers.
Let's bear him to th'court of guard : he is of note.
Our hour is fully out.

2 WATCH

Come on, then; he may recover yet.

[*they carry off the body.*

[IV, 10.]

Enter ANTONY *and* SCARUS, *with their army.*

ANTONY

Their preparation is to-day by sea,
We please them not by land.

SCARUS

For both, my lord.

ANTONY

I would they'ld fight i'th'fire or i'th'air;
We'ld fight there too. But this it is, our foot
Upon the hills adjoining to the city

DEUXIÈME GARDE

Eveillez-vous, monsieur, éveillez-vous, parlez-nous.

PREMIER GARDE

Entendez-vous, monsieur?

LA SENTINELLE

La main de la mort l'a touché.

Tambours au loin.

Ecoutez! Les tambours en sourdine éveillent les dormeurs.
Portons-le au corps de garde : c'est quelqu'un d'important.
Notre heure est finie.

DEUXIÈME GARDE

Oui, allons; il se ranimera peut-être.

Ils emportent le corps.

SCÈNE X

Entrent ANTOINE *et* SCARUS, *avec leur armée.*

ANTOINE

Leurs préparatifs aujourd'hui sont sur mer,
Nous ne leur plaisons pas sur terre.

SCARUS

Ils se préparent aux deux, monseigneur.

ANTOINE

Je voudrais qu'ils combattent dans le feu et dans l'air,
Nous y combattrions aussi. Mais voici nos dispositions : notre
[infanterie
Sur les collines avoisinant la ville

Shall stay with us. Order for sea is given,
† They have put forth the haven:
Where their appointment we may best discover,
And look on their endeavour.

[*they go forward.*

[IV, 11.]

Enter CÆSAR *and his army.*

CÆSAR

But being charged, we will be still by land,
Which as I take't we shall, for his best force
Is forth to man his galleys. To the vales,
And hold our best advantage.

[*they march off in a different direction from Antony.*

[IV, 12.]

HILLS ADJOINING TO ALEXANDRIA

Enter ANTONY *and* SCARUS.

ANTONY

Yet they are not joined: where yond pine does stand,
I shall discover all: I'll bring thee word
Straight, how 'tis like to go.

[*he goes up.*
Alarum afar off, as at a sea-fight.

SCARUS

Swallows have built
In Cleopatra's sails their nests: the augurers
Say they know not, they cannot tell; look grimly

Restera avec nous. Les ordres sont donnés à la flotte,
Elle a quitté le port : gagnons l'endroit
D'où nous découvririons le mieux son déploiement
Et pourrons voir ses efforts.

Ils continuent leur chemin.

SCÈNE XI

Entrent CÉSAR *et son armée.*

CÉSAR

A moins d'être attaqués, nous ne bougerons pas à terre,
Ce qui ne peut manquer, à mon sens, car le meilleur de ses forces
Est embarqué sur ses galères. Dans le creux des collines,
Et postons-nous au mieux.

Ils poursuivent leur marche dans une direction opposée à celle d'Antoine.

SCÈNE XII

COLLINES AVOISINANT ALEXANDRIE

Entrent ANTOINE *et* SCARUS.

ANTOINE

Ils ne sont pas encore aux prises; de là-bas, où tu vois ce pin,
Je pourrai tout apercevoir, et viendrai te dire aussitôt
Quelle tournure prennent les choses.

Il monte sur la colline.

Alerte au loin, annonçant un combat naval.

SCARUS

Les hirondelles ont fait leur nid
Dans les mâtures de Cléopâtre; les augures disent
Qu'ils ne savent pas, qu'ils ne peuvent répondre; ils ont l'air sombre

And dare not speak their knowledge. Antony
Is valiant, and dejected, and by starts
His fretted fortunes give him hope, and fear,
Of what he has, and has not.

Antony returns.

ANTONY

All is lost!
This foul Egyptian hath betrayéd me:
My fleet hath yielded to the foe, and yonder
They cast their caps up and carouse together
Like friends long lost. Triple-turned whore! 'tis thou
Hast sold me to this novice, and my heart
Makes only wars on thee. Bid them all fly!
For when I am revenged upon my charm,
I have done all. Bid them all fly, begone!

[*Scarus goes.*

O sun, thy uprise shall I see no more:
Fortune and Antony part here, even here
Do we shake hands! All come to this? The hearts
That spanieled me at heels, to whom I gave
Their wishes, do discandy, melt their sweets
On blossoming Cæsar; and this pine is barked,
That overtopped them all. Betrayed I am.
O this false soul of Egypt! this grave charm,
Whose eye becked forth my wars and called them home,
Whose bosom was my crownet, my chief end,
Like a right gipsy hath as fast and loose
Beguiled me to the very heart of loss.
What, Eros, Eros!

Enter Cleopatra.

Ah, thou spell! Avaunt!

CLEOPATRA

Why is my lord enraged against his love?

Et n'osent déclarer ce qu'ils savent. Antoine
Est vaillant, et abattu, et par sursauts
Sa fortune malmenée lui fait espérer, et craindre
Ce qu'il a, et ce qu'il n'a pas.

Rentre Antoine.

ANTOINE

Tout est perdu!
Cette infâme Egyptienne m'a trahi :
Ma flotte est passée à l'ennemi, et là-bas
Ils jettent en l'air leurs bonnets et trinquent ensemble
Comme amis longtemps séparés. Triple putain! C'est toi
Qui m'as vendu à ce novice, et mon cœur
Ne fait la guerre que contre toi. Dis-leur de fuir tous!
Car si je suis vengé du charme qu'elle m'a jeté,
Ma tâche est finie. Dis-leur de fuir tous, va-t'en!

Sort Scarus.

Ô soleil, jamais plus je ne verrai ton lever :
Antoine et la Fortune ici se séparent, ici même
Nous nous disons adieu! Est-ce ainsi que tout devait finir? Les [cœurs
Qui rampaient à mes talons, et dont je comblais
Les souhaits, fondent maintenant, répandent leurs caresses
Sur César florissant; et ce pin est dépouillé
Qui les dominait tous. Je suis trahi.
Ô félonie de cette âme d'Egypte! Cette enchanteresse mortelle
Dont un regard lançait mes armées et les rappelait,
Dont le sein était ma couronne, ma fin suprême,
A comme une vraie gipsy mis toutes ses ruses
A m'entraîner au cœur même du désastre.
Mais quoi, Eros, Eros!

Entre Cléopâtre.

Ah toi sorcière! Loin d'ici!

CLÉOPÂTRE

Pourquoi mon seigneur est-il furieux contre son amour?

ANTONY

Vanish, or I shall give thee thy deserving,
And blemish Cæsar's triumph. Let him take thee,
And hoist thee up to the shouting plebeians:
Follow his chariot, like the greatest spot
Of all thy sex: most monster-like, be shown
For poor'st diminutives, for dolts, and let
Patient Octavia plough thy visage up
With her preparéd nails.

[*she goes.*

'Tis well thou'rt gone,
If it be well to live; but better 'twere
Thou fell'st into my fury, for one death
Might have prevented many. Eros, ho!
The shirt of Nessus is upon me: teach me,
Alcides, thou mine ancestor, thy rage:
Let me lodge Lichas on the horns o'th'moon,
And with those hands that grasped the heaviest club
Subdue my worthiest self... The witch shall die.
To the young Roman boy she hath sold me, and I fall
Under this plot: she dies for't. Eros, ho!

[*he goes forth, raging.*

[IV, 13.]

ALEXANDRIA. CLEOPATRA'S PALACE

Enter CLEOPATRA, CHARMIAN, IRAS, MARDIAN.

CLEOPATRA

Help me, my women! O, he's more mad
Than Telamon for his shield; the boar of Thessaly
Was never so embossed.

ANTOINE

Disparais, ou je te donnerai ce que tu mérites,
Et gâterai le triomphe de César. Qu'il te prenne
Et t'expose à bout de bras aux clameurs des plébéiens :
Marche derrière son char, comme le déshonneur suprême
De tout ton sexe; sois en spectacle, tout comme un monstre,
Aux yeux des plus chétifs manants et des benêts,
Et que la patiente Octavie laboure ton visage
De ses ongles bien aiguisés.

Elle sort.

Il est bien que tu t'éloignes,
S'il est bien de vivre; mais mieux eût valu
Que ma colère te fît périr, car une seule mort
En eût peut-être empêché de nombreuses. Eros, ho!
La tunique de Nessus est sur moi; Alcide,
Toi mon ancêtre, enseigne-moi ta rage :
Que je jette Lichas au croissant de la lune,
Et de ces mains qui brandirent la plus lourde massue,
Que je dompte en moi le héros... Périsse la sorcière.
A l'adolescent de Rome elle m'a vendu, et je succombe
A ce complot : elle le paiera de sa vie. Eros, ho!

Il sort, en proie à la fureur.

SCÈNE XIII

ALEXANDRIE. LE PALAIS DE CLÉOPÂTRE

Entrent CLÉOPÂTRE, CHARMIAN, IRAS, MARDIAN.

CLÉOPÂTRE

Soutenez-moi, mes femmes! Oh, il est plus furieux
Que Telamon pour son bouclier; le sanglier de Thessalie
Ne fut jamais si frénétique.

CHARMIAN

To th'monument!
There lock yourself, and send him word you are dead.
The soul and body rive not more in parting
Than greatness going off.

CLEOPATRA

To th'monument!
Mardian, go tell him I have slain myself;
Say that the last I spoke was 'Antony',
And word it, prithee, piteously. Hence, Mardian,
And bring me how he takes my death. To th'monument!

[*they go.*

[IV, 14.]

Enter ANTONY *and* EROS.

ANTONY

Eros, thou yet behold'st me?

EROS

Ay, noble lord.

ANTONY

Sometime we see a cloud that's dragonish,
A vapour sometime like a bear or lion,
A towered citadel, a pendent rock,
A forkéd mountain, or blue promontory
With trees upon't, that nod unto the world
And mock our eyes with air: thou hast seen these signs;
They are black Vesper's pageants.

CHARMIAN

Au tombeau!
Enfermez-vous là, et faites-lui dire que vous êtes morte.
Quand l'âme et le corps se quittent, c'est déchirement moins cruel
Que lorsque la grandeur s'enfuit.

CLÉOPÂTRE

Au tombeau!
Mardian, va lui annoncer que je me suis tuée;
Dis-lui que ma dernière parole, ce fut : « Antoine »,
Et que tes mots, je t'en prie, soient propres à l'apitoyer. Va Mardian,
Et reviens m'apprendre comment il prend ma mort. Au tombeau!

Ils sortent.

SCÈNE XIV

Entrent ANTOINE *et* EROS.

ANTOINE

Eros, est-ce encore moi que tu vois?

EROS

Noble seigneur, oui.

ANTOINE

Parfois nous voyons un nuage qui semble un dragon,
Parfois une vapeur pareille à un ours ou un lion,
Une citadelle avec ses tours, un roc qui penche,
Une montagne dentelée, ou un bleu promontoire
Avec des arbres, qui font signe au monde
Et d'un néant dupent nos yeux; tu as vu ces présages,
C'est le vain cortège du soir obscur.

EROS

Ay, my lord.

ANTONY

That which is now a horse, even with a thought
The rack dislimns, and makes it indistinct
As water is in water.

EROS

It does, my lord.

ANTONY

My good knave Eros, now thy captain is
Even such a body : here I am Antony,
Yet cannot hold this visible shape, my knave.
I made these wars for Egypt, and the queen—
Whose heart I thought I had, for she had mine,
Whish, whilst it was mine, had annexed unto't
A million moe, now lost—she, Eros, has
Packed cards with Cæsar, and false-played my glory
Unto and enemy's triumph.
Nay, weep not, gentle Eros, there is left us
Ourselves to end ourselves.

Enter Mardian.

O, thy vile lady!
She has robbed me of my sword.

MARDIAN

No, Antony.
My mistress loved thee and her fortunes mingled
With thine entirely.

ANTONY

Hence, saucy eunuch, peace!

EROS

Oui, monseigneur.

ANTOINE

Ce qui maintenant est un cheval, en un instant
La nuée l'efface, et le rend indistinct
Comme l'eau dans l'eau.

EROS

C'est ainsi, monseigneur.

ANTOINE

Eh bien, Eros mon bon serviteur, c'est cela même
Que ton capitaine est maintenant; me voici, moi, Antoine,
Et pourtant, mon serviteur, je ne puis garder cette forme visible!
J'ai fait cette guerre pour l'Egypte, et la Reine, —
Dont je croyais avoir le cœur, car elle avait le mien,
Et lui, tant qu'il fut mien, avait lié à soi
Un million d'autres, maintenant perdus, — elle a, Eros,
Fait exprès le jeu de César, et repassé ma gloire
En atout à mon ennemi.
Allons, ne pleure pas, gentil Eros, il nous reste
Nous-même pour en finir avec nous-même.

Entre Mardian.

Oh, ton ignoble maîtresse!
Elle m'a volé mon épée.

MARDIAN

Non, Antoine,
Ma maîtresse t'aimait et son sort s'est mêlé
Au tien entièrement.

ANTOINE

Hors d'ici, insolent eunuque, laisse-moi!

She hath betrayed me, and shall die the death.

MARDIAN

Death of one person can be paid but once,
And that she has discharged. What thou wouldst do
Is done unto thy hand: the last she spake
Was 'Antony! most noble Antony!'
Then in the midst a tearing groan did break
The name of Antony; it was divided
Between her heart and lips: she rendered life,
Thy name so buried in her.

ANTONY

Dead then?

MARDIAN

Dead.

ANTONY

Unarm, Eros, the long day's task is done,
And we must sleep.
[*to Mardian*] That thou depart'st hence safe,
Does pay thy labour richly; go.
Mardian goes] Off, pluck off!

[*Eros unbuckles the breastplate.*

The seven-fold shield of Ajax cannot keep
The battery from my heart. O, cleave, my sides!
Heart, once be stronger than thy continent,
Crack thy frail case! Apace, Eros, apace!

[*the unarming finishes.*

No more a soldier: bruiséd pieces, go;
You have been nobly borne. From me awhile.

[*Eros goes.*

Elle m'a trahie, et doit mourir.

MARDIAN

Une seule personne ne peut subir qu'une fois la mort,
Et de cela elle s'est acquittée. Ce que tu voudrais faire
Est tout accompli déjà ; ses dernières paroles
Furent : « Antoine ! Très noble Antoine ! »
Puis un déchirant sanglot a brisé par le milieu
Le nom d'Antoine ; il s'est rompu
Entre son cœur et ses lèvres ; elle expira,
Ton nom dans elle ainsi enseveli.

ANTOINE

Morte, ainsi ?

MARDIAN

Morte.

ANTOINE

Désarme, Eros, le labeur de la longue journée est achevé,
Il nous faut dormir.
(à Mardian.) Que tu t'en ailles d'ici sain et sauf,
C'est riche paiement pour tes peines ; va ! *(Sort Mardian.)*
Arrache, enlève !

Eros déboucle la cuirasse.

Le septuple bouclier d'Ajax ne sauverait pas mon cœur
De ce coup de bélier. Ah, brisez-vous, mes flancs !
Cœur, sois plus fort cette seule fois que ton enveloppe,
Romps ta fragile gaine ! Vite, Eros, vite !

Ils achèvent d'enlever l'armure.

Je ne suis plus un soldat : morceaux brisés, quittez-moi ;
Vous avez été noblement portés. Laisse-moi un instant.

Sort Eros.

I will o'ertake thee, Cleopatra, and
Weep for my pardon. So it must be, for now
All length is torture: since the torch is out,
Lie down and stray no farther: now all labour
Mars what it does; yea, very force entangles
Itself with strength: seal then, and all is done.
Eros!—I come, my queen. Eros!—Stay for me.
Where souls do couch on flowers, we'll hand in hand,
And with our sprightly port make the ghosts gaze:
Dido and her Aeneas shall want troops,
And all the haunt be ours. Come, Eros, Eros!

Eros returns.

EROS

What would my lord?

ANTONY

Since Cleopatra died
I have lived in such dishonour that the gods
Detest my baseness. I, that with my sword
Quartered the world, and o'er green Neptune's back
With ships made cities, condemn myself to lack
The courage of a woman—less noble mind
Than she which by her death our Cæsar tells
'I am conqueror of myself'. Thou art sworn, Eros,
That, when the exigent should come (which now
Is come indeed) when I should see behind me
Th'inevitable prosecution of
Disgrace and horror, that, on my command,
Thou then wouldst kill me. Do't, the time is come:
Thou strik'st not me, 'tis Cæsar thou defeat'st.
Put colour in thy cheek.

EROS

The gods with hold me!
Shall I do that which all the Parthian darts,
Though enemy, lost aim and could not?

Je veux te rejoindre, Cléopâtre, et demanderai
Dans les larmes ton pardon. Il le faut, car à présent
Durer encore est un supplice; le flambeau maintenant est éteint,
Couche-toi et n'erre pas plus loin; à présent tout labeur
Gâche ce qu'il accomplit; la force même
S'entrave en son propre pouvoir : mets le sceau, et tout est dit.
Eros!... Je viens, ma reine. Eros!... Attends-moi.
Où les âmes sur les fleurs se couchent, nous irons, la main dans la [main,
Et notre maintien plein de joie arrêtera les regards des ombres :
Didon et son Enée chercheront qui les suive,
Et tout le funèbre séjour sera nôtre. Eros, Eros, viens!

Rentre Eros.

EROS

Que voudrait monseigneur?

ANTOINE

Depuis que Cléopâtre est morte
J'ai vécu dans un tel déshonneur que les dieux
Haïssent ma bassesse. Moi qui de mon épée
Découpais le monde et sur le dos du glauque Neptune
Bâtissais des cités de navires, je me condamne moi-même à manquer
Du courage même d'une femme — cœur moins noble qu'elle
Qui par sa mort dit à notre César :
« Je suis victorieuse de moi-même. » Tu m'as fait le serment, Eros,
Que lorsque viendrait l'instant sans pardon (qui maintenant certes
Est arrivé) où je verrais derrière moi,
Inexorables et acharnés à ma poursuite,
L'opprobre et le désastre, sur mon ordre alors
Tu me tuerais. Fais-le, cet instant est venu :
Ce n'est pas moi que tu frappes, tu prives César de sa victoire,
Ne va point pâlir.

EROS

Me retiennent les dieux!
Ferais-je cela que les Parthes ennemis,
Egarant tous leurs traits, n'ont pu faire?

ANTONY

Eros,
Wouldst thou be windowed in great Rome, and see
Thy master thus with pleached arms, bending down
His corrigible neck, his face subdued
To penetrative shame; whilst the wheeled seat
Of fortunate Cæsar, drawn before him, branded
His baseness that ensued?

EROS

I would not see't.

ANTONY

Come, then; for with a wound I must be cured.
Draw that thy honest sword, which thou hast worn
Most useful for thy country.

EROS

O, sir, pardon me!

ANTONY

When did I make thee free, swor'st thou not then
To do this when I bade thee? Do it at once;
Or thy precedent services are all
But accidents unpurposed. Draw, and come.

EROS

Turn from me then that noble countenance,
Wherein the worship of the whole world lies.

ANTONY [*turns*]

Lo thee!

EROS

My sword is drawn.

ANTOINE

Eros,
Voudrais-tu donc voir, d'une fenêtre de la grande Rome,
Ton maître ainsi, les bras croisés, inclinant
Sa nuque docile, le front soumis
A la pénétrante honte, tandis que le char
De l'heureux César, roulant devant lui, exposerait
L'ignominie traînée à sa suite?

EROS

Je ne le voudrais pas.

ANTOINE

Approche donc; c'est par une blessure que je dois guérir.
Tire ta loyale épée, dont tu as fait pour ton pays
Si bon usage.

EROS

Oh, messire, pardonnez-moi!

ANTOINE

Le jour où je t'ai affranchi, ne m'as-tu pas juré alors
De faire ceci quand je te l'ordonnerais? Fais-le, tout de suite;
Ou sinon tes services passés sont seulement
Effets d'un hasard où tu n'es pour rien. Dégaine, et viens.

EROS

Détournez donc de moi ce noble visage
Où gît l'adoration du monde entier.

ANTOINE, *se détournant.*

A toi!

EROS

Mon épée est tirée.

ANTONY

Then let it do at once
The thing why thou hast drawn it.

EROS

My dear master,
My captain, and my emperor, let me say,
Before I strike this bloody stroke, farewell.

ANTONY

'Tis said, man—and farewell.

EROS

Farewell, great chief. Shall I strike now?

ANTONY

Now, Eros.

EROS

Why, there then: thus I do escape the sorrow
Of Antony's death.

[*kills himself.*

ANTONY

Thrice-nobler than myself!
Thou teachest me, O valiant Eros, what
I should and thou couldst not. My queen and Eros
Have by their brave instruction got upon me
A nobleness in record: but I will be
A bridegroom in my death, and run into't
As to a lover's bed. Come then; and, Eros,
Thy master dies thy scholar: to do thus

[*falling on his sword.*

ANTOINE

Alors, qu'elle fasse à l'instant
Cela pour quoi tu l'as tirée.

EROS

Mon maître aimé,
Mon capitaine et mon Imperator, laissez-moi dire,
Avant de frapper ce coup sanglant, adieu.

ANTOINE

C'est dit, compagnon, ... et adieu.

EROS

Adieu, chef magnanime. Frappé-je maintenant?

ANTOINE

Maintenant, Eros.

EROS

Eh bien, voici; je n'aurai point douleur ainsi
De la mort d'Antoine.

Il se tue.

ANTOINE

Plus noble trois fois que moi-même!
Tu m'enseignes, vaillant Eros, cela
Que je devrais faire, si toi tu ne pouvais. Ma reine et Eros
M'ont par cette fière leçon
Gagné de noblesse; mais je veux être
Un fiancé dans la mort, et courir à elle
Comme au lit de l'amour. Allons; ton maître, Eros,
Meurt ton disciple; ce que je fais,

Il se jette sur son épée.

I learned of thee. How! not dead? not dead?
The guard, ho! O, dispatch me!

Enter Dercetus and Guard.

1 GUARD

What's the noise?

ANTONY

I have done my work ill, friends: O, make an end
Of what I have begun.

2 GUARD

The star is fall'n.

1 GUARD

And time is at his period.

ALL

Alas, and woe!

ANTONY

Let him that loves me strike me dead.

1 GUARD

Not I.

2 GUARD

Nor I.

3 GUARD

Nor any one.

[*they fly.*

Je l'ai appris de toi. Quoi ! Pas mort ? pas mort ?
Hé ! La garde ! Ô, achevez-moi !

Entrent Dercetus et la garde.

PREMIER SOLDAT

Quel est ce bruit ?

ANTOINE

J'ai mal fait mon travail, amis ; ô, terminez
Ce que j'ai commencé.

DEUXIÈME SOLDAT

L'étoile est tombée.

PREMIER SOLDAT

Et les temps vont finir.

TOUS

Hélas, et malheur !

ANTOINE

Que celui qui m'aime me donne la mort.

PREMIER SOLDAT

Pas moi.

DEUXIÈME SOLDAT

Ni moi.

TROISIÈME SOLDAT

Ni personne.

Ils s'enfuient.

DERCETUS

Thy death and fortunes bid thy followers fly.
This sword but shown to Cæsar, with this tidings,
Shall enter me with him.

As he turns to go Diomedes enters.

DIOMEDES

Where's Antony?

DERCETUS [*hiding Antony's sword in his cloak*]

There, Diomed, there.

DIOMEDES

Lives he?
Wilt thou not answer, man?

[*Dercetus steals away.*

ANTONY

Art thou there, Diomed? Draw thy sword, and give me
Sufficing strokes for death.

DIOMEDES

Most absolute lord,
My mistress Cleopatra sent me to thee.

ANTONY

When did she send thee?

DIOMEDES

Now, my lord.

DERCETUS

Ta mort et ton destin commandent à tes partisans de s'enfuir.
Suffira de ce glaive montré à César, avec la nouvelle,
Pour me mettre bien avec lui.

Comme il va pour sortir, entre Diomède.

DIOMÈDE

Où est Antoine ?

DERCETUS, *cachant l'épée d'Antoine dans son manteau.*

Là, Diomède, là.

DIOMÈDE

Vit-il ?
Vas-tu me répondre, homme ?

Dercetus s'esquive.

ANTOINE

Est-ce toi, Diomède ? Tire ton épée, et frappe-moi
Suffisamment pour que je meure.

DIOMÈDE

Très souverain seigneur,
Ma maîtresse Cléopâtre m'envoie vers toi.

ANTOINE

Quand t'a-t-elle envoyé ?

DIOMÈDE

Maintenant, mon seigneur.

ANTONY

Where is she?

DIOMEDES

Locked in her monument. She had a prophesying fear
Of what hath come to pass : for when she saw—
Which never shall be found—you did suspect
She had disposed with Cæsar, and that your rage
Would not be purged, she sent you word she was dead;
But, fearing since how it might work, hath sent
Me to proclaim the truth, and I am come,
I dread, too late.

ANTONY

Too late, good Diomed : call my guard, I prithee.

DIOMEDES

What, ho, the emperor's guard! The guard, what, ho!
Come, your lord calls.

Enter four or five of the Guard of Antony.

ANTONY

Bear me, good friends, where Cleopatra bides,
'Tis the last service that I shall command you.

1 GUARD

Woe, woe are we, sir, you may not live to wear
All your true followers out.

ALL

Most heavy day!

ANTOINE

Où est-elle ?

DIOMÈDE

Enfermée dans son tombeau. Elle a eu la crainte prophétique
De ce qui vient de s'accomplir : car lorsqu'elle vit —
Jamais telle chose n'arrivera — que vous la soupçonniez
D'avoir traité avec César, et que votre colère
Etait inapaisable, elle vous fit dire qu'elle était morte.
Mais ensuite, redoutant l'effet du mensonge, elle m'a envoyé
Pour déclarer la vérité, et je viens,
J'en ai bien peur, trop tard.

ANTOINE

Trop tard, honnête Diomède : appelle ma garde, je te prie.

DIOMÈDE

Hé là, quoi ! la garde de l'Imperator ! la garde, holà !
Venez, votre seigneur vous appelle.

Entrent quatre ou cinq hommes de la garde d'Antoine.

ANTOINE

Portez-moi là, mes amis, où se trouve Cléopâtre.
C'est le dernier service que je demanderai de vous.

PREMIER SOLDAT

Malheur, malheur à nous, mon seigneur, que vous ne puissiez
[vivre assez
Pour user à votre service tous vos fidèles.

TOUS

Ô jour de désastre !

ANTONY

Nay, good my fellows, do not please sharp fate
To grace it with your sorrows : bid that welcome
Which comes to punish us, and we punish it
Seeming to bear it lightly. Take me up.
I have led you oft, carry me now, good friends,
And have my thanks for all.

[*they bear him away on his shield.*

[IV, 15.]

ALEXANDRIA. CLEOPATRA'S MONUMENT; A SQUARE STONE BUILDING WITH A FLAT ROOF AND A HEAVILY BARRED GATEWAY IN THE CENTRE OF THE OUTER WALL

CLEOPATRA, CHARMIAN, IRAS *and maids come out upon the roof by a stair leading from within*

CLEOPATRA

O Charmian, I will never go from hence.

CHARMIAN

Be comforted, dear madam.

CLEOPATRA

No, I will not :
All strange and terrible events are welcome,
But comforts we despise; our size of sorrow,
Proportioned to our cause, must be as great
As that which makes it.

Enter Diomedes below.

How now! is he dead?

ANTOINE

Non, braves amis ne faites pas cet honneur au sort cruel
De le laisser vous affliger; faites bon visage
A ce qui vient pour nous châtier, et nous le châtierons,
Semblant le prendre d'un cœur léger. Relevez-moi.
Souvent je vous ai guidés, portez-moi, fidèles amis
Et soyez remerciés de toutes choses.

Ils l'emportent sur son bouclier.

SCÈNE XV

ALEXANDRIE. LE TOMBEAU DE CLÉOPÂTRE; UNE CONSTRUCTION CARRÉE EN PIERRE, AVEC UN TOIT PLAT ET UNE ENTRÉE FORTEMENT BARRÉE AU MILIEU DU MUR EXTÉRIEUR

Entrent, sur le toit, CLÉOPÂTRE, CHARMIAN, IRAS *et des suivantes, venant par un escalier qui monte de l'intérieur du tombeau.*

CLÉOPÂTRE

Ô Charmian, je ne sortirai jamais d'ici.

CHARMIAN

Dame chérie, prenez courage.

CLÉOPÂTRE

Non, je ne veux pas;
Tous événements étranges, terribles, sont bienvenus,
Mais nous méprisons qu'on nous console; notre douleur,
Mesurée sur sa cause, doit être aussi grande
Que ce qui la provoque.

Entre, en bas, Diomède.

Quoi! Est-il mort?

DIOMEDES

His death's upon him, but not dead.
Look out o'th'other side your monument;

[*points.*

His guard have brought him thither.

Enter Antony, borne by the Guard.

CLEOPATRA

O sun,
Burn the great sphere thou mov'st in! darkling stand
The varying shore o'th'world. O Antony,
Antony, Antony! †Help, Charmian, help, Iras, help;
Help, friends below, let's draw him hither.

ANTONY

Peace!
Not Cæsar's valour hath o'erthrown Antony,
But Antony's hath triumphed on itself.

CLEOPATRA

So it should be, that none but Antony
Should conquer Antony, but woe 'tis so!

ANTONY

I am dying, Egypt, dying; only
I here importune death awhile, until
Of many thousand kisses the poor last
I lay upon thy lips.

CLEOPATRA

I dare not, dear,
†Dear my lord, pardon: I dare not open,
Lest I be taken. Not th'imperious show

DIOMÈDE

Non pas, mais la mort est sur lui.
Regardez de l'autre côté du tombeau;

Il montre de la main.

Sa garde vient de l'apporter là.

Entre Antoine, porté par la garde.

CLÉOPÂTRE

Ô soleil,
Consume la vaste sphère où tu te meus! Que la nuit couvre
La rive changeante du monde! Ô Antoine,
Antoine, Antoine! A l'aide, Charmian, à l'aide, Iras, à l'aide,
A l'aide, amis d'en bas, tirons-le ici.

ANTOINE

Paix!
La vaillance de César n'a pas terrassé Antoine,
Mais celle d'Antoine s'est vaincue elle-même.

CLÉOPÂTRE

Que nul sinon Antoine ne pût triompher d'Antoine,
Ce devait être, mais malheur qu'il en soit ainsi.

ANTOINE

Je meurs, Egypte, je meurs; un instant seulement,
J'importune ici la mort, pour qu'elle me laisse,
De tant de milliers de baisers, déposer sur tes lèvres
Le malheureux dernier.

CLÉOPÂTRE

Je n'ose pas, mon aimé,
Mon bien-aimé seigneur, pardon; je n'ose ouvrir
De peur qu'on me prenne. L'impériale parade

Of the full-fortuned Cæsar ever shall
Be brooched with me, if knife, drugs, serpents, have
Edge, sting, or operation. I am safe:
Your wife Octavia, with her modest eyes
And still conclusion, shall acquire no honour
Demurring upon me. But come, come, Antony—
Help me, my women—we must draw thee up;
Assist, good friends.

[*a rope let down is tied to Antony's shield.*

ANTONY

O, quick, or I am gone.

[*they begin pulling.*

CLEOPATRA

Here's sport indeed! How heavy weighs my lord!
Our strength is all gone into heaviness;
That makes the weight. Had I great Juno's power,
The strong-winged Mercury should fetch thee up
And set thee by Jove's side. Yet come a little—
Wishers were ever fools—O, come, come, come;

[*they heave Antony aloft to Cleopatra.*

And welcome, welcome! Die when thou hast lived,
Quicken with kissing: had my lips that power,
Thus would I wear them out.

[*they kiss.*

ALL

Ah, heavy sight.

ANTONY

†I am dying, Egypt, dying.

De César comblé par le sort jamais ne m'aura
Pour son bel ornement, tant que poignard, poisons, serpents
Auront leur tranchant, leur dard, leur vertu. Je suis sauve;
Votre femme Octavie, avec ses yeux modestes
Qui nous toisent en silence, n'aura pas cet honneur
De me tenir sous son regard. Mais viens, viens, Antoine ...
Aidez-moi, mes femmes ... nous devons te hisser;
Amis, prêtez la main.

Une corde est descendue et attachée au bouclier d'Antoine.

ANTOINE

Oh, vite, ou je serai mort.

Elles se mettent à tirer la corde.

CLÉOPÂTRE

Voici bien un jeu vraiment! Combien lourd est mon seigneur!
Notre force est toute retombée en tristesse,
C'est elle qui est pesante. Eussé-je le pouvoir de la grande Junon,
Mercure aux fortes ailes t'irait chercher
Et te mettrait au côté de Zeus. Pourtant, viens un tout petit peu ...
Bien sot qui fait des souhaits ... ô viens, viens, viens;

Ils soulèvent Antoine et l'amènent auprès de Cléopâtre.

Et sois le bienvenu, le bienvenu! Vis encore avant de mourir,
A tous mes baisers ranime-toi; si mes lèvres avaient ce pouvoir,
Je voudrais les user ainsi.

Ils s'embrassent.

TOUS

Hélas, voir ceci!

ANTOINE

Je meurs, Egypte, je meurs.

Give me some wine, and let me speak a little.

CLEOPATRA

No, let me speak, and let me rail so high,
That the false huswife Fortune break her wheel,
Provoked by my offence.

ANTONY

One word, sweet queen.
Of Cæsar seek your honour, with your safety. O!

CLEOPATRA

They do not go together.

ANTONY

Gentle, hear me :
None about Cæsar trust but Proculeius.

CLEOPATRA

My resolution and my hands I'll trust :
None about Cæsar.

ANTONY

The miserable change now at my end
Lament nor sorrow at; but please your thoughts
In feeding them with those my former fortunes
Wherein I lived... the greatest prince o'th'world,
The noblest... and do now not basely die,
Not cowardly put off my helmet to
My countryman... a Roman by a Roman
Valiantly vanquished. Now my spirit is going,
I can no more.

CLEOPATRA

Noblest of men, woo't die?
Hast thou no care of me? shall I abide
In this dull world, which in thy absence is

Donne-moi du vin, et laisse que je parle un peu.

CLÉOPÂTRE

Non, moi je veux parler, et me plaindre si haut
Que la Fortune, drôlesse menteuse, brisera sa roue,
Irritée de mes reproches.

ANTOINE

Un mot, douce reine.
Près de César, quêtez votre honneur, avec votre sauvegarde. Oh!

CLÉOPÂTRE

Ils ne vont pas ensemble.

ANTOINE

Gentille, écoute-moi :
A personne autour de César ne te fie, sauf Proculeius.

CLÉOPÂTRE

A mon courage et à mes mains je veux me fier;
A personne autour de César.

ANTOINE

Ce piteux désastre à l'instant de ma fin
N'en ayez peine ni tristesse, mais faites à vos pensées
Cette joie de les nourrir à mes fortunes d'hier,
Du temps que je vivais... le plus grand prince au monde,
Le plus noble... et sans bassesse maintenant je meurs,
Sans lâcheté je remets mon casque
A mon compatriote... Romain par un Romain
Vaillamment vaincu. Mon esprit s'en va, voici
Que je ne peux plus.

CLÉOPÂTRE

Toi, le plus noble des hommes, vas-tu mourir!
N'as-tu pas souci de moi? Devrai-je rester
Dans ce monde ennuyeux qui, toi parti, ne vaut pas mieux

No better than a sty? O, see, my women...

[*Antony dies.*

The crown o'th'earth doth melt. My lord!
O, withered is the garland of the war,
The soldier's pole is fall'n: young boys and girls
Are level now with men: the odds is gone,
And there is nothing left remarkable
Beneath the visiting moon.

CHARMIAN

O, quietness, lady!

[*Cleopatra faints.*

IRAS

She's dead too, our sovereign.

CHARMIAN

Lady!

IRAS

Madam!

CHARMIAN

O madam, madam, madam!

IRAS

Royal Egypt, Empress!

[*she stirs.*

CHARMIAN

Peace, peace, Iras!

Qu'une étable ? Ô voyez, mes femmes...

Antoine meurt.

Le diadème de la terre se dissout. Mon seigneur !
Ô, la couronne de la guerre est fanée,
Tombé, l'arbre du mai guerrier ; des garçonnets et des filles
Sont maintenant à hauteur des hommes ; il n'est plus de degré
Et plus rien n'existe d'admirable
Sous la lune qui nous vient voir.

CHARMIAN

Ah, calmez-vous, madame !

Cléopâtre défaille.

IRAS

Elle est morte aussi, elle, notre reine.

CHARMIAN

Maîtresse !

IRAS

Madame !

CHARMIAN

Ô madame, madame, madame !

IRAS

Royale Egypte, impératrice !

Cléopâtre fait un mouvement.

CHARMIAN

La paix, la paix, Iras !

CLEOPATRA

No more but e'en a woman, and commanded
By such poor passion as the maid that milks
And does the meanest chares. It were for me
To throw my sceptre at the injurious gods,
To tell them that this world did equal theirs
Till they had stol'n our jewel. All's but naught;
Patience is sottish, and impatience does
Become a dog that's mad: then is it sin
To rush into the secret house of death,
Ere death dare come to us! How do you, women?
What, what! good cheer! Why, how now, Charmian!
My noble girls! Ah, women, women, look,
Our lamp is spent, it's out! Good sirs, take heart:
We'll bury him; and then, what's brave, what's noble,
Let's do it after the high Roman fashion,
And make death proud to take us. Come, away.
This case of that huge spirit now is cold:
Ah, women, women! Come, we have no friend
But resolution and the briefest end.

[*they go, bearing off Antony's body.*

CLÉOPÂTRE

Plus rien, qu'une femme, et dominée
Par d'aussi pauvres fureurs que la fille qui trait les vaches
Et fait les plus basses besognes. Je pourrais bien
Jeter mon sceptre aux dieux malfaisants,
Leur dire que ce monde égalait le leur,
Tant qu'ils n'avaient pas volé notre joyau. Tout est nul;
La patience est stupide, et l'impatience est bonne
Pour un chien fou : est-ce alors péché
De se jeter dans la secrète maison de mort
Avant que la mort ose venir à nous ? Femmes, êtes-vous contentes ?
Allons, allons ! Bon courage ! Hé quoi, Charmian !
Mes nobles filles ! Ah, femmes, femmes, voyez,
Notre lampe est usée, éteinte ! Mes filles, prenez courage !
Nous allons l'ensevelir; et puis, ce qui est vaillant, ce qui est noble,
Faisons-le, suivant la haute manière romaine,
Et que la mort soit fière de nous prendre. Allons-nous-en.
Cette enveloppe de la grande âme est maintenant froide,
Ha, mes femmes, mes femmes ! Allons, nous n'avons point d'amis
Hors la détermination et la fin la plus rapide.

Elles sortent, emportant le corps d'Antoine.

ACTE V

[V, 1.]

ALEXANDRIA, CÆSAR'S CAMP

Enter CÆSAR, *with* AGRIPPA, DOLABELLA, MÆCENAS, GALLUS, PROCULEIUS, *and his council of war.*

CÆSAR

Go to him, Dolabella, bid him yield;
Being so frustrate, tell him he mocks
The pauses that he makes.

DOLABELLA

Cæsar, I shall.

[*he goes.*
Enter Dercetus, with the sword of Antony.

CÆSAR

Wherefore is that? and what art thou that darest
Appear thus to us?

SCÈNE PREMIÈRE

ALEXANDRIE. LE CAMP DE CÉSAR

Entrent CÉSAR, *avec* AGRIPPA, DOLABELLA, MÉCÈNE, GALLUS, PROCULEIUS *et son conseil de guerre.*

CÉSAR

Va le trouver, Dolabella, presse-le de céder,
Étant ainsi défait, dis-lui qu'il se ridiculise
A montrer ces hésitations.

DOLABELLA

J'y vais, César.

Il sort.
Entre Dercetus, avec l'épée d'Antoine.

CÉSAR

Que veut dire cela ? Et qui es-tu, pour oser
Paraître ainsi devant nous ?

DERCETUS

I am called Dercetus.
Mark Antony I served, who best was worthy
Best to be served : whilst he stood up and spoke,
He was my master, and I wore my life
To spend upon his haters. If thou please
To take me to thee, as I was to him
I'll be to Cæsar; if thou pleasest not,
I yield thee up my life.

CÆSAR

What is't thou say'st?

DERCETUS

I say, O Cæsar, Antony is dead.

CÆSAR

The breaking of so great a thing should make
A greater crack : the round world
Should have shook lions into civil streets,
And citizens to their dens. The death of Antony
Is not a single doom; in the name lay
A moiety of the world.

DERCETUS

He is dead, Cæsar,
Not by a public minister of justice,
Nor by a hiréd knife; but that self hand
Which writ his honour in the acts it did,
Hath, with the courage which the heart did lend it,
Splitted the heart. This is his sword;
I robbed his wound of it; behold it stained
With his most noble blood.

CÆSAR

Look you sad, friends?

DERCETUS

Dercetus est mon nom.
J'ai servi Marc-Antoine, qui fut le plus digne entre tous
D'être servi le mieux; tant qu'il fut debout et parla
Il était mon maître, et ma vie n'était à moi
Que pour en user sur ses ennemis. S'il te plaît
De me prendre à toi, ce que pour lui j'étais,
Je veux l'être pour César; s'il te déplaît,
Je t'abandonne ma vie.

CÉSAR

Que dis-tu là?

DERCETUS

Je dis, ô César, qu'Antoine est mort.

CÉSAR

Tant de grandeur se brisant devrait faire
Un plus grand bruit : le monde écroulé[5]
Eût dû jeter les lions dans les rues citadines
Et les citadins dans les tanières. La mort d'Antoine
N'est pas le désastre d'un seul : sur ce nom reposait
Une moitié du monde.

DERCETUS

Il est mort, César,
Non par la sentence d'un commun juge
Ni par un poignard mercenaire; mais cette même main
Qui dans les actes qu'elle accomplit inscrivit l'honneur d'Antoine,
Elle a, forte du courage que le cœur lui donnait,
Déchiré ce cœur. Voici son épée;
Je l'ai dérobée à sa blessure; regarde, elle est tachée
De son très noble sang.

CÉSAR

Vous semblez tristes, amis?

The gods rebuke me, but it is tidings
To wash the eyes of kings.

AGRIPPA

And strange it is
That nature must compel us to lament
Our most persisted deeds.

MÆCENAS

His taints and honours
Waged equal with him.

AGRIPPA

A rarer spirit never
Did steer humanity : but you, gods, will give us
Some faults to make us men. Cæsar is touched.

MÆCENAS

When such a spacious mirror's set before him,
He needs must see himself.

CÆSAR

O Antony!
I have followed thee to this. But we do lance
Diseases in our bodies : I must perforce
Have shown to thee such a declining day,
Or look on thine; we could not stall together
In the whole world. But yet let me lament
With tears as sovereign as the blood of hearts,
That thou, my brother, my competitor
In top of all design, my mate in empire,
Friend and companion in the front of war,
The arm of mine own body, and the heart
Where mine his thoughts did kindle, that our stars
Unreconciliable should divide

Me blâment les dieux, mais c'est là une nouvelle
A baigner les yeux des rois.

AGRIPPA

Et c'est chose étrange
Que la nature nous oblige à déplorer
Nos actions les plus résolues.

MÉCÈNE

Ses tares et ses mérites
Se faisaient équilibre.

AGRIPPA

Jamais plus rare esprit
N'a mené la nature humaine; mais vous tenez, ô dieux, à nous donner
Quelques défauts pour nous faire hommes. César est touché.

MÉCÈNE

Un aussi vaste miroir étant placé devant lui,
Force est qu'il s'y voie lui-même.

CÉSAR

Ô Antoine!
Je t'ai poursuivi jusqu'à ceci. Mais nous débridons
Les abcès dans notre corps : par nécessité, je devais
Ou te donner le spectacle d'un tel déclin,
Ou voir le tien; nous ne pouvions dans le monde entier
Vivre en même temps. Et pourtant laisse-moi déplorer
Avec des larmes souveraines comme le sang du cœur,
Toi, mon frère, mon rival
En sublime ambition, mon partenaire dans l'empire,
L'ami, le compagnon sur le front de bataille,
Le bras de mon propre corps, et le cœur
Où le mien enflammait ses pensées, que nos étoiles
Irréconciliables aient rompu les liens

Our equalness to this. Hear me, good friends—

Enter an Egyptian.

But I will tell you at some meeter season.
The business of this man looks out of him;
We'll hear him what he says. Whence are you?

EGYPTIAN

A poor Egyptian, yet the queen my mistress,
Confined in all she has, her monument,
Of thy intents desires instruction,
That she preparédly may frame herself
To th'way she's forced to.

CÆSAR

Bid her have good heart:
She soon shall know of us, by some of ours,
How honourable and how kindly we
Determine for her; for Cæsar cannot live
To be ungentle.

EGYPTIAN

So the gods preserve thee!

[*he bows and departs.*

CÆSAR

Come hither, Proculeius. Go and say,
We purpose her no shame: give her what comforts
The quality of her passion shall require;
Lest in her greatness by some mortal stroke
She do defeat us. For her life in Rome
Would be eternal in our triumph: go,
And with your speediest bring us what she says
And how you find of her.

PROCULEIUS

Cæsar, I Inshall.

[*he goes.*

Qui nous tenaient égaux. Ecoutez-moi, braves amis...

Entre un Egyptien.

Mais je vous parlerai en temps plus opportun.
Cet homme est chargé d'un message, à voir sa mine ;
Nous voulons l'entendre. D'où es-tu ?

L'EGYPTIEN

Un pauvre Egyptien, mais la Reine ma maîtresse,
Enfermée dans tout ce qui lui reste, son tombeau,
De tes intentions désire être instruite,
Afin d'apprendre par avance à se plier
A la conduite qui lui sera imposée.

CÉSAR

Prie-la de garder bon courage :
Elle apprendra bientôt de nous, par un des nôtres,
De quels égards, de quelle bienveillance, témoignent
Nos décisions envers elle ; César pourrait-il vivre
Sans être magnanime ?

L'EGYPTIEN

Les dieux alors te protègent !

Il s'incline et sort.

CÉSAR

Proculeius, écoute. Va lui dire
Que nous ne lui préparons nul opprobre ; donne-lui les réconforts
Que la nature de sa douleur réclamera
De peur que, noble comme elle est, par un coup mortel
Elle ne nous frustre. Car dans Rome, vivante,
Elle ornerait à jamais notre triomphe : va,
Et rapporte-nous au plus vite ce qu'elle dit,
Et ce qu'il te semble d'elle.

PROCULEIUS

J'y vais, César.

Il sort.

CÆSAR

Gallus, go you along. [*Gallus also goes*]
Where's Dolabella,
To second Proculeius?

ALL

Dolabella!

CÆSAR

Let him alone; for I remember now
How he's employed: he shall in time be ready.
Go with me to my tent, where you shall see
How hardly I was drawn into this war,
How calm and gentle I proceeded still
In all my writings. Go with me, and see
What I can show in this.

[*they go.*

[V, 2.]

ALEXANDRIA. THE MONUMENT

CLEOPATRA, CHARMIAN, IRAS, *and* MARDIAN *are seen within through the bars of the gate.*

CLEOPATRA

My desolation does begin to make
A better life. 'Tis paltry to be Cæsar;
Not being Fortune, he's but Fortune's knave,
A minister of her will: and it is great
To do that thing that ends all other deeds;

CÉSAR

Gallus, va toi aussi. *(Gallus sort aussi.)*
Où est Dolabella,
Pour seconder Proculeius ?

TOUS

Dolabella !

CÉSAR

Laissez ; car je me souviens maintenant
Qu'il est en mission ; il sera de retour à temps.
Suivez-moi dans ma tente où vous verrez,
Si rudement que j'aie dû mener cette guerre,
Avec quelle libre sérénité j'ai cependant continué
Tous mes écrits. Suivez-moi, et voyez
Ce qu'en ce domaine je puis montrer.

Ils sortent.

SCÈNE II

ALEXANDRIE. LE TOMBEAU

On voit à l'intérieur, à travers les barreaux de l'entrée, CLÉOPÂTRE, CHARMIAN, IRAS *ET* MARDIAN

CLÉOPÂTRE

Ma désolation commence à se faire
Moins intraitable. C'est piètre chose qu'être César ;
N'étant pas la Fortune, il n'est que le valet de la Fortune,
Un instrument de son caprice ; et il est sublime
D'accomplir cela qui termine tous les actes ;

Which shackles accidents and bolts up change;
Which sleeps, and never palates more the dung,
The beggar's nurse and Cæsar's.

Enter Proculeius. As he speaks with Cleopatra through the bars, Gallus and soldiers enter, unseen by those within, mount to the top with ladders, and go down into the monument.

PROCULEIUS

Cæsar sends greeting to the Queen of Egypt,
And bids thee study on what fair demands
Thou mean'st to have him grant thee.

CLEOPATRA

What's thy name?

PROCULEIUS

My name is Proculeius.

CLEOPATRA

Antony
Did tell me of you, bade me trust you, but
I do not greatly care to be deceived,
That have no use for trusting. If your master
Would have a queen his beggar, you must tell him,
That majesty, to keep decorum, must
No less beg than a kingdom : if he please
To give me conquered Egypt for my son,
He gives me so much of mine own as I
Will kneel to him with thanks.

PROCULEIUS

Be of good cheer;
You're fall'n into a princely hand, fear nothing.
Make your full reference freely to my lord,
Who is so full of grace that it flows over

Qui enchaîne les hasards et verrouille le changement;
Qui dort, et plus jamais ne goûtera de ce terreau,
Fumier qui nourrit le mendiant et César.

Entre Proculeius. Tandis qu'il parle avec Cléopâtre à travers les barreaux, entrent Gallus et des soldats, inaperçus de ceux qui sont à l'intérieur du tombeau. Ils escaladent les tombeaux à l'aide d'échelles et pénètrent à l'intérieur.

PROCULEIUS

César envoie ses salutations à la reine d'Egypte,
Et te prie de rechercher quelles justes demandes
Tu voudrais le voir t'accorder.

CLÉOPÂTRE

Quel est ton nom?

PROCULEIUS

Mon nom est Proculeius.

CLÉOPÂTRE

Antoine
M'avait parlé de toi, m'avait pressé de me fier à toi,
Mais peu m'importe de savoir si je suis ou non dupée,
Moi qui n'ai que faire d'avoir confiance. Si votre maître
Veut qu'une reine soit sa mendiante, il vous faut lui dire
Que la majesté, pour rester digne, ne doit pas
Mendier moins qu'un royaume : s'il lui plaît
De me donner sa conquête, l'Egypte, pour mon fils,
Ce sera de mon propre bien me donner assez grande part
Pour qu'à genoux je le remercie.

PROCULEIUS

Prenez courage;
Vous êtes tombée dans de nobles mains, ne craignez rien.
Remettez-vous-en tout entière et de bon cœur à mon seigneur,
Il est si rempli de bonnes grâces qu'elles débordent

On all that need. Let me report to him
Your sweet dependency, and you shall find
A conqueror that will pray in aid for kindness,
Where he for grace is kneeled to.

CLEOPATRA

Pray you, tell him
I am his fortune's vassal, and I send him
The greatness he has got. I hourly learn
A doctrine of obedience, and would gladly
Look him i'th'face.

PROCULEIUS

This I'll report, dear lady.
Have comfort, for I know your plight is pitied
Of him that caused it.

The doors are suddenly flung open, showing a richly furnished room, with Gallus and soldiers standing behind Cleopatra and her women.

GALLUS

You see how easily she may be surprised.
Guard her till Cæsar come.

[he goes.

IRAS

Royal queen!

CHARMIAN

O Cleopatra! thou art taken, queen!

CLEOPATRA

Quick, quick, good hands.

[drawing a dagger.

Sur tout ce qui réclame aide. Laissez-moi lui rapporter
Votre douce soumission, et vous trouverez
Un conquérant vous suppliant de lui être bienveillante,
Dès lors qu'on implore sa grâce à genoux.

CLÉOPÂTRE

Allez, je vous prie, lui dire
Que je suis vassale de sa fortune, et lui fais hommage
De la grandeur qu'il s'est acquise. J'apprends à toute heure
Une doctrine d'obéissance, et je serais heureuse
De contempler son visage.

PROCULEIUS

Je m'en vais le lui dire, chère dame.
Ayez courage, car votre condition touche de pitié, je le sais,
Celui-là qui en est la cause.

Les portes du tombeau sont brusquement ouvertes, montrant une chambre richement meublée, avec Gallus et des soldats debout derrière Cléopâtre et ses femmes.

GALLUS

Vous voyez comme elle est facile à surprendre.
Gardez-la jusqu'à l'arrivée de César.

Il sort.

IRAS

Noble reine!

CHARMIAN

Ô Cléopâtre! Reine, ils t'ont prise!

CLÉOPÂTRE

Vite, vite, braves mains.

Elle tire un stylet.

PROCULEIUS

Hold, worthy lady, hold:

[*seizes and disarms her.*

Do not yourself such wrong, who are in this
Relieved, but not betrayed.

CLEOPATRA

What, of death too,
That rids our dogs of languish?

PROCULEIUS

Cleopatra,
Do not abuse my master's bounty by
Th'undoing of yourself: let the world see
His nobleness well acted, which your death
Will never let come forth.

CLEOPATRA

Where art thou, death?
Come hither, come! come, come, and take a queen
Worth many babes and beggars!

PROCULEIUS

O, temperance, lady!

CLEOPATRA

Sir, I will eat no meat, I'll not drink, sir—
If idle talk will once be necessary—
I'll not sleep neither. This mortal house I'll ruin,
Do Cæsar what he can. Know, sir, that I
Will not wait pinioned at your master's court,
Nor once chastised with the sober eye
Of dull Octavia. Shall they hoist me up

PROCULEIUS

Halte, noble dame, arrêtez;

Il la saisit et la désarme.

Ne vous faites point ce mal à vous-même, vous qui venez d'être
Sauvée, non pas trahie.

CLÉOPÂTRE

Quoi, sauvée de la mort aussi
Qui délivre nos chiens du mal lent?

PROCULEIUS

Cléopâtre,
N'insultez pas à la générosité de mon maître
En causant votre propre perte; laissez le monde voir
Sa grandeur d'âme en un beau rôle, qui par votre mort
Serait à jamais privé de se produire.

CLÉOPÂTRE

Où es-tu, mort?
Viens ici, viens! viens, viens, et prends une reine
Qui vaut bien des marmots et des mendiants!

PROCULEIUS

Ô madame, modérez-vous!

CLÉOPÂTRE

Je ne veux plus de nourriture, je ne veux plus boire, ...
Si les vaines paroles sont tant soit peu nécessaires, ...
Je ne veux plus dormir non plus. Cette demeure mortelle, je la [détruirai,
Quoi que César puisse faire. Homme, sachez-le bien,
Je ne vivrai pas, les ailes rognées, à la cour de votre maître,
Ni jamais ne serai châtiée par le froid regard
De la morne Octavie. Veulent-ils me brandir

And show me to the shouting varletry
Of censuring Rome? Rather a ditch in Egypt
Be gentle grave unto me! rather on Nilus' mud
Lay me stark nak'd, and let the water-flies
Blow me into abhorring! rather make
My country's high pyramides my gibbet,
And hang me up in chains!

PROCULEIUS

You do extend
These thoughts of horror further than you shall
Find cause in Cæsar.

Enter Dolabella.

DOLABELLA

Proculeius,
What thou hast done thy master Cæsar knows,
And he hath sent for thee : for the queen,
I'll take her to my guard.

PROCULEIUS

So, Dolabella,
It shall content me best : be gentle to her.
[*to Cleopatra*] To Cæsar I will speak what you shall please,
If you'll employ me to him.

CLEOPATRA

Say, I would die.

[*Proculeius goes.*

DOLABELLA

Most noble Empress, you have heard of me?

CLEOPATRA

I cannot tell.

Et me montrer à la populace hurlante
De Rome accusatrice? Qu'un fossé en Egypte plutôt
Me soit une charitable tombe! Sur le limon du Nil
Qu'on m'étende plutôt toute nue, et que les mouches des marais
Me changent en purulente horreur! Plutôt faire
Des hautes pyramides de mon pays mon gibet,
Et m'y pendre dans mes chaînes!

PROCULEIUS

Vos pensées d'horreur
Vont bien au-delà de ce que jamais César
Vous donnera motif d'éprouver.

Entre Dolabella.

DOLABELLA

Proculeius,
Ce que tu as accompli, César ton maître en a connaissance,
Il te demande auprès de lui; quant à la Reine
Je la prends sous ma garde.

PROCULEIUS

Ainsi, Dolabella,
Ce sera pour le mieux; sois bon envers elle.
(à Cléopâtre.) Je dirai à César ce qu'il vous plaira,
Si vous voulez bien m'envoyer à lui.

CLÉOPÂTRE

Dis que je voudrais mourir.

Sort Proculeius.

DOLABELLA

Très noble impératrice, vous a-t-on parlé de moi?

CLÉOPÂTRE

Je ne saurais dire.

DOLABELLA

Assuredly you know me.

CLEOPATRA

No matter, sir, what I have heard or known.
You laugh when boys or women tell their dreams;
Is't not your trick?

DOLABELLA

I understand not, madam.

CLEOPATRA

I dreamed there was an Emperor Antony.
O, such another sleep, that I might see
But such another man!

DOLABELLA

If it might please ye—

CLEOPATRA

His face was as the heavens, and therein stuck
A sun and moon, which kept their course and lighted
The little O, the earth.

DOLABELLA

Most sovereign creature—

CLEOPATRA

His legs bestrid the ocean, his reared arm
Crested the world : his voice was propertied
As all the tunéd spheres, and that to friends;
But when he meant to quail and shake the orb,

DOLABELLA

Sûrement vous me connaissez.

CLÉOPÂTRE

Peu importe ce que j'ai pu connaître ou ce qu'on m'a dit.
Vous riez, quand des enfants ou des femmes racontent leurs rêves,
N'est-ce pas, vous riez ?

DOLABELLA

Je ne comprends pas, madame.

CLÉOPÂTRE

J'ai rêvé qu'il était un empereur Antoine.
Ah, me rendormir du même sommeil, que je puisse voir
Un autre encore tel que lui !

DOLABELLA

S'il vous plaisait de bien vouloir...

CLÉOPÂTRE

Son visage était comme les cieux, et il y avait là
Un soleil et une lune, qui suivaient leur cours, et éclairaient
Le petit O, la terre.

DOLABELLA

Très souveraine personne...

CLÉOPÂTRE

Ses pieds enjambaient l'océan, son bras levé
Couronnait le monde ; sa voix avait un chant
Comme toutes les sphères à l'unisson, et cela pour ses amis ;
Mais quand il voulait effrayer le monde et l'ébranler,

He was as rattling thunder. For his bounty,
There was no winter in't; an autumn 'twas
That grew the more by reaping: his delights
Were dolphin-like, they showed his back above
The element they lived in: in his livery
Walked crowns and crownets; realms and islands were
As plates dropped from his pocket.

DOLABELLA

Cleopatra—

CLEOPATRA

Think you there was, or might be, such a man
As this I dreamed of?

DOLABELLA

Gentle madam, no.

CLEOPATRA

You lie, up to the hearing of the gods.
But if there be, or ever were, one such,
It's past the size of dreaming: nature wants stuff
To vie strange forms with Fancy, yet t'imagine
An Antony were Nature's piece 'gainst Fancy,
Condemning shadows quite.

DOLABELLA

Hear me, good madam.
Your loss is as yourself, great; and you bear it
As answering to the weight: would I might never
O'ertake pursued success, but I do feel,
By the rebound of yours, a grief that smites
My very heart at root.

CLEOPATRA

I thank you, sir.

Il était comme un orage qui gronde. Pour sa largesse,
Il n'était point d'hiver en elle; c'était un automne[6]
Qui d'autant plus donnait qu'on y moissonnait : ses plaisirs
Etaient comme le dauphin, ils montraient son échine[7]
Au-dessus des flots où ils vivaient : sous sa livrée
Marchaient diadèmes et couronnes; les royaumes et les îles étaient
Comme piécettes tombées de sa poche.

DOLABELLA

Cléopâtre...

CLÉOPÂTRE

Crois-tu qu'il fut jamais, ou qu'il puisse être, un homme
Tel que celui-là dont j'ai rêvé?

DOLABELLA

Noble dame, non.

CLÉOPÂTRE

Tu mens, devant les dieux qui t'entendent.
Mais si un tel homme existe ou jamais a existé,
Quel rêve en approcherait? La nature est trop pauvre
Pour lutter de prodiges avec l'esprit, pourtant, imaginer
Un Antoine, ce serait prouesse de la nature contre l'esprit,
Réduisant à néant ses ombres.

DOLABELLA

Ecoutez-moi, madame.
Votre deuil est comme vous-même, sublime; et votre souffrance,
A le supporter, répond à son poids; que jamais je ne saisisse
Un succès poursuivi, si je n'éprouve,
En retour de la vôtre, une douleur qui frappe
Mon propre cœur à sa racine.

CLÉOPÂTRE

Je vous remercie, monsieur.

Know you what Cæsar means to do with me?

DOLABELLA

I am loath to tell you what I would you knew.

CLEOPATRA

Nay, pray you, sir,—

DOLABELLA

Though he be honourable,—

CLEOPATRA

He'll lead me then in triumph?

DOLABELLA

Madam, he will, I know't.

[*flourish.*
Shouting heard.

Make way there! Cæsar!

Enter Cæsar, Gallus, Proculeius, Mæcenas, and others of his train.

CÆSAR

Which is the Queen of Egypt?

DOLABELLA

It is the Emperor, madam.

[*Cleopatra kneels.*

CÆSAR

Arise, you shall not kneel:

Savez-vous ce que César entend faire de moi?

DOLABELLA

Je recule à vous dire ce que je voudrais que vous sachiez.

CLÉOPÂTRE

De grâce, monsieur...

DOLABELLA

Bien qu'il soit homme d'honneur...

CLÉOPÂTRE

Il me traînera dans son triomphe, c'est cela?

DOLABELLA

Oui, madame, je le sais.

Fanfare.

(On entend des cris.) Place! Ecartez-vous! César!

Entrent César, Gallus, Proculeius, Mécène, et d'autres de sa suite.

CÉSAR

Laquelle est la reine d'Egypte?

DOLABELLA

C'est l'Imperator, madame.

Cléopâtre s'agenouille.

CÉSAR

Relevez-vous, il ne faut point vous agenouiller;

I pray you, rise, rise, Egypt.

CLEOPATRA

Sir, the gods
Will have it thus; my master and my lord
I must obey.

CÆSAR

Take to you no hard thoughts:
The record of what injuries you did us,
Though written in our flesh, we shall remember
As things but done by chance.

CLEOPATRA

Sole sir o'th' world,
I cannot project mine own cause so well
To make it clear, but do confess I have
Been laden with like frailties which before
Have often shamed our sex.

CÆSAR

Cleopatra, know,
We will extenuate rather than enforce:
If you apply yourself to our intents,
Which towards you are most gentle, you shall find
A benefit in this change; but if you seek
To lay on me a cruelty by taking
Antony's course, you shall bereave yourself
Of my good purposes and put your children
To that destruction which I'll guard them from
If thereon you rely. I'll take my leave.

CLEOPATRA

And may, through all the world: 'tis yours; and we,
Your scutcheons and your signs of conquest, shall
Hang in what place you please. Here, my good lord.

[*she proffers a paper.*

De grâce, relevez-vous, relevez-vous, Egypte.

CLÉOPÂTRE

Les dieux
Le veulent ainsi ; à mon maître et seigneur
Je dois obéir.

CÉSAR

Ne vous meurtrissez pas à ces pensées.
Le récit des offenses que vous avez pu nous faire,
Bien qu'écrit dans notre chair, nous en garderons souvenir
Comme de traits du hasard seulement.

CLÉOPÂTRE

Seul souverain du monde,
Je ne puis présenter ma propre cause si bien
Qu'elle en soit sans reproche, et force m'est d'avouer
Que j'ai pris ma lourde part de ces péchés dont avant moi
Souvent notre sexe s'est déshonoré.

CÉSAR

Cléopâtre, sachez-le,
Nous excuserons, plutôt que nous ne tiendrons rigueur ;
Si vous vous rangez vous-même à nos intentions
Qui sont envers vous des plus douces, vous trouverez
Avantage à ce changement ; mais si votre but
Est de m'obliger à quelque cruauté en faisant vôtre
La conduite d'Antoine, vous vous privez vous-même
Des bontés que je vous destine, et vouez vos enfants
A cette destruction dont j'entends les préserver
Si vous me faites en cela confiance. Il me faut m'éloigner.

CLÉOPÂTRE

Vous le pouvez, et par le monde entier, car il est vôtre ; et nous,
Vos écussons et vos brevets de conquête, il nous faut
Rester fixés où il vous plaît. Bon seigneur, voyez.

Elle tend un document.

CÆSAR

You shall advise me in all for Cleopatra.

CLEOPATRA

This is the brief of money, plate and jewels,
I am possessed of : 'tis exactly valued,
Not petty things admitted. Where's Seleucus?

Seleucus comes forward.

SELEUCUS

Here, madam.

CLEOPATRA

This is my treasurer. Let him speak, my lord,
Upon his peril, that I have reserved
To myself nothing. Speak the truth, Seleucus.

SELEUCUS

Madam.
I had rather seal my lips than to my peril
Speak that which is not.

CLEOPATRA

What have I kept back?

SELEUCUS

Enough to purchase what you have made known.

CÆSAR

Nay, blush not, Cleopatra, I approve

CÉSAR

Vous serez ma conseillère en tout ce qui regarde Cléopâtre.

CLÉOPÂTRE

Voici le relevé de l'argent, des vaisselles et joyaux
Dont j'ai la possession : c'en est l'exacte évaluation,
Non compté les menues choses. Où est Seleucus ?

Seleucus s'avance.

SELEUCUS

Ici, madame.

CLÉOPÂTRE

Voici mon trésorier. Qu'il déclare, monseigneur,
Sur sa vie même, que je n'ai rien gardé
Par-devers moi. Dis la vérité, Seleucus.

SELEUCUS

Madame,
J'aimerais mieux sceller mes lèvres, plutôt qu'au péril de ma vie
Dire ce qui n'est pas.

CLÉOPÂTRE

Qu'ai-je dissimulé ?

SELEUCUS

Assez pour acheter ce que vous avez déclaré.

CÉSAR

Non, ne rougissez pas, Cléopâtre, j'approuve

Your wisdom in the deed.

CLEOPATRA

See, Cæsar! O, behold,
How pomp is followed! mine will now be yours,
And, should we shift estates, yours would be mine.
The ingratitude of this Seleucus does
Even make me wild. O slave, of no more trust

[*menacing.*

Than love that's hired! What, goest thou back? thou shalt
Go back, I warrant thee; but I'll catch thine eyes,
Though they had wings: slave, soulless villain, dog!
O rarely base!

[*beats him.*

CÆSAR

Good queen, let us entreat you.

CLEOPATRA

O Cæsar, what a wounding shame is this,
That thou, vouchsafing here to visit me,
Doing the honour of thy lordliness
To one so meek, that mine own servant should
Parcel the sum of my disgraces by
Addition of his envy! Say, good Cæsar,
That I some lady trifles have reserved,
Immoment toys, things of such dignity
As we greet modern friends withal; and say,
Some nobler token I have kept apart
For Livia and Octavia, to induce
Their mediation; must I be unfolded
With one that I have bred? The gods! it smites me
Beneath the fall I have. [*to Seleucus*] Prithee, go hence;
Or I shall show the cinders of my spirits
Through th'ashes of my chance: wert thou a man,
Thou wouldst have mercy on me.

Votre sagesse en l'occasion.

CLÉOPÂTRE

Vois, César! Ô regarde,
Comme on suit le faste! Le mien à présent est à toi,
Et si nos fortunes changeaient, les tiennes seraient miennes!
L'ingratitude de ce Seleucus est même telle
Que j'enrage. Ô esclave, sans plus de fidélité

Menaçante

Que l'amour de louage!
Quoi, tu recules? Tu vas
Reculer, je te le promets; mais j'attraperai tes yeux,
Quand même ils auraient des ailes : esclave, gredin sans âme, chien!
Ô, rare infamie!

Elle le frappe.

CÉSAR

Sage reine, laissez-nous intercéder.

CLÉOPÂTRE

Ô César, quelle honte est-ce là,
Que, toi daignant ici me faire visite,
Accorder l'honneur de ta noble présence
A quelqu'un d'aussi humble, mon propre serviteur déroule
La somme de mes opprobres à quoi s'ajoute encore
Son envie! Admets, noble César,
Que j'aie gardé quelques brimborions de femme,
De petits riens, de ces choses, sans plus,
Dont on gratifie les amis quelconques; admets encore
Que j'aie mis à part quelque plus noble gage
Pour Livie et Octavie, afin d'obtenir
Leur médiation. Dois-je être dénoncée
Par qui j'ai nourri? Dieux! Ce coup me jette,
Si bas que je sois, plus bas encore. *(à Seleucus.)* Je te prie, va-t'en;
Ou je montrerai mon âme en poussière
A travers les cendres de ma fortune; serais-tu un homme,
Tu aurais compassion de moi.

CÆSAR

Forbear, Seleucus.

[*Seleucus goes.*

CLEOPATRA

Be it known, that we, the greatest, are misthought
For things that others do, and when we fall,
We answer others' merits in our name,
Are therefore to be pitied.

CÆSAR

Cleopatra.
Not what you have reserved, nor what acknowledged,
Put we i'th'roll of conquest : still be't yours,
Bestow it at your pleasure, and believe
Cæsar's no merchant, to make price with you
Of things that merchants sold. Therefore be cheered;
Make not your thoughts your prisons : no, dear queen;
For we intend so to dispose you as
Yourself shall give us counsel. Feed, and sleep :
Our care and pity is so much upon you
That we remain your friend; and so, adieu.

CLEOPATRA

My master, and my lord!

[*she does obeisance.*

CÆSAR [*raising her*]

Not so. Adieu.

[*flourish. Cæsar and his train depart.*

CLEOPATRA

He words me, girls, he words me, that I should not

CÉSAR

Laisse-nous, Seleucus.

Sort Seleucus.

CLÉOPÂTRE

Le monde apprenne que nous, les plus grands, sommes jugés à tort
Pour des choses accomplies par d'autres, et qu'une fois tombés,
Nous répondons de fautes commises en notre nom,
C'est pourquoi l'on peut bien nous plaindre.

CÉSAR

Cléopâtre,
Ni ce que vous avez gardé, ni ce que vous aurez reconnu,
Ne saurait échoir au vainqueur; qu'il reste vôtre,
Faites-en don comme il vous plaira, et soyez assurée
Que César n'est pas un marchand, pour débattre avec vous le prix
De choses que les marchands vendirent. Ainsi donc, prenez cœur;
Ne vous faites point de prisons de vos seules pensées; non, douce [reine;
Car nous entendons agir envers vous
Selon que vous-même nous le conseillerez. Mangez, et dormez :
Nous avons si grand souci et si grande pitié de vous
Que nous demeurons votre amie; sur quoi, adieu.

CLÉOPÂTRE

Mon maître, et mon seigneur!

Elle se prosterne.

CÉSAR, *la relevant.*

Je ne veux pas. Adieu.

Fanfare. César et sa suite s'éloignent.

CLÉOPÂTRE

Il me cajole, femmes, il me cajole, pour m'empêcher

Be noble to myself: but, hark thee, Charmian.

[*whispers.*

IRAS

Finish, good lady, the bright day is done,
And we are for the dark.

CLEOPATRA

Hie thee again,
I have spoke already, and it is provided,
Go put it to the haste.

CHARMIAN

Madam, I will.

Re-enter Dolabella.

DOLABELLA

Where's the queen?

CHARMIAN [*going*]

Behold, sir.

CLEOPATRA

Dolabella?

DOLABELLA

Madam, as thereto sworn by your command
(Which my love makes religion to obey),
I tell you this: Cæsar through Syria
Intends his journey, and within three days
You with your children will he send before.
Make your best use of this: I have performed

D'être noble envers moi-même; mais, écoute, Charmian.

Elle lui parle à l'oreille.

IRAS

Finissons, madame, le beau jour est passé,
Et pour nous il va faire noir.

CLÉOPÂTRE

Va de nouveau, hâte-toi,
J'ai parlé déjà, et la chose est prête,
Va dire que l'on fasse vite.

CHARMIAN

J'y vais, madame.

Rentre Dolabella.

DOLABELLA

Où est la Reine ?

CHARMIAN, *sortant.*

Vous la voyez, monsieur.

CLÉOPÂTRE

Dolabella ?

DOLABELLA

Madame, comme je l'avais juré, suivant votre ordre
(Auquel mon amour veut que j'obéisse religieusement),
Je vous dirai ceci : César poursuit son voyage
Par la Syrie, et il veut, avant trois jours,
Vous et vos enfants, vous envoyer en avant.
Tirez de cela le meilleur parti : j'ai satisfait

Your pleasure and my promise.

CLEOPATRA

Dolabella,
I shall remain your debtor.

DOLABELLA

I your servant.
Adieu, good queen; I must attend on Cæsar.

CLEOPATRA

Farewell, and thanks.

[*he goes.*

Now, Iras, what think'st thou?
Thou, an Egyptian puppet, shalt be shown
In Rome, as well as I: mechanic slaves
With greasy aprons, rules and hammers, shall
Uplift us to the view: in their thick breaths,
Rank of gross diet, shall we be enclouded
And forced to drink their vapour.

IRAS

The gods forbid!

CLEOPATRA

Nay, 'tis most certain, Iras: saucy lictors
Will catch at us like strumpets, and scald rhymers
Ballad us out o'tune: the quick comedians
Extemporally will stage us and present
Our Alexandrian revels; Antony
Shall be brought drunken forth, and I shall see
Some squeaking Cleopatra boy my greatness
I'th'posture of a whore.

IRAS

O the good gods!

Votre volonté et ma promesse.

CLÉOPÂTRE

Dolabella,
Je demeurerai votre obligée.

DOLABELLA

Moi, votre serviteur.
Adieu, douce Reine, il me faut suivre César.

CLÉOPÂTRE

Adieu, et merci.

Il sort.

Eh bien, Iras, qu'en penses-tu?
Comme une figurante égyptienne, tu seras montrée
Dans Rome, aussi bien que moi : des tâcherons esclaves
En tabliers crasseux, portant marteaux et règles,
Nous hisseront à bout de bras : dans leurs épaisses haleines,
Empuanties de basses viandes, nous serons enveloppées,
Et devrons respirer leur buée.

IRAS

Nous en gardent les dieux!

CLÉOPÂTRE

Non, rien n'est plus certain, Iras : d'insolents licteurs
Voudront nous attraper comme des catins, et de vils baladins
Feront de nous des chansons criardes : les délurés comédiens
Nous joueront au théâtre impromptu et représenteront
Nos orgies alexandrines; Antoine
Sera produit ivre sur la scène, et je verrai
Quelque piaillante Cléopâtre, un garçon, singeant ma grandeur
Avec les gestes d'une prostituée.

IRAS

Ô dieux cléments!

CLEOPATRA

Nay, that's certain.

IRAS

I'll never see't! for I am sure my nails
Are stronger than mine eyes.

CLEOPATRA

Why, that's the way
To fool their preparation, and to conquer
Their most absurd intents.

Charmian returns.

Now, Charmian!
Show me, my women, like a queen: go fetch
My best attires. I am again for Cydnus,
To meet Mark Antony. Sirrah Iras, go.
Now, noble Charmian, we'll dispatch indeed,
And when thou hast done this chare I'll give thee leave
To play till doomsday. Bring our crown and all.

[*Iras goes. Loud voices heard.*

Wherefore's this noise?

Enter a Guardsman.

GUARDSMAN

Here is a rural fellow
That will not be denied your highness' presence.
He brings you figs.

CLÉOPÂTRE

Oui, cela est certain.

IRAS

Jamais je ne veux le voir! Car mes ongles, j'en suis bien sûre,
Sont plus forts que mes yeux.

CLÉOPÂTRE

C'est cela, voilà la bonne manière
Pour flouer leurs préparatifs et triompher
De leurs abjectes intentions.

Rentre Charmian.

Allons, Charmian!
Faites-moi paraître, mes femmes, comme une reine; apportez
Mes plus belles parures. De nouveau je pars vers le Cydnus,
A la rencontre de Marc-Antoine. Iras, toi, va-t'en.
C'est maintenant, noble Charmian, que nous nous dépêcherons
[vraiment,
Et quand tu auras fini cette besogne, je te donne permission
De t'amuser jusqu'à la fin du monde. Apporte notre couronne,
[et tout.

Sort Iras. Gros bruit de voix à l'extérieur.

Pourquoi ce bruit?

Entre un garde.

LE GARDE

Un homme de la campagne est là
Qui insiste pour avoir accès à Votre Altesse.
Il apporte des figues.

CLEOPATRA

Let him come in.

[*Guardsman goes.*

What poor an instrument
May do a noble deed! he brings me liberty.
My resolution's placed, and I have nothing
Of woman in me : now from head to foot
I am marble-constant; now the fleeting moon
No planet is of mine.

[*sits upon a golden couch.*
Guardsman returns with Clown, bringing in a basket.

GUARDSMAN

This is the man.

CLEOPATRA

Avoid, and leave him.

[*he goes.*

Hast thou the pretty worm of Nilus there,
That kills and pains not?

CLOWN

Truly, I have him : but I would not be the party that should desire you to touch him, for his biting is immortal; those that do die of it do seldom or never recover.

CLEOPATRA

Remember'st thou any that have died on't?

CLÉOPÂTRE

Faites-le entrer.

Le garde sort.

Comme un chétif instrument
Peut accomplir une noble action! Il m'apporte la liberté.
Ma détermination ne changera pas, et je n'ai plus rien
De la femme en moi : je suis maintenant de la tête aux pieds
Marbre immuable; à présent la lune inconstante
A cessé d'être ma planète.

Elle s'assied sur une couche dorée.
Le garde rentre avec un paysan porteur d'un panier.

LE GARDE

Voici l'homme.

CLÉOPÂTRE

Retire-toi, et laisse-le.

Sort le garde.

As-tu là le gentil serpent du Nil
Qui tue et ne fait pas souffrir?

LE PAYSAN

Que oui, je l'ai : mais je ne voudrais pas qu'il soit dit que j'ai envie que vous le touchiez, vu que sa morsure est immortelle; ceux qui en meurent ne s'en remettent guère ou jamais.

CLÉOPÂTRE

Te rappelles-tu quelqu'un qui en soit mort?

CLOWN

Very many, men and women too. I heard of one of them no longer than yesterday—a very honest woman, but something given to lie, as a woman should not do but in the way of honesty—how she died of the biting of it, what pain she felt. Truly, she makes a very good report o'th'worm; but he that will believe all that they say, shall never be saved by half that they do : but this is most fallible, the worm's an odd worm.

CLEOPATRA

Get thee hence; farewell.

CLOWN

I wish you all joy of the worm.

[setting down the basket beside the couch.

CLEOPATRA

Farewell.

CLOWN

You must think this, look you, that the worm will do his kind.

CLEOPATRA

Ay, ay; farewell.

CLOWN

Look you, the worm is not to be trusted but in the keeping of wise people : for indeed there is no goodness in the worm.

CLEOPATRA

Take thou no care, it shall be heeded.

LE PAYSAN

Maint et maint, des femmes aussi. Une pas plus tard qu'hier, ... une bien honnête femme, mais un peu adonnée à la farce, ce qu'une femme ne devrait pas, sauf par manière d'honnêteté, ... elle m'a dit comme quoi d'une morsure du serpent elle est morte, et quelle douleur elle a ressentie. De vrai, il faut l'entendre parler du serpent; mais celui qui croira tout ce qu'on dit ne sera jamais sauvé par la moitié de ce qu'on fait; mais rien de plus faillible, le serpent est un drôle de serpent.

CLÉOPÂTRE

Va-t'en d'ici; adieu.

LE PAYSAN

Je vous souhaite bien du plaisir avec le serpent.

Il pose le panier près du lit de Cléopâtre.

CLÉOPÂTRE

Adieu.

LE PAYSAN

Prenez garde, voyez-vous, que le serpent suivra sa race.

CLÉOPÂTRE

Mais oui, mais oui; adieu.

LE PAYSAN

Voyez-vous, il ne faut pas se fier au serpent, à moins qu'il ne soit sous bonne garde, car, de vrai, le serpent est tout mauvaiseté.

CLÉOPÂTRE

Sois sans inquiétude, on y veillera.

CLOWN

Very good : give it nothing, I pray you, for it is not worth the feeding.

CLEOPATRA

Will it eat me?

CLOWN

You must not think I am so simple but I know the devil himself will not eat a woman : I know that a woman is a dish for the gods, if the devil dress her not. But, truly, these same whoreson devils do the gods great harm in their women; for in every ten that they make, the devils mar five.

CLEOPATRA

Well, get thee gone; farewell.

CLOWN

Yes, forsooth : I wish you joy o'th'worm.

[*goes.*
Re-enter Iras with a robe, crown, etc.

CLEOPATRA

Give me my robe, put on my crown, I have
Immortal longings in me. Now no more
The juice of Egypt's grape shall moist this lip.
Yare, yare, good Iras; quick. Methinks I hear
Antony call; I see him rouse himself
To praise my noble act; I hear him mock
The luck of Cæsar, which the gods give men
To excuse their after wrath. Husband, I come :
Now to that name my courage prove my title!
I am fire and air; my other elements

LE PAYSAN

Très bien; ne lui donnez rien, je vous prie, car il ne vaut pas sa nourriture.

CLÉOPÂTRE

Va-t-il me manger?

LE PAYSAN

N'allez pas croire que je suis si nigaud de ne pas savoir que le diable lui-même ne voudrait pas manger une femme : je sais qu'une femme est un plat pour les dieux, si ce n'est pas le diable qui l'accommode. Mais le fait est que les fils de putain de diables portent grand tort aux dieux dans leurs femmes, car en chaque dizaine que les dieux font, les diables en gâtent cinq.

CLÉOPÂTRE

Allons, va-t'en, adieu.

LE PAYSAN

Oui, ma foi; bien du plaisir avec le serpent.

Il sort.
Rentre Iras apportant une robe, la couronne, etc.

CLÉOPÂTRE

Donnez-moi ma robe, mettez à mon front la couronne, j'ai
D'immortels désirs en moi. Jamais plus
Le jus du raisin d'Egypte n'humectera ces lèvres.
Vite, vite, bonne Iras; dépêche. Il me semble entendre
Antoine qui m'appelle; je le vois qui se réveille
Pour saluer ma noble action; je l'entends moquer
Le succès de César, celui que les dieux donnent aux hommes
Pour justifier, après, leur colère. Mon époux, je viens :
A ce nom maintenant, que mon courage me donne titre!
Je suis feu, je suis air; mes autres éléments,

I give to baser life. So, have you done?
Come then and take the last warmth of my lips.
Farewell, kind Charmian, Iras, long farewell.

[*kisses them. Iras falls and dies.*

Have I the aspic in my lips? Dost fall?
If thou and nature can so gently part,
The stroke of death is as a lover's pinch,
Which hurts, and is desired. Dost thou lie still?
If thus thou vanishest, thou tell'st the world
It is not worth leave-taking.

CHARMIAN

Dissolve, thick cloud, and rain, that I may say
The gods themselves do weep!

CLEOPATRA

This proves me base:
If she first meet the curléd Antony,
He'll make demand of her, and spend that kiss
Which is my heaven to have. Come, thou mortal wretch,

[*to an asp, which she applies to her breast.*

With thy sharp teeth this knot intrinsicate
Of life at once untie: poor venomous fool,
Be angry, and dispatch. O, couldst thou speak,
That I might hear thee call great Cæsar ass.
Unpolicied!

CHARMIAN

O eastern star!

CLEOPATRA

Peace, peace!
Dost thou not see my baby at my breast,
That sucks the nurse asleep?

Je les laisse à l'ignoble vie. Ainsi, tu as terminé ?
Viens, alors, et prends l'ultime chaleur de mes lèvres.
Adieu, douce Charmian, Iras, de longs adieux.

Elle les embrasse. Iras tombe et meurt.

Ai-je l'aspic sur mes lèvres ? Tu tombes ?
Si vous pouvez, la nature et toi, si doucement vous séparer,
L'atteinte de la mort est comme un pincement des doigts aimés
Qui fait mal et qu'on désire. Quoi, gisant là si tranquille ?
En t'enfuyant ainsi, tu fais savoir au monde
Qu'il n'est pas digne d'un adieu.

CHARMIAN

Fonds-toi, nuage épais, tombe en pluie, que je puisse dire
Que les dieux eux-mêmes pleurent.

CLÉOPÂTRE

Voilà qui m'accuse de lâcheté :
Si la première elle rencontre mon Antoine à barbe frisée,
Il voudra s'enquérir auprès d'elle, et la paiera de ce baiser
Que c'est mon paradis d'avoir. Viens, mortelle bestiole,

(à un aspic, qu'elle applique sur son sein)

De ta dent aiguë, ce nœud de vie secret, serré,
Dénoue-le à l'instant ; venimeux pauvret,
Sois en colère, et fais vite. Ô que n'es-tu doué de parole,
Je t'entendrais traiter le grand César d'âne,
De rustre épais !

CHARMIAN

Ô étoile d'Orient !

CLÉOPÂTRE

Paix, paix !
Ne vois-tu pas mon petit enfant sur mon sein,
Qui tète sa nourrice et l'endort ?

CHARMIAN

O, break! O, break!

CLEOPATRA

As sweet as balm, as soft as air, as gentle—
O Antony!—Nay, I will take thee too:

[*applying another asp to her arm.*

What should I stay—

[*dies.*

CHARMIAN

In this wild world? So, fare thee well!
Now boast thee, death, in thy possession lies
A lass unparalleled. Downy windows [*closing her eyes*], close;
And golden Phœbus never be beheld
Of eyes again so royal! Your crown's awry,
I'll mend it, and then play—

Enter the Guard, rustling in.

1 GUARD

Where's the queen?

CHARMIAN

Speak softly, wake her not.

1 GUARD

Cæsar hath sent—

CHARMIAN

Too slow a messenger.

[*applies an asp.*

O, come apace, dispatch, I partly feel thee.

CHARMIAN

Ô cœur, ô cœur, brise-toi!

CLÉOPÂTRE

Suave comme baume, aussi doux qu'un souffle, aussi caressant...
Ô Antoine!... Oui, je te veux aussi, toi :

Appliquant un autre aspic à son bras.

Pourquoi resterais-je...

Elle meurt.

CHARMIAN

En ce monde atroce? Ainsi, adieu!
A présent, mort, sois fière, tu tiens en ton pouvoir
Une fille non pareille. Soyeuses paupières *(elle lui ferme les yeux)* fermez-vous;
Et que Phébus doré plus jamais ne soit regardé
Par des yeux aussi souverains! Votre diadème glisse,
Je vais l'arranger, et puis m'amuser...

Entre la garde, brutalement.

PREMIER SOLDAT

Où est la Reine?

CHARMIAN

Parlez bas, ne l'éveillez pas.

PREMIER SOLDAT

César a envoyé...

CHARMIAN

Un messager trop lent.

Elle applique un aspic à sa poitrine.

Ô, viens vite, hâte-toi, je ne te sens pas assez.

1 GUARD

Approach, ho! All's not well: Cæsar's beguiled.

2 GUARD

There's Dolabella sent from Cæsar; call him.

1 GUARD

What work is here! Charmian, is this well done?

CHARMIAN

It is well done, and fitting for a princess
Descended of so many royal kings.
Ah! soldier!

[*Charmian dies.*
Re-enter Dolabella.

DOLABELLA

How goes it here?

2 GUARD

All dead.

DOLABELLA

Cæsar, thy thoughts
Touch their effects in this: thyself art coming
To see performed the dreaded act which thou
So sought'st to hinder. [*shouts heard.*
A way there, a way for Cæsar!

Enter Cæsar and all his train, marching.

PREMIER SOLDAT

Par ici, ho! Il y a du louche : César est volé.

DEUXIÈME SOLDAT

Dolabella vient de chez César; appelle-le.

PREMIER SOLDAT

Du beau travail! Charmian, trouvez-vous cela bien?

CHARMIAN

Très bien, et digne d'une princesse
Descendue de tant de grands rois.
Ah, soldat!

Charmian meurt.
Rentre Dolabella.

DOLABELLA

Que se passe-t-il ici?

DEUXIÈME SOLDAT

Toutes mortes.

DOLABELLA

César, tes pressentiments
Trouvent en ceci leur objet : tu viens toi-même
Pour voir accompli cet acte redouté
Que tu voulais tellement prévenir.
(On entend des cris.) César arrive, dégagez, dégagez!

Entrent César et toute sa suite.

DOLABELLA

O sir, you are too sure an augurer;
That you did fear is done.

CÆSAR

Bravest at the last,
She levelled at our purposes, and being royal
Took her own way The manner of their deaths?
I do not see them bleed.

DOLABELLA

Who was last with them?

1 GUARD

A simple countryman, that brought her figs:
This was his basket.

CÆSAR

Poisoned then.

1 GUARD

O Cæsar,
This Charmian lived but now, she stood and spake:
I found her trimming up the diadem
On her dead mistress; tremblingly she stood,
And on the sudden dropped.

CÆSAR

O noble weakness!
If they had swallowed poison, 'twould appear
By external swelling: but she looks like sleep,
As she would catch another Antony
In her strong toil of grace.

DOLABELLA

Hélas, seigneur, vous êtes trop bon augure;
Ce que vous redoutiez s'est produit.

CÉSAR

A la fin la vaillance même,
Elle a deviné nos desseins et, en vraie souveraine,
A choisi son chemin. Mais comment sont-elles mortes?
Je ne vois pas de sang.

DOLABELLA

Qui était auprès d'elles en dernier?

PREMIER SOLDAT

Un simple campagnard, qui lui apporta des figues;
Voici son panier.

CÉSAR

Donc, empoisonnées.

PREMIER SOLDAT

Ô César, à l'instant
Cette Charmian vivait encore, elle était debout et parlait :
Je l'ai trouvée qui redressait le diadème
Au front de sa maîtresse morte; elle était là et tremblait
Et tout à coup elle est tombée.

CÉSAR

Ô noble faiblesse!
Eussent-elles avalé du poison, cela se verrait
A une enflure externe; mais on dirait qu'elle dort
Comme si elle voulait prendre un autre Antoine
Aux puissants rets de sa beauté.

DOLABELLA

Here, on her breast,
There is a vent of blood, and something blown.
The like is on her arm.

1 GUARD

This is an aspic's trail, and these fig-leaves
Have slime upon them, such as th'aspic leaves
Upon the caves of Nile.

CÆSAR

Most probable
That so she died; for her physician tells me
She hath pursued conclusions infinite
Of easy ways to die. Take up her bed,
And bear her women from the monument.
She shall be buried by her Antony.
No grave upon the earth shall clip in it
A pair so famous. High events as these
Strike those that make them; and their story is
No less in pity than his glory which
Brought them to be lamented. Our army shall
In solemn show attend this funeral,
And then to Rome. Come, Dolabella, see
High order in this great solemnity.

[*they go; the soldiers bearing off the dead bodies.*

DOLABELLA

Là, sur son sein,
Du sang a coulé, un endroit est enflé;
Sur son bras, la même chose.

PREMIER SOLDAT

C'est la trace d'un aspic, et ces feuilles de figuier
Ont sur elles de la bave, comme l'aspic en laisse
Dans les antres du Nil.

CÉSAR

Très probablement
C'est ainsi qu'elle est morte; car son médecin me dit
Qu'elle avait poursuivi mainte et mainte expérience
Sur les façons de mourir sans peine. Enlevez sa couche,
Et portez ses femmes hors du tombeau.
Il faut l'ensevelir près de son Antoine.
Jamais tombe sur la terre n'enfermera
Aussi illustre couple. De hauts dénouements comme ceux-ci
Désolent ceux-là mêmes qui les causent; et leur histoire
Est aussi grande en sa tristesse que la gloire
De celui qui les mit au trépas. Notre armée,
En un défilé solennel, suivra ces funérailles,
Puis fera route vers Rome. Allons, Dolabella, veille
A la noble ordonnance de cette haute solennité.

Ils sortent; les soldats emportent les cadavres.

NOTES DU TRADUCTEUR

1\. ... *un coursier tout armé...* Le Folio de 1623 donne *Armegaunt*, où tous les critiques s'accordent à voir une faute du premier imprimeur d'*Antoine et Cléopâtre.* Ils diffèrent sensiblement sur la correction à apporter.

2\. ... *s'empressaient sous ses regards. Et lui faisaient une guirlande de leurs courbettes.* Passage curieusement controversé. Il existe, entre autres, une interprétation (Jackson, 1819) purement nautique, qui peut sembler convaincante ; *in the eyes* ne signifierait pas : sous les regards de Cléopâtre, mais : à l'avant du navire (the eyes of the ship), et *their bends* désignerait les *préceintes*, — planches épaisses du bordage du navire. Les dames de compagnie seraient donc à l'avant du navire, dont elles embellissent le bordage...

3\. *Ils lui ont fait boire des tournées de charité. Alms-drink* a été interprété par Murray comme signifiant « le vin du pauvre » (le vin donné aux indigents dans les asiles). Mais si l'expression *alms' penny* (le sou du pauvre) existe en effet, ce serait ici le seul exemple de *alms-drink* pris en ce sens. Nous avons préféré l'interprétation des Variorum.

4\. ... *qu'un partisan qui soit une gourde.* Le calembour entre *partisan* et *pertuisane*, rendu facile en anglais par la similitude verbale, tombe à la traduction.

5\. *le monde écroulé... ruined* est une version corrigée du Folio de 1623 qui donne *round.* Certains commentateurs ont conjecturé ici l'omission par l'imprimeur de quelques mots, mais le sens de la phrase reste évident malgré l'ellipse.

6\. *c'était un automne...* Le Folio donne : *An Anthony it was.* La lecture *automne* se justifie évidemment par la similitude des deux mots, en particulier sous la forme d'*Anthonie* pour Antoine.

7\. *...ils montraient son échine...* L'image semblerait appeler *leur* échine, mais le possessif au singulier dans notre texte n'autorise pas cette correction.

CHRONOLOGIE DES ŒUVRES

1589-1590 : 1 *Henry VI*

1590-1591 : 2 *Henry VI*
3 *Henry VI*

1592-1593 : *Richard III*
Titus Andronicus

1593 : *Venus and Adonis* (Vénus et Adonis), poème

1593-1594 : *The Comedy of Errors* (La Comédie des Erreurs)
The Taming of the Shrew (La Mégère Apprivoisée)

1594 : *The Rape of Lucrece* (Le Viol de Lucrèce), poème

1594-1595 : *The Two Gentlemen of Verona* (Les Deux Gentilshommes de Vérone)
Love's Labour's Lost (Peines d'Amour Perdues)

1595-1596 : *Romeo and Juliet* (Roméo et Juliette)
Richard II
A Midsummer Night's Dream (Le Songe d'une Nuit d'Été)

1595-1597 : *King John* (Le Roi Jean)
The Merchant of Venice (Le Marchand de Venise)

1597-1598 : 1 *Henry IV*
2 *Henry IV*

1598-1599 : *Much Ado about Nothing* (Beaucoup de Bruit pour Rien)

Henry V
The Merry Wives of Windsor (Les Joyeuses Commères de Windsor)

1599-1600 : *As You Like It* (Comme il vous Plaira)
Twelfth Night (La Nuit des Rois)
Julius Cæsar

1600 : *Hamlet* (dès 1599 ?)

1601 : *The Phoenix and the Turtle* (Le Phénix et la Tourterelle), poème[1]

1601-1602 : *Troilus and Cressida* (Troilus et Cressida)

1602-1603 : *All's Well That Ends Well* (Tout est Bien qui Finit Bien)
Othello

1603 : *Measure for Measure* (Mesure pour Mesure)

1604-1605 : *King Lear* (Le Roi Lear)

1605-1606 : *Macbeth*

1606-1607 : *Antony and Cleopatra* (Antoine et Cléopâtre)
Timon of Athens (Timon d'Athènes)

1607-1608 : *Coriolanus* (Coriolan)

1608-1609 : *Pericles, Prince of Tyre* (Périclès, Prince de Tyr)

1609 : *Sonnets*, avec *A Lover's Complaint* (La Plainte d'une Amante), poèmes[2]

1609-1610 : *Cymbeline* (Cymbeline)

1610-1611 : *The Winter's Tale* (Le Conte d'Hiver)

1. Publié dans *Love's Martyr* du poète Robert Chester (1566 (?)-1640).

2. Publiés en 1609 mais composés probablement de 1590 à 1603 ; l'attribution à Shakespeare de *La Plainte d'une Amante* a été mise en doute ; il s'agit peut-être d'une œuvre de jeunesse.

1611-1612 : *The Tempest* (La Tempête)

1612-1613 : *Henry VIII* (en collaboration avec John Fletcher)

1613-1614 : *The Two Noble Kinsmen* (Les Deux Nobles Cousins) (en collaboration avec John Fletcher)

CHRONOLOGIE

William Shakespeare (1564-1616); la vie et l'œuvre

1557 : Mariage de John Shakespeare, gantier (installé à Stratford on Avon depuis 1552), à Mary Arden, de Wilmcote; John, dont les affaires prospèrent grâce au négoce de la laine et de la viande, devient conseiller municipal.

1558 : Baptême (le 15 septembre, selon le rite catholique) de Joan, sœur aînée de William. (Les sept enfants qui suivirent seront baptisés selon le rite anglican) ; Joan meurt en bas âge (1558-59 ?).

Contexte historique et culturel

1557 : Guerre entre l'Angleterre et la France (jusqu'en 1559).

1558 : Mort (le 17 novembre) de Mary Tudor;
Elizabeth devient reine d'Angleterre;
Calais est repris par la France;
La Chute d'Icare de Bruegel;
Les Regrets de Du Bellay.

1559 : Couronnement d'Elisabeth I (15 janvier);
L'Heptaméron, de Marguerite de Navarre (posthume);
Jacques Amyot traduit *La Vie des Hommes Illustres* de Plutarque, et *Daphnis et Chloé* de Longus;
Mort d'Henri II; François II devient roi de France.

1560 : Mort de François II, Charles IX lui succède;
Œuvres de Ronsard;
Mélanges de Chansons, de Josquin des Prés (avec une préface de Ronsard);
traduction française de *Lazarillo de Tormes;*
Autoportrait de Véronèse;
Jasper Heywood traduit en anglais *Troas, Thyestes et Hercules Furens* de Sénèque.

1561 : Naissance de Francis Bacon;
The Book of the Courtier (Livre du Courtisan), traduction par Thomas Hoby de *Il Cortegiano (Le Courtisan)* de Baldassare Castiglione (1528).

1562 : Baptême (le 2 déc.) de Margaret, deuxième enfant des Shakespeare.

1564 : Naissance de William le 23 avril (?) dans la maison de Henly Street; baptême le 26 avril, en l'église de Holy Trinity, de « Gulielmus filius Johannes Shakespere »; la peste se déclare à Stratford au début de l'été et fait plus de deux cents victimes, soit un sixième de la population de la ville.

1565 : John, père de William, devient échevin.

1566 : Baptême (le 13 octobre) de Gilbert, deuxième fils des Shakespeare.

1568 : John Shakespeare accède à la plus haute fonction municipale, il devient bailli de Stratford.

1569 : Baptême (le 15 avril) d'une deuxième Joan.

1571 : Baptême (le 28 septembre) d'Anne, dernière des sœurs de William; quant à lui, depuis deux ans, il part chaque matin à la *petty school* où le maître, armé du *birch* (faisceau de badines de bouleau), lui a enseigné la lecture du *hornbook*, abécédaire protégé d'une plaque de corne transparente.

1562 : Naissance de Lope de Vega;
Massacre de Vassy : début des guerres de religion;
Les Noces de Cana de Véronèse;
Gorboduc, de Norton et Sackville, première tragédie anglaise en vers blancs.

1563 : Naissance de John Dowland;
Les Trente-Neuf Articles de l'Eglise Anglicane;
Assassinat du duc de Guise;
Paix d'Amboise, fin de la 1re guerre de religion;
Le Massacre des Innocents de Bruegel;
Grave épidémie de peste en Angleterre (plus de 20 000 victimes); les représentations théâtrales sont interdites à Londres à partir du 30 septembre.

1564 : Naissance de Christopher Marlowe;
Mort de Jean Calvin;
Mort de Michel-Ange;
Le Cinquième Livre (présumé) de Rabelais;
Naissance de Galilée.

1566 : Naissance de Jacques VI d'Ecosse, fils de Marie Stuart, futur Jacques Ier d'Angleterre;
Poèmes, Sixième et Septième Livres de Ronsard.
The Palace of Pleasure, de William Painter, traductions de textes classiques ou italiens, dont s'inspirera W.S.

1567 : Naissance de Claudio Monteverdi;
Missa Papae Marcelli, de Palestrina;
2e guerre de religion;
Publication de la version anglaise d'Arthur Golding des *Métamorphoses* d'Ovide, livre cher à W.S.

1568 : *Traité de la Peste* d'Ambroise Paré;
Carte du Monde de Mercator;
3e guerre de religion.

1571 : Bataille de Lépante (Cervantès y perd un bras);
Trois Livres des Apparitions, des esprits, fantômes, prodiges et accidens merveilleux, de Ludwig Lavater (trad. publiée à Paris du traité paru en latin l'année précédente).

1572 : Le jeune William qui a presque huit ans fréquente sans doute le *grammar school* de Stratford. Il a maintenant commencé à travailler le latin dans la *Grammatica Latina. A Short Introduction of Grammar*, de William Lily;
L'école commence à six heures du matin et s'achève le soir à cinq heures; en latin encore, on y étudie *Nowell's Catechism*;
Le prêtre de la paroisse, le dimanche et les jours fériés avant l'office du soir, instruit garçons et filles et leur fait réciter leur catéchisme, en anglais cette fois : en effet, selon les instructions de la hiérarchie anglicane, les paroisses sont tenues d'utiliser, outre le *Book of Common Prayer* (1549, rev. 1552), la version anglaise des Psaumes, des Homélies (en deux volumes) et celle des Paraphrases d'Erasme;
les textes de référence sont la Bible des Evêques de 1568 (médiocre révision de la Grande Bible de Miles Coverdale de 1539-41) et, malgré ses gloses calvinistes, la Bible de Genève due à William Whittingham et publiée de 1557 à 1560 : peu coûteuse et bien imprimée, elle est encore lue dans plusieurs églises et, en privé, dans nombre de familles comme celle de John et Mary Shakespeare.

1574 : Baptême (le 11 mars) de Richard, troisième fils de John et Mary Shakespeare.

1576 : Les affaires de John Shakespeare commencent à aller mal. Entre 76 et 82, les dettes le contraindront à hypothéquer une partie de l'héritage de Mary Arden, sa femme, et à céder des terres à vil prix; il ne prend plus sa place au conseil et on ne le voit pas à l'église; l'adversité exacerbe des inimitiés qui lui feront craindre un péril mortel en 1582.

1572 : Massacre de la Saint-Barthélemy (25 août) ;
4e guerre de religion ;
La Franciade de Ronsard ;
Naissance de John Donne ;
Jacques Amyot traduit les *Œuvres Morales* de Plutarque ;
La loi sur le vagabondage promulguée en Angleterre menace les troupes d'acteurs itinérants ; il leur faudra chercher un protecteur parmi les grands du royaume, puis un théâtre ; *Of Ghostes a. spirites walking by nyght*, de Ludwig Lavater (traduction par « R.H. » du traité paru en français à Paris en 1571) ; *Hamlet* montrera que Shakespeare connaît bien l'ouvrage de Lavater.

1573 : *Traité des Monstres et Prodiges* d'Ambroise Paré ;
Les Amours de Diane de Philippe Desportes ;
Aminta, de Torquato Tasso ;
Les Saisons, de Giuseppe Arcimboldo.

1574 : Mort de Charles IX ;
5e guerre de religion.

1575 : *Gerusalemme Liberata (La Jérusalem Délivrée)* de Torquato Tasso ;
Cantiones Sacrae de Thomas Tallis et William Byrd.

1576 : Le *Théâtre*, premier lieu de représentation permanent est construit à Shoreditch (Londres) par James Burbage, maître-charpentier devenu acteur principal de la troupe du comte de Leicester, Robert Dudley ;
A Perfect Description of the Celestial Orbes, trad. du *De Revolutionibus Orbi* (Livre I) de Copernic (1543) par Thomas Digges dont W.S. connaîtra le fils, Léonard.

1576-1577 : 6e guerre de religion.

1577 : Agrippa d'Aubigné commence *Les Tragiques* ;
7e guerre de religion ;
Construction du théâtre de la Courtine *(The Curtain)*, deuxième théâtre de Londres.

1578 : *Sonnets pour Hélène* de Ronsard ;
Véronèse décore le Palais des Doges à Venise.

1579 : Enterrement (le 4 avril) d'Anne, sœur de William, dans sa 8e année.

1580 : Baptême (le 3 mai) d'Edmund, dernier-né des frères de William qui est de seize ans plus âgé ; Edmund sera lui aussi acteur à Londres, sans succès marquant ; on n'a pas de témoignage précis sur sa carrière au théâtre.

1582 : William Shakespeare, 18 ans et sept mois, épouse le 28 novembre Anne Hathaway, née en 1556 ; elle attend leur enfant.

1583 : Baptême (le 26 mai) de Susanna, fille aînée d'Anne et W.S. Pendant la saison 1583-84, trois troupes jouent à Stratford : les comédiens des comtes d'Oxford, d'Essex et de Worcester.

1585 : Baptême (le 2 février) des jumeaux Judith et Hamnet, ainsi nommés en l'honneur de Judith et Hamnet Sadler, amis et proches voisins d'Anne et William Shakespeare.

1586 : Shakespeare gagne sa vie hors de Stratford (?) ; avant de devenir acteur, il est peut-être « maître d'école à la campagne » (précepteur d'une grande famille catholique ?).

1587 : De décembre 86 à décembre 87, cinq troupes donnent des représentations à Stratford, dont les Comédiens de la Reine, d'Essex, de Leicester (dont James Burbage est l'un des acteurs principaux) et la troupe de Lord Stafford ; William, qui a 23 ans, s'est peut-être fait recruter par l'une d'entre elles.

1579 : *Lives of the Noble Grecians and Romans* (traduction par Thomas North du Plutarque de Jacques Amyot, source principale des pièces romaines de W.S.) ;
1re éd. du *Shepherd's Calendar (Le Calendrier des Bergers)* d'Edmund Spenser ;
La Troade de Robert Garnier.

1580 : *De la Démonomanie des Sorciers*, de Jean Bodin ;
Les Essais, Livres I et II, de Montaigne ;
Seneca His Tenne Tragedies, trad. anglaise de dix tragédies de Sénèque, par Jasper Heywood et Thomas Newton. Cette publication va influencer la tragédie de vengeance élisabéthaine ;
Francis Drake boucle le tour du monde à la voile.

1582 : Réforme du calendrier par Grégoire XIII ;
Il Candelaio (Le Porteur de Flambeau) de Giordano Bruno, comédie satirique écrite à Paris.

1583: Naissance d'Orlando Gibbons ;
Del'Infinito, Universo e Mondi (De l'Infini, de l'Univers et des Mondes), dialogue philosophique de G. Bruno.

1584 : *The Discoverie of Witchcraft (Les Preuves de la Sorcellerie)*, de Reginald Scot.

1585 : Naissance de Richelieu ;
Mort de Thomas Tallis ;
Degli Eroici Furori (Des Fureurs Héroïques), dialogue philosophique de Giordano Bruno.

1586 : *A Treatise of Melancholie*, du médecin Timothy Bright *(Hamlet* montrera que Shakespeare a lu l'ouvrage de Bright) ;
Les Derniers Vers de Ronsard.

1587 : Exécution de Marie Stuart au château de Fotheringay ;
The Spanish Tragedy (La Tragédie Espagnole) de Thomas Kyd ;
Construction du théâtre de la Rose ;
Premières représentations de *Tamburlaine I&II* (Tamerlan, 1&2) de Christopher Marlowe, par la troupe des *Admiral's Men.*

1588 : Victoire anglaise sur l'Invincible Armada ;
Naissance de Thomas Hobbes ;
Les Essais, Troisième Livre, de Montaigne ;
Méditations sur les Psaumes, de Jean de Sponde ;
Assassinat du duc de Guise ; mort de Véronèse ;
Première représentation (?) du *Docteur Faustus* de Christopher Marlowe *(Admiral's Men).*

1589 : Shakespeare est vraisemblablement à Londres parmi les gens de théâtre (depuis 1587?) ;
il joue de petits rôles et commence à écrire pour la scène en exerçant divers métiers : selon la chronique, il garde les chevaux des spectateurs aisés (?).

1590 : 1 *Henry VI* (date de composition probable 89-90) : c'est peut-être la toute première pièce de W.S.
2 *Henry VI.*

1591 : 3 *Henry VI* et, fin 91, premières représentations de la trilogie.

1592 : Henslowe, dans son *Journal*, mentionne la représentation d'*Henry VI* à la date du 3 mars;
Robert Greene, « university wit », attaque Shakespeare dans un pamphlet écrit sur son lit de mort (« Un Liard d'Esprit acheté avec un Million de Repentir »), où il le traite d'« arriviste », de « corbeau paré de nos plumes ».

1592-3 : *Richard III*;
Titus Andronicus;
En 1593 et 1594, la fermeture des théâtres pour cause de peste semble permettre à Shakespeare de se consacrer à la poésie; peut-être a-t-il déjà écrit certains des *Sonnets*, que l'on peut pour la plupart attribuer à la décennie qui s'ouvre.

1593 : *Venus and Adonis*, déposé au Registre des Libraires le 18 avril, publié par Richard Field, imprimeur et libraire originaire de Stratford, ami donc (?) de W.S.;
l'édition est manifestement le fruit des soins conjugués de l'auteur et de l'imprimeur; le poème, dans le goût du *Hero and Leander* de Marlowe (dont W.S. a pu voir le manuscrit) est sa première œuvre publiée et s'inspire des *Métamorphoses* d'Ovide; il la dédicace au jeune comte de Southampton, Henry Wriothesley;
dans sa dédicace, W.S. annonce à son protecteur une « œuvre plus grave »; ce sera *The Rape of Lucrece*, composé dans les mois qui suivent. Southampton lui fera don d'une somme princière, mille livres selon certains (!?).

1589 : Mort de Catherine de Médicis; assassinat d'Henri III; Henri IV roi de France;
Première représentation de *The Jew of Malta* (Le Juif de Malte), de Marlowe *(Strange's Men)*;
Dans sa préface au *Menaphon* de Robert Greene, Thomas Nashe fustige les auteurs dramatiques qui pillent Sénèque : il raille le *Hamlet* (perdu) de (?) T. Kyd.

1590 : Jacques VI d'Ecosse épouse Anne de Danemark;
The Faerie Queene (La Reine des Fées) (*Livres I-III)* d'Edmund Spenser.

1591 : *Astrophel and Stella* de Philip Sidney.

1592 : Révolte paysanne dans le Périgord;
Edward II, et *The Massacre at Paris* de Marlowe (tournée, *Pembroke's Men*);
Mort de Robert Greene et publication posthume de son *Greene's Groatsworth of Wit, bought with a Million of Repentance.*

De juin 92 à mai 94, presque aucune représentation à Londres en raison de l'épidémie de peste (11 000 victimes pour la seule année 93).

1593 : Publication de *Arcadia*, de Philip Sidney;
Mort de Marlowe dans une taverne de Deptford, près de Londres : au cours d'une rixe « à propos de l'addition », il est tué d'un coup de dague dans l'œil; les services secrets de Sir Francis Walsingham ne sont peut-être pas étrangers à l'affaire.

1594 : *The Comedy of Errors; The Taming of the Shrew* (La Mégère Apprivoisée), composition : 1593-94 (?);
The Rape of Lucrece, déposé au Registre des Libraires le 9 mai, imprimé comme *Venus* et avec le même soin par R. Field; le poème est dédicacé à Southampton; Ovide et Tite-Live content l'histoire de Lucrèce, reprise par Chaucer et l'Italien Matteo Bandello; la version de Bandello se trouve dans les *Histoires Tragiques* (1569-80) de François de Belleforest (l'histoire d'Amleth [Hamlet] s'y trouve aussi, empruntée en 1576 par Belleforest à Saxo Grammaticus).
Shakespeare devient membre de la troupe des Lord Chamberlain's Men qui jouent deux fois à la Cour pendant les fêtes de Noël; il en est l'un des six actionnaires;
Premières éditions piratées de pièces de W.S. :
Titus Andronicus, puis 2 *Henry VI* et *The Taming of the Shrew*.

1594-95 : *The Two Gentlemen of Verona* (Les Deux Gentilshommes de Vérone), *Love's Labour's Lost* (Peines d'Amour Perdues).
Additions à *Sir Thomas More*.

1595-96 : *Romeo and Juliet;*
Richard II;
A Midsummer Night's Dream (Le Songe d'une Nuit d'Eté).

1596 : Shakespeare obtient du Collège des Hérauts d'Armes le droit de porter des armoiries; son blason, « d'or à bande de sable, à la lance d'or acérée d'argent avec en cimier un faucon aux ailes d'argent déployées » porte la devise « Non sanz droict »; il réalise ainsi l'ambition de son père dont la première demande avait été formulée sans succès vers 1570;
Enterrement à Stratford, le 11 août, de Hamnet, seul fils de Shakespeare, frère jumeau de Judith, mort à l'âge de 11 ans.

1596-97 : *King John* (Le Roi Jean)
The Merchant of Venice (Le Marchand de Venise)

1597 : Achète « New Place » pour 60 livres sterling; c'était l'une des deux plus belles maisons de Stratford, construite en brique et non en torchis par Sir Hugh Clopton (maire de Londres en 1491) qui avait édifié sur l'Avon en 1490 le beau pont de pierre qui porte encore son nom.

1594 : Henri IV abjure le protestantisme et rentre à Paris;
Expulsion des Jésuites de France;
Mort de Palestrina;
De mauvaises récoltes plongent l'Angleterre dans la misère;
Formation de la compagnie des Lord Chamberlain's Men (Comédiens du Chambellan) :
le Théâtre à Shoreditch est leur scène attitrée.
La Satire Ménippée (première édition, à Tours).
Publication de *Cornélia*, traduction par Thomas Kyd de la *Cornélie* de Robert Garnier.

1595 : Édition des *Essais* de Montaigne par Marie de Gourney : c'est l'édition que John Florio entreprend de traduire;
Mass for 5 Voices de William Byrd;
Construction du théâtre du Cygne *(The Swan)*, théâtre bien connu grâce au célèbre croquis réalisé par De Witt en 1596.
Expédition infructueuse de Walter Raleigh à la recherche de l'Eldorado que la légende situe en Guyane.

1596 : Soulèvements dans l'Oxfordshire contre les enclosures;
The Faerie Queene (La Reine des Fées) (Livres I-VI) de Spenser;
Naissance de René Descartes.

1597 : 1re édition des *Essays* de Bacon;
First Booke of Songes de John Dowland;
Daemonologie, de Jacques VI d'Écosse;
Représentation de *Dafne* de Peri et Rinuccini (premier opéra).

1587-98 : 1 *Henry IV.*
2 Henry IV.

1598 : Publication au format in-quarto de *Love's Labour's Lost*, première pièce publiée du vivant de Shakespeare sous son nom ;
En septembre, W.S. joue dans la comédie de Ben Jonson : *Every Man in His Humour* (Chaque Homme dans Son Humeur).

1598-99 : *Much Ado about Nothing* (Beaucoup de Bruit pour Rien).
The Merry Wives of Windsor (Les Joyeuses Commères de Windsor).
Henry V.
Shakespeare est copropriétaire du nouveau théâtre *The Globe*, construit avec les matériaux du *Theatre.*

1599 : Dans le prologue du dernier acte d'*Henry V*, Shakespeare compare Harry à Essex, « ... revenant d'Irlande / la rébellion embrochée sur son épée brandie » (V. prol. 31-32) ; bel envol patriotique, mais l'Histoire en décidera autrement... ; on en déduit au moins que le dramaturge travaillait encore à la pièce au mois de mars, et qu'il cherchait à plaire à Wriothesley autant qu'à sa reine.

1599-1600 : *As You Like It* (Comme il vous Plaira) ;
Twelfth Night (La Nuit des Rois) ;
Julius Caesar.

1600 : *Hamlet* (dès 1599 ?)
Selon la tradition perpétuée par Nicholas Rowe en 1709 et fondée sur plusieurs témoignages, Shakespeare joue le rôle du Spectre.

1601 : Richard Field imprime pour le libraire Edward Blount un poème de Robert Chester (1566 ?-1640) intitulé *Love's Martyr.* Avec ce texte, 14 autres poèmes dus à divers auteurs : un des poèmes, sans titre dans cette édition, est attribué à Shakespeare et sera ensuite intitulé *The Phoenix and the Turtle* (Le Phénix et la Tourterelle).
24 février : veille de l'exécution d'Essex, W.S. et sa troupe jouent à la cour devant la Reine.
Mort de John, père de Shakespeare ;
il est enterré le 8 septembre au cimetière de l'église de Holy Trinity à Stratford.

1587-98 : *The Isle of Dogs* (L'Ile aux Chiens) de Thomas Nashe et Ben Jonson; arrestation de Jonson, fuite de Nashe.

1598 : Edit de Nantes;
Boris Godunov devient Tsar de toutes les Russies;
Mort de Philippe II d'Espagne;
George Chapman traduit Homère en anglais;
Rébellion en Irlande, menée par Tyrone.

1598-99 : Dans la nuit du 28 décembre 1598, les frères Burbage, Richard et Cuthbert, avec une douzaine d'ouvriers et quelques amis (W.S. est peut-être du nombre) démontent le Théâtre à Shoreditch pour construire le Globe de l'autre côté de la Tamise, à Southwark.

1599 : (mars) Henry Wriothesley, comte de Southampton, et protecteur de W.S., accompagne le flamboyant Robert Devereux, 2e comte d'Essex, Lord-Deputy d'Irlande, qui va tenter de mater la révolte de Tyrone; Essex échoue et conclut avec l'Irlandais une trêve désastreuse;
Naissance d'Oliver Cromwell;
Mort d'Edmund Spenser.

Thomas Platter, de Bâle, assiste au Globe à une représentation de *Jules César* le 21 septembre 1599.

1600 : Naissance de Calderon;
Mariage de Henri IV avec Marie de Médicis;
Mort de Giordano Bruno (17 février) sur le bûcher à Rome, au Campo dei Fiori où se dresse aujourd'hui son monument;
Euridice, opéra de Jacopo Peri;
De Scenis, de G. Ubaldus, bases mathématiques de la scénographie.

1601 : Au Globe, le 7 février, représentation de *Richard II*, la veille de la rébellion d'Essex; Southampton, le protecteur de W.S., est du nombre des partisans qui, le 8, tentent de soulever la Cité de Londres.
Ils échouent et se rendent.
Essex et Southampton sont jugés le 19 février et condamnés à mort; le mécène de W.S. sera épargné; Essex est exécuté le 25 février;
Guerre des théâtres à Londres : soutenus par Ben Jonson, les *Children of the Chapel*, au théâtre couvert de Blackfriars, concurrencent les troupes adultes.

1602-1603 : *All's Well That Ends Well* (Tout est Bien qui Finit Bien) ;
W.S. investit 320 livres dans des terres près de Stratford.

1603 : Parution du premier in-quarto de *Hamlet*, édition piratée ; reconstitution du texte par un acteur parue sous le titre : *The Tragicall Historie of HAMLET, Prince of Denmarke by William Shake-fpeare*, « telle qu'elle a été jouée diverses fois par les serviteurs de Son Altesse en la cité de Londres : de même qu'en les deux Universités de Cambridge et d'Oxford, et d'ailleurs » (imprimé par V.[alentin] S.[immes] pour N.[icolas] L.[ing]).
Les Comédiens du Chambellan deviennent par licence royale les *King's Men* (Comédiens du Roi) ;
Measure for Measure (Mesure pour Mesure).

1604 : Publication « autorisée » du deuxième (le « bon ») in-quarto de *Hamlet*, « La Tragique Histoire de Hamlet, Prince de Danemark, de William Shakespeare, Nouvellement imprimée et augmentée de presqu'une fois sa longueur, selon la vraie et parfaite copie » (imprimé par I.[ohn] R.[oberts], pour N.[icolas] L.[ing]).

1604-1605 : *King Lear* (Le Roi Lear).

1605 : *Macbeth* (1605-1606 ?)
Le 24 juillet, Shakespeare acquiert pour 440 livres une participation dans la ferme des dîmes de Stratford. Cet investissement rapportera une soixantaine de livres par an.

1606-1607 : *Antony and Cleopatra* (Antoine et Cléopâtre) ;
Timon of Athens (Timon d'Athènes).

1607 : Enterrement (le 31 déc.) à Londres d'Edmund, l'acteur, frère de William ;
le 5 juin, Susanna, fille aînée de Shakespeare, épouse à Stratford le docteur John Hall.

1607-1608 : *Coriolanus* (Coriolan).

1608 : Shakespeare est l'un des cofondateurs et principaux actionnaires du théâtre couvert des Blackfriars ;
Naissance de sa petite-fille, Elizabeth Hall, baptisée le 21 février à Stratford ;
Enterrement (le 9 septembre) de Mary, sa mère.

1602-1603 : *Guzmán de Alfarache*, de Mateo Alemán.

1603 : Mort d'Elizabeth I; Jacques VI d'Ecosse devient Jacques Ier d'Angleterre et d'Irlande;
Arrestation de Sir Walter Raleigh (compromis dans le *main plot*, complot contre le roi).
La peste à Londres fait 30 000 morts;
Fermeture des théâtres dès le 26 mai 1603, probablement jusqu'en avril 1604;
Le roi retardera d'un an son entrée dans la ville pour les cérémonies du couronnement;
The Essayes of Michael Lord of Montaigne, publication de la traduction de John Florio, que W.S. connaît bien.

1604 : Traité de paix entre l'Angleterre et l'Espagne;
Lachrymae de John Dowland;
Troupes anglaises à l'Hôtel de Bourgogne.

1604-1605 : Inigo Jones introduit le décor mobile en Angleterre.
Complot des Poudres (5 novembre);
The Advancement of Learning de Bacon;
Don Quixote (première partie) de Cervantès.

1606 : La peste est à Londres jusqu'en 1609.
Naissance de Rembrandt et Pierre Corneille;
Visite en Angleterre du roi Kristian de Danemark;
Volpone de Ben Jonson.

1607 : Fondation de Jamestown en Virginie;
Orfeo de Monteverdi;
Publication de *The Revenger's Tragedy* (La Tragédie du Vengeur) de Cyril Tourneur.

1608 : Naissance de John Milton.

1608-1609 : *Pericles, Prince of Tyre* (Périclès, Prince de Tyr).

1609 : *The Sonnets*, avec *A Lover's Complaint* (La Plainte d'une Amante),
Edition piratée due à Thomas Thorpe; la dédicace à « Mr. W.H. » n'a pas fini de susciter d'ingénieuses lectures des 154 sonnets dont beaucoup étaient déjà écrits en 1598, lorsque Meres mentionne Shakespeare et « ses sonnets sucrés que tiennent ses amis ».

1610 : *Cymbeline* (Cymbeline).

1610-1611 : Retour de Shakespeare à Stratford et semi-retraite dans sa maison de New Place (?);
The Winter's Tale (Le Conte d'Hiver).

1611-1612 : *The Tempest* (La Tempête).

1612 : Enterrement (le 3 février) de Gilbert, frère de William; Shakespeare se rend à la fin du printemps à Londres pour témoigner le 11 mai dans l'affaire Belott-Mountjoy; c'est le premier document signé de sa main qui ait été conservé, outre son testament, et la seule transcription *verbatim* de paroles qu'il a prononcées hors de la scène.

1612-1613 : *Henry VIII* (en collaboration avec John Fletcher); *Cardenio* (?) (pièce perdue).

1613 : Enterrement (le 4 février) de Richard, frère de William. En mars, W.S. achète à Londres pour 140 livres une maison située dans le quartier très prisé de Blackfriars, à deux cents pas de son théâtre du même nom.

1613-1614 : *The Two Noble Kinsmen* (Les Deux Nobles Cousins), (avec Fletcher).

1614 : Shakespeare est à Londres pour Noël.

1609 : *El Arte Nuevo de Hacer Comedias en Este Tiempo* (Le Nouvel Art dramatique), de Lope de Vega.

1610 : Assassinat d'Henri IV et régence de Marie de Médicis;
L'Astrée II, d'Honoré d'Urfé;
The Alchemist de Ben Jonson ;
Vêpres de Monteverdi;
Le Messager Astral de Galilée.

1611 : Publication de la « Version autorisée » de la Bible, la *King James Bible*, dont le style exercera une influence déterminante sur la littérature anglaise;
Les Méditations, d'Etienne Durand.
La Descente de Croix, de Rubens.

1612 : *The White Devil* (Le Démon Blanc), de John Webster ;
Carrousel de la place Royale à Paris;
Mascheratta di Ninfe di Senna, de Peri, Gagliano et Caccini (Florence, 1611-1613).

1613-1614 : Le 29 juin, incendie du Globe, pendant une représentation de *All is True* (« Tout est vrai », premier titre de *Henry VIII*) ; le théâtre est, selon Thomas Lorkin, réduit en cendres « en moins de deux heures »;
The Duchess of Malfi (La Duchesse d'Amalfi), de Webster.

1614 : *The History of the World*, de Walter Raleigh (1614).

1616 : Mariage (le 19 février) à Stratford, de Judith, sa fille, avec Thomas Quiney, fils de vieux amis, mais mauvais mari ;
25 mars : Shakespeare, inquiet pour sa fille, signe son testament ;
23 avril : il meurt, le jour présumé de ses cinquante-deux ans ;
il est inhumé le 25 avril à Stratford dans le chœur de l'église de Holy Trinity, à proximité du mur nord.

1623 : 6 août : mort d'Anne, veuve du dramaturge, à 67 ans ;
Shakespeare ne s'est jamais soucié de la publication de ses pièces. En son hommage, deux des vingt-six principaux acteurs de sa troupe des Comédiens du Roi, ses amis John Heminges et Henry Condell (à qui le poète a légué par testament, comme à Richard Burbage, « 26 shillings et 8 pence pour s'acheter une bague » qu'ils porteront en son souvenir) les rassemblent (à l'exception de *Pericles*) et font paraître le premier in-folio, imprimé par William et Isaac Jaggard.

1615 : Reconstruction du Globe.

1616 : *Don Quixote* (deuxième partie) et *Novelas Exemplares* (Les Nouvelles Exemplaires) de Cervantès.
Parution des *Œuvres* de Ben Jonson au format in-folio;
Francis Bacon est fait Chancelier;
Mort de Cervantès;
Richelieu devient Secrétaire d'Etat;
Publication des *Tragiques* d'Agrippa d'Aubigné.

1623 : Mort de William Byrd;
Pyrame et Thisbé, de Théophile de Viau;
Tragédies (vol. I) d'Antoine Hardy;
Naissance de Blaise Pascal.

TABLE

GF – TEXTE INTÉGRAL – GF

96/10/55270-X-1996 – Impr. MAURY Eurolivres SA, 45300 Manchecourt.
N° d'édition FG089501. – Octobre 1996. – Printed in France.